冷战后美国议题联盟行为研究

A Study on the U.S. Issue-Focused Coalition Behavior
in the Post-Cold War Era

史田一◎著

中国社会科学出版社

图书在版编目(CIP)数据

冷战后美国议题联盟行为研究/史田一著.—北京：中国社会科学出版社，
2022.2
ISBN 978 - 7 - 5203 - 8142 - 0

Ⅰ.①冷… Ⅱ.①史… Ⅲ.①美国对外政策—研究—现代
Ⅳ.①D871.20

中国版本图书馆 CIP 数据核字(2021)第 050750 号

出 版 人	赵剑英
责任编辑	陈雅慧
责任校对	王 斐
责任印制	戴 宽

出 版	中国社会科学出版社
社 址	北京鼓楼西大街甲 158 号
邮 编	100720
网 址	http://www.csspw.cn
发 行 部	010 - 84083685
门 市 部	010 - 84029450
经 销	新华书店及其他书店

印刷装订	三河弘翰印务有限公司
版 次	2022 年 2 月第 1 版
印 次	2022 年 2 月第 1 次印刷

开 本	710 × 1000 1/16
印 张	18.5
插 页	2
字 数	261 千字
定 价	106.00 元

凡购买中国社会科学出版社图书，如有质量问题请与本社营销中心联系调换
电话：010 - 84083683

序

　　史田一博士的学位论文《冷战后美国议题联盟行为研究》即将出版，邀我为之作序，作为他的博士生导师，我欣然命笔。

　　美国在"二战"之后建立了庞大的安全同盟体系，以维护和促进美国在世界范围内的国家利益，这一同盟体系今天仍然在发挥重要作用，学术界对美国安全同盟开展了大量的研究，成果可谓汗牛充栋。另外，美国在冷战结束后采取了大量的议题联盟行为，比如伊拉克战争时期的多国联军、美国主导的"防扩散安全倡议"等，以推进美国在特定议题领域的利益目标。这是国际关系与美国外交当中一个十分有趣的现象，但迄今为止有分量的研究成果并不多。史田一博士在考虑博士论文选题时以美国在冷战后针对特定议题展开结盟的现象作为研究对象，在研究中着力回答两个宏观层面的问题：如何认识国家之间针对特定议题结盟的现象，如何认识美国在冷战后采用大量议题联盟的对外政策行为。

　　针对第一个问题，作者回顾了国内外相关领域的众多文献并通过自己的梳理，界定了议题联盟的概念，概括出议题联盟所具有的非正式性、灵活性、外部导向和议题导向的特征，根据联盟议题与联盟方式将议题联盟划分为快速反应、常态行动、议价博弈三种类型，向读者展示了议题联盟在国际政治舞台发挥作用的生动案例。作者提出，议题联盟克服同盟困境与集体行为困境从而提升合作效率，超越传统战略关系框架从而扩大合作空间，呈现"多边主义"假象从而提供合法性支持，这些功能优势使国家选择议题联盟成为可能。但是仅有功能优势并不足以解释该现象为什么可以在国际舞台反复重现的问题，作者提出"行为体的议题需求与既有制度工具的供需矛盾"以及"高成本议题联盟需要强有力联盟领导"两个维度的变量来解释议题联盟的起源问题。

针对第二个问题，作者重点梳理了冷战后美国在各领域从事的一些比较有影响力的议题联盟实践，并且归纳出三种模式："自上而下""从中心到外围""自下而上"。作者认为，美国比其他国家更加热衷于议题联盟的关键在于，一方面美国从其霸权国的理性选择出发利用议题联盟突破了时效限制、规则限制、关系框架与任务目标，从而实现特定议题的利益最大化；另一方面美国独特的行为偏好导致其热衷于利用议题联盟，包括崇尚战略简洁、追求崇高使命、进行类属划线、善于规则外化、喜欢立竿见影等战略思维，以及美国战略文化中的二元对立的世界观、例外主义的身份观与实用主义的途径观。

特朗普政府上台之后，在策动欧盟与日本联合推动 WTO 机制改革、鼓动部分盟友联合封杀中国华为 5G 标准、策动更多国家开展南海"自由航行"等议题上展现出一些组建议题联盟对付中国的迹象。在撕毁伊核协议之后，特朗普政府围绕遏制伊朗的问题呼吁过"中东战略联盟"倡议，并在该倡议受阻之后拉拢 9 个国家组建了中东"护航联盟"。可见，"议题联盟"也是切入美国当前对外政策行为分析的一个重要角度。

治学之道，贵在创新。这本书在学术创新上所做的一项努力，就是将某一类具有内在联系，然而并未被广泛提炼与概括的国际政治现象整合、梳理出来。相信本书通过对议题联盟现象以及美国议题联盟行为的探索，能够对国际关系研究和美国外交研究做出一定的贡献。此外，正如我们所看到的那样，在国际贸易、人权事务、气候变化等多边谈判中联合立场相近的国家结成联盟也是中国处理对外事务的手段之一，因此分析美国议题联盟行为对于中国借鉴其政策工具也具有重要的参考价值。

　　史田一博士在复旦求学期间，勤于钻研，发表了有较高水准的学术论文，撰写的博士论文也得到审阅专家的好评。现在博士论文修改后正式出版，这是其学术之路上一个重要的里程碑，可喜可贺。希望他在未来的学术生涯中勤奋耕耘，不断产出具有学术价值和社会价值的优秀研究成果。

　　是为序。

吴心伯

2020 年 3 月于复旦

目　　录

导　　论

　　最糟糕的事情就是让联盟决定你的任务。我们的任务是将恐怖分子连根拔起。应当是由任务决定联盟。

——唐纳德·亨利·拉姆斯菲尔德

　　上述这段话是 2001 年 12 月 5 日美国时任国防部部长拉姆斯菲尔德在 CNN 接受美国著名主持人拉里·金（Larry King）的电视采访时脱口而出的。当时，美英联军正在同阿富汗塔利班政权和基地组织展开殊死战斗。北约在"9·11"事件发生后的第一时间就发表声明，确认北约启动同盟章程第五条规定——"美国有权调动北约所拥有的一切实际力量，包括情报、营地和作战部队、武器装备来惩治恐怖分子"——支援美军的反恐行动。① 与此同时，联合国正在紧锣密鼓地组织一支国际安全援助部队，准备协助美国共同打击危害全球安全的恐怖主义势力。然而，美国并没有全盘接受北约盟国和国际社会的支持。对于后来逐渐赶到的国际援军，美国赋予他们的主要任务基本以防御和警戒为主；即便在进攻行动中有英国的协同作战，美国也仅仅将战斗初期的联军形容为"一个半联盟"，

---

① 高华：《透视新北约——从军事联盟走向安全—政治联盟》，世界知识出版社 2012 年版，第 277 页。

因为五角大楼对于英国的军事作用也做出了严格的限定。① 美国不愿意利用北约机制指挥、协调阿富汗反恐战争的核心原因在于，美国在任务分工、费用分摊、决策指挥等方面与欧洲盟国长期难以达成共识，利用北约机制可能会使阿富汗战争行动高度复杂化。一个比较直接的原因就是美国在 1999 年科索沃战争中总结出的"教训"：许多北约盟国不具备与美国协同作战的能力，缺乏危机管理机制、缺乏合理化的指挥结构和迅速反应能力，武器装备和通信设施的兼容程度有待提高，各国在地面侦察技术、精确武器制造以及战略武器运输能力等方面参差不齐，多兵种部队的协同能力跟不上美国的需要，误伤友军的比例较高。②

　　回过头来再体会一下，拉姆斯菲尔德所说的"任务决定联盟"反映了一种什么样的战略内涵？首先，他在措辞中所指涉的联盟是"Coalition"，也就是本书所要论及的"议题联盟"，而不是通常意义上的"Alliance"（同盟）。前者是指在特定时机、针对特定议题、具有共同利益关切的志同道合者按照共同的偏好与原则采取联合行动的关系网络；后者一般是指在国际无政府状态下，国家为了获取安全或者拓展权力，在军事安全上彼此承诺并开展密切合作的安全合作制度。其次，拉姆斯菲尔德在讨论阿富汗战事时表示，需要联盟成员承担的任务包括提供"飞机过境权、陆上过境权、情报搜集、法律执行、银行账户冻结，在某些情境下提供军队，在另外一些情境下提供战机和战舰……"③ 然而在他眼中，参与实际军事行动的国家不宜太多，主要战斗任务应当由美国承担，英国在某些战役行动中提供一些策应与支持；最重要的是，整个军事行动以及后续重

---

① 高华：《透视新北约——从军事联盟走向安全—政治联盟》，第 277 页。
② 高华：《透视新北约——从军事联盟走向安全—政治联盟》，第 277—278 页。
③ Stewart Patrick，"'The Mission Determines the Coalition'：The United States and Multilateral Cooperation after 9/11"，in Martin S. Indyk and Bruce Jones eds.，*Cooperating for Peace and Security：Evolving Institutions and Arrangements in a Context of Changing US Security Policy*，Cambridge：Cambridge University Press，2010，pp. 20 – 44.

建工作的指挥权必须牢牢掌控在美国的手中。为此，要招募一批符合美国意愿的志同道合的国家，根据特定任务的需要，按照美国的战略与战役规划，按照美国确定的分工模式、行动步骤与行为原则，去完成一项项符合美国利益的战略与战役任务。

于是，我们应当继续追问，难道以前美国不是"任务决定盟友"的吗？本书认为，在冷战时期，美国的结盟诉求是由其全球霸权战略而不是某项具体的任务决定的。在全球霸权战略框架之下，美国一方面需要应对苏联及其共产主义阵营的权势威胁，需要建立一套同盟体系制衡苏联及其阵营对"自由世界"的冲击，其结盟诉求意在影响美苏争霸过程中的势力均衡，为此不惜针对敌方阵营实施"楔子战略"①，将对方阵营的重要成员拉拢至本方阵营并使它们成为正式盟友或者准盟友；在此基础之上，美国需要建立起一套美国主导下的民主扩展、市场经济、自由贸易、石油美元、航行自由体系和一系列全球与地区多边制度，形成约翰·伊肯伯里（G. John Ikenberry）所言的霸权性规则体系或者邝云峰（Yuen Foong Khong）所认为的美国式朝贡体系。② 美国的同盟体系是支撑这两种霸权支配战略的重要支柱，尤其是美国建立权势优势的重要基石；为了维系、巩固这套同盟体系，美国付出了巨大的代价，不仅担负高昂的战略成本，而且耗费了大量的军事与经济资源；甚至当美国的某些盟友破坏某些自由规则时，美国仍然长期对其予以支持——比如对李承晚政权、马科斯政权等独裁政府的扶植。在这种情势下，美国长期

---

① 参见凌胜利《分而制胜：冷战时期美国楔子战略研究》，世界知识出版社 2015 年版，第一章；孙德刚：《多元平衡与"准联盟"理论研究》，时事出版社 2007 年版，第一章。

② G. John Ikenberry, "The Future of Multilateralism: Governing the World in a Post-Hegemonic Era", *Japanese Journal of Political Science*, Vol. 16, No. 3, 2015, pp. 399 – 413; G. John Ikenberry, "The Illusion of Geopolitics: The Enduring Power of the Liberal Order", *Foreign Affairs*, Vol. 93, No. 3, 2014, pp. 80 – 90; Yuen Foong Khong, "The American Tributary System", *Chinese Journal of International Politics*, Vol. 6, No. 1, 2013, pp. 1 – 47.

以来是在全球霸权战略的大框架之下——尤其是在其中的遏制战略框架之下——维系美国的同盟体系，而不是从具体的某项任务出发处理同盟关系，而这种局面在冷战之后发生了一些变化。冷战之后，美国继续拓展全球霸权秩序，巩固、扩大美国的权势优势，同盟体系的规模也随着北约东扩的步伐越来越庞大。但是共同威胁的消失一方面削弱了同盟存续的紧迫性和凝聚力，另一方面一度让约束美国制度性承诺的内外因素大为减弱，美国越来越希望突破原有制度性框架的限制，按照自己的意愿，招募志同道合的国家，在美国感兴趣的议题上进行分工协作，完成一项项具体的战略或战术任务。

事实上，招募志同道合国家的行为方式不仅局限于军事行动领域，也存在于其他议题与领域，不同领域的联盟行为既有一定的相似之处，又有一定的区别。历史上较早出现的议题联盟就是各部落、国家之间为共同打击敌对势力组成的战时联盟（Warfare Coalition）。比如古希腊时期多次召集起来的希腊联军、干涉法国大革命的七次反法联军、"二战"时期的反法西斯联军、朝鲜战争中美国领导的"联合国军"，等等。随着国家之间斗争与合作领域的不断拓展，逐渐出现了一些战争议题之外的联盟行为。比如"二战"之后形成的"不结盟运动"以及冷战结束以后出现的"防扩散安全倡议""集装箱安全倡议""区域海洋安全倡议"和"全球海洋伙伴倡议"，这些都属于常态化联合行动的议题联盟。此外，在国际多边谈判进程中，国家之间往往按照共同的利益与偏好组成议价联盟，比如关贸总协定与世界贸易组织内部出现的十国集团（G10）、G20（Café au lait）、志同道合集团（Like Minded Group）、最不发达国家集团（LDC Group）、弱小经济体（SVEs）等。① 在气候变化议题上也涌现了众多议价联盟，比如欧盟、"77 国集团 + 中国"、小岛国联盟（AOSIS）、伞形集团（Umbrella Group）、CACAM 集团（Central A-

---

① 周跃雪：《WTO 多边贸易体制下成员谈判集团制度与中国的策略》，《社会科学研究》2014 年第 5 期。

sia，Caucasus，Albania and Moldova）、基础四国，等等。

　　本书聚焦于美国在不同议题领域组建或参与议题联盟的行为，议题联盟（Issue-Focused Coalition）是本书的核心概念。议题联盟，亦可简称为联盟（Coalition），也在不同的场合下被称为特定联盟（ad hoc Coalition）、意愿联盟或者志愿者联盟（Coalition of The Willing）、志同道合者联盟（Like-Minded Coalition），是指国际行为体在特定时机、针对特定议题、基于共同的利益，联合志同道合者形成联合关系网络。议题联盟具有非正式性、灵活性、排他性和议题导向性等特征。根据议题联盟的行为目的与方式，可以将议题联盟划分为三种类型：快速反应类议题联盟、常态行动类议题联盟与议价博弈类议题联盟。

　　本书的核心问题有三个：第一，作为学人曾提出的一个概念，"议题联盟"在学术上与经验上是否具有存在的合理性，它作为一个学术概念是否拥有解释问题的效力？第二，如果"议题联盟"这个概念成立，那么美国在冷战后的议题联盟行为有哪些？它有哪些行为特点？议题联盟行为同美国冷战后的大战略有什么样的逻辑关系？美国在不同类型的议题联盟行为中具有哪些相同与不同的行为逻辑？以及为什么有些议题联盟进展得比较成功，有些议题联盟开展的不太顺利？第三，如果一个学术概念具有生命力，它不应当只能够解释某一两个国家的行为或现象，而是应当具有普适性分析价值。所以，本书还要尝试交出另一份答卷，回答这个概念对于国际关系学科有什么样的意义。

一　研究意义

　　关于就特定议题结成联盟的行为，可以举出大量的案例，也有一些学术概念指涉这些现象。例如，海湾战争、阿富汗反恐战争与伊拉克战争，美国都先后组建了一支多国联军以及为联军提供基地、情报、政治与经费支持的友好国家集团。怎样称呼这个集团呢？首先最容易想到的就是同盟（Alliance）。的确，参与美国领导的多国联军行动的多数国家都与美国签有正式的军事同盟条约，有一些国家虽然没有与美国签订正式的安全协议，但是被公认为美国的同盟国家或者准同盟国家，如以色列。

再比如，有一些学者将诸如防扩散安全倡议等的联合行为定义为非正式制度①、弱式国际制度②、非正式集团③、竞争式多边主义④等，较好地突出了这种非正式合作所具有的灵活性，进而分析了如何通过这种低成本的合作方式实现塑造或者挑战现有国际制度安排的目的。此类研究基本以制度主义理论为基础，通过弱化制度主义范式的一些基础概念，展现国际制度的竞争性和国际制度建设的复杂性。此外，指涉此类现象的还有一些外延很广的概念，比如集团、伙伴、倡议等。这类概念是比较适用于外交领域的术语，因为其涵盖的合作类型、内容与方式都非常广泛，合作的强度往往有限，从字面意义上看不出对第三方的外部影响。美国在外交辞令中也广泛使用此类术语，比如伞形集团，作为北约东扩的过渡关系框架——"和平伙伴关系"以及防扩散安全倡议。但是作为学术概念，其内涵较为模糊，可以泛指太多类型的合作，看不出来合作的性质是什么。

① 参见刘宏松《国际防扩散体系中的非正式机制》，上海人民出版社 2011 年版，第一章；刘宏松：《防扩散安全倡议的局限与困境：非正式国际机制的视角》，《世界经济与政治论坛》2008 年第 6 期；刘宏松：《正式与非正式国际机制的概念辨析》，《欧洲研究》2009 年第 3 期；刘宏松：《非正式国际机制的形式选择》，《世界经济与政治》2010 年第 10 期。

② 刘建伟：《浅议"弱式国际制度"——以防扩散安全倡议为例》，《国际政治研究》2011 年第 1 期。

③ Jochen Prantl, "Taming Hegemony: Informal Institutionsand the Challenge to Western Liberal Order", *The Chinese Journal of International Politics*, Vol. 7, No. 4, 2014, pp. 449 – 482; Eyal Benvenisti, "'Coalitions of the Willing' and the Evolution of Informal International Law", in Calliess C., Nolte G. and Stoll P. T. eds., *Coalitions of The Willing: Avantgarde of Threat?* Berlin: Carl Heymanns, 2007.

④ Julia C. Morse and Robert O. Keohane, "Contested Multilateralism", *The Review of International Organizations*, Vol. 9, No. 4, 2014, pp. 385 – 412.

本书认为，"议题联盟"这一概念，能够更加准确地描述"国家间就特定议题采取联合行动的行为"，更富深度地揭示美国对外战略思维与行为方式的特殊性，这也正是本书研究的最大意义。

首先，相对于同盟，议题联盟能够更准确地描述在海湾战争、伊拉克战争中出现多国联军的现象。尽管学者对同盟的定义有些差异，但是大多都承认同盟是一种针对特定威胁对象、涉及国家的总体战略、付诸正式或非正式的安全协议、具有制度化框架的安全合作形式。一旦缔结同盟机制，往往意味着国家间的生存与命运的捆绑，并且准备长期发展下去。因此，同盟的概念中具有"整体战略"和"长期战略"的含义，体现不出像反恐联盟这种在特殊状况下针对特定议题的联合行动所具有的策略性、临时性和危机反应等特征。而议题联盟这个概念恰恰能够体现后者的特征，在英文里，有一个表达"特定联盟"的词组即"ad hoc coalition"，充分说明了这一点。由此，议题联盟能够充分展现美国战略思维中的简洁性。美国人喜欢简洁明快的思维方式，将国家整体战略具体化为一项一项的任务；尤其当综合性机制难以立刻发挥效力时，美国的领导人喜欢单独就某一项议题展开联合行动，正所谓"头疼医头脚疼医脚"。

其次，诸如非正式制度、弱式国际制度、非正式集团、竞争式多边主义以及集团、伙伴、倡议等概念体现不出这种合作形式可能对现有国际制度形成冲击的强度。美国往往通过组建议题联盟规避现有国际机制对自身行为的约束，或者挑战现有国际机制的规则与规范。有趣的是，美国挑战的往往是自己建立或者支持的国际制度，比如在 2003 年 3 月绕过安理会、召集多国联军进攻伊拉克，破坏了安理会授权国际干预行为的普遍规范；破坏自己主张的公海航行自由原则，组建防扩散安全倡议，在公海上对所谓的可疑船只进行拦截。这展现出美国战略思维的"叛逆性"。美国人喜欢讲规则，喜欢利用规则，也喜欢破坏规则。美国的文艺作品中塑造了大量西部牛仔的形象，歌颂那些为了正义的目的而挑战法律、秩序的"硬汉"，而这种所谓挑战规则的"硬汉"形象在议题联盟行动中十分常见。

此外，其他概念展现不出美国引领它心目中的志同道合者去塑造一个"美好世界"的"使命感"。早期的美国是一个以清教徒为主要国民的国家，美国人喜欢称自己的国家为"山巅之城"，在推动某项具体的任务时也喜欢召集一群志同道合的盟友，发布调门极高的宣言、口号，为不同成员分配工作任务，制定行动步骤并定期公布行动进展，极为重视阶段性进展的仪式感以及一呼百应的行动氛围。在本书第五章所述及的两大案例中，我们能够发现美国官方在描述防扩散安全倡议和全球海洋伙伴倡议时使用了大量颇具使命感的字眼，包括"共同的威胁"、"全球公域"、公共产品、"人类命运"等。议题联盟这个概念脱胎于战时联盟（Warfare Coalition）这个词组，率领一个多国联盟去完成其他人或者其他制度完成不了的任务，将极大满足美国领导世界完成重大任务的"使命感"。

同时，喜欢联合志同道合者的行为模式充分体现出美国战略思维中的"类属思维"。潘忠岐教授指出，"类属思维使美国人喜欢跟志同道合者一起共事，并敌视志不同道不合者。所谓志同道合者，在美国人看来就是相信美国例外论，以美国为榜样分享美国价值观的国家，也就是从类属的角度来看跟美国属于同类的国家"。① 这一点在小布什政府发动反恐战争时体现得极为明显。小布什曾经声称，与美国共同反恐的就是美国的朋友，不同美国站在一起的就是美国的敌人。② 根据这种"类属思维"，美国喜欢就特定议题的不同立场在世界各国之间进行画线，甚至在自己的同盟体系内进行画线。在伊拉克战争前夕，德国与法国的反对立场就引起了小布什政府的强烈不满；正是由于在伊拉克战争中对美国的鼎力支持，以波兰为代

---

① 潘忠岐：《例外论与中美战略思维的差异性》，《美国研究》2017 年第 2 期。

② 魏宗雷：《布什这四年》，http://www.china.com.cn/chinese/2005/Jan/763505.htm，登录时间：2018 年 3 月 1 日。

表的北约新成员迅速提升了与美国的战略关系，借此从美国获得更多的军事援助与市场份额。于是，小布什与拉姆斯菲尔德根据在伊拉克问题上的不同立场，为欧洲画了一条线：一边是"老欧洲"，另一边是"新欧洲"。

议题联盟的概念同时揭示了美国战略哲学中的"外化思维"。潘忠岐教授认为，"外化思维使美国例外论强调以自我为中心，积极主动地将美国模式复制到其他国家，通过把他国变成志同道合者，来塑造于己有利的形势"。① 美国发起的常态行动联盟就具有此种"外化思维"特征。在当前国际制度与规范限制或者禁止美国从事某项行动任务时，美国通常会发起议题联盟行为，先行建立一套基本的联盟行动框架，包括联盟骨干成员、行动宗旨与原则、行动规划与评估机制等内容，掩盖美国的行动对国际法与国际规范的破坏。在基本框架搭建之后，通过早期收获与联盟成员的扩展，将行动标准逐渐扩展至国际社会的其他成员，最终通过这种标准"外化"的方式反过来按照美国的意愿，推动国际制度与规范的演进，实现联盟行动完全的合法化。

相对于构建新的国际制度或者诉诸现有国际制度的变革，议题联盟还能够帮助美国领导人在某项任务中迅速收获初始成果。因为议题联盟的组建成本要比制度构建和改革低得多，只要美国决策层下定了决心，总能召集一些盟友进行联合行动。这反映了美国战略思维中的"结果导向"思维，一旦美国决定要做的事情，一定要在短期内看见成效。这也与美国的政治制度有关。美国总统选举四年一次，每两年还要进行一次中期选举，在媒体行业高度发达的美国，总统的政绩必须立即能够被大众所认知，才能帮助其稳固权力。

最后，并非所有的议题联盟都是要积极主动地"做成某件事"，有些议题联盟的形成是出于"不做某些事"，对不利于自己利益的某

---

① 潘忠岐：《例外论与中美战略思维的差异性》。

些国际进程施加各种附加条件与阻力。在本书第一章中对议题联盟进行分类时就提到了此类"阻滞型"议题联盟，多见于国际多边谈判进程之中。美国并非要在所有议题、所有情况下都扮演领袖角色。比如美国领导的伞形集团长期在气候变化谈判中扮演消极角色，通过伞形集团与其他国家和集团的博弈，减少美国应当履行的领导责任。

除了更好地揭示美国外交的特殊性，议题联盟的概念对于推进国际关系学科中关于国家间合作形式的研究也有重大意义。通过对议题联盟的概念、特点、类型、合作模式、规模与强度、成功与失败的分析，提炼出议题联盟的概念框架与一般规律，能够深化对国家间进行广义结盟（Alignment）问题的理解。议题联盟在广义结盟合作光谱中属于低成本、低收益的一种合作形式，有着较高的效费比例；所谓的低收益是相对于其他广义结盟行为——同盟、准同盟与战略伙伴而言的，其战略收益不在于提升国家的整体战略地位，而在于获取某一项特定议题方面的利益。冷战结束后，议题联盟不断涌现，分析议题联盟行为能够更好地理解冷战后的国际政治，更加充分地理解国家的对外战略行为；同时，通过案例分析与对比，把握不同议题联盟的行为模式与效力差异，总结国家议题联盟行为的经验与教训，可以归纳议题联盟行为成功的标准与条件。在上述工作的基础之上，我们能够利用有关议题联盟的知识，帮助中国在面临类似问题时更好地应对他国发起的议题联盟；同时在某些情况下，考虑是否需要由我们主动发起一些议题联盟。

二 学术回顾

1. 超越同盟范式的探索。同盟（Alliance）是国际关系中的重要现象，长期以来，国家间或出于制衡、或出于追随，进行了大量的结盟实践。同盟理论与实践研究是长期以来关于国家间安全合作研究的重点。学术界围绕同盟的定义、同盟的起源、同盟的管理、同盟的瓦解等问题展开了大量的讨论。① 经典同盟理论包括汉斯·摩根索（Hans J. Mongenthau）与罗伯特·奥斯古德（Robert E. Osgood）的权势制衡理论，斯蒂芬·沃尔特（Stephen Walt）的威胁制衡理论，兰德尔·施韦勒（Randall Schweller）的利益平衡理论以及汪伟民的威权联盟理论。关于同盟管理的困境，格伦·斯奈德（Glenn H. Snyder）提出了"被抛弃"与"被牵连"的困境，苏若林、唐世平认为同盟管理的核心机制是盟友之间的相互制约。同盟研究的一大特点就是，经典同盟理论研究基本都以威斯特伐利亚体系至冷战结束以前的结盟现象作为研究对象；对冷战后同盟现象的研究鲜有经典理论出现。第一是由于国际环境的变化，和平与发展的势头逐渐上升，国家间通过缔结同盟关系进行权力制衡与争夺的动力大大弱于冷战结束以前；第二是在冷战后，以北约为代表的同盟面临新的形势与挑战，同盟机制进入不断转型与调整的新时期，其结构与功能较之前的同盟有着很大的不同；第三是国家诉求安全的手段变得更加丰富，包括全球与地区性安全机制，与其他国家结成准同盟、战略伙伴等手段，同样可以用来维护国家安全。

很多学者都试图超越同盟范式，对国家间的广义结盟现象展开研究。托马斯·威尔金斯（Thomas S. Wilkins）从类型学的角度为广义结盟概念绘制了概念光谱。他认为，冷战的谢幕使得同盟范式作为分析国家间安全合作的核心模式显现出重大的局限性，一

① 参见 Robert E. Osgood, *Alliance and American Foreign Policy*, Baltimore and London: Johns Hopkins Press, 1968; Glenn H. Snyder, *Alliance Politics*, Ithaca and London: Cornell University Press, 1997; Randall L. Schweller, "Bandwagoning for Profit: Bringing the Revisionist State Back in", *International Security*, Vol. 19, No. 1, 1994, pp. 72 - 107; Rajan Menon, *The End of Alliances*, NewYork: Oxford University Press, 2007. ［美］斯蒂芬·沃尔特:《联盟的起源》，北京大学出版社 2007 年版；［美］汉斯·摩根索:《国家间政治: 寻求权力与和平的斗争》，徐昕、郝望、李保平译，北京大学出版社 2005 年版；汪伟民:《联盟理论与美国的联盟战略》，世界知识出版社 2007 年版；苏若林、唐世平:《相互制约: 联盟管理的核心机制》，《当代亚太》2012 年第 3 期。

个总括性的"结盟"概念（alignment）应当取代单一的"同盟"（alliance）概念，这种结盟包括同盟（alliance）、联盟（coalition）、安全共同体（security community）、战略伙伴（strategic partnership）以及协调（concert）、协约（entente）和互不侵犯条约（non-aggression pact）等不同形式。[1] 与威尔金斯相类似，中国学者凌胜利认为冷战后的同盟制度作为一种安全合作形式的效力有所下降，原因在于冷战后同盟形成的动力不足、同盟成本—效益失衡、同盟管理更加困难、单极霸权影响各国对同盟的认知。他指出国家间安全合作形式正在发生一系列变迁，准同盟、议题联盟、国际联合阵线与伙伴关系这些合作形式广泛兴起并且具有同盟的部分功能；虽然它们仍然很难完全代替同盟，但是包容性的安全合作将成为未来的主要趋势。[2] 孙学峰和丁鲁提出，影响中国伙伴关系的重要变量是伙伴国家的类型，中国与支点国家（坚定支持中国核心利益）或结点国家（拓展中国国际合作资源）的伙伴关系更有可能实现关系升级。[3]

在此背景下，"准同盟"现象逐渐吸引了一批学者的注意。车维德（Victor Cha）认为，共享一个军事盟友的两个未结盟国家存在事实上的同盟关系，他称此类安全合作关系为准同盟，例如美国—韩国—日本准同盟关系。[4] 中国学者孙德刚将"两个或两个以上国际实体在次级安全合作方针而不是军事盟约之上形成的持久

---

① Thomas S. Wilkins，"'Alignment'，not'Alliance'：The Shifting Paradigm of International Security Cooperation：Toward a Conceptual Taxonomy of Alignment"，*Review of International Studies*，Vol. 38，Iss. 1，2012，pp. 53 – 76.

② 凌胜利：《联盟的转型：一项概念分析》，《太平洋学报》2015 年第 3 期；凌胜利：《联盟之后——冷战后国际安全合作新形式探讨》，《世界经济与政治论坛》2017 年第 1 期。

③ 孙学峰、丁鲁：《伙伴国类型与中国伙伴关系升级》，《世界经济与政治》2017 年第 2 期。

④ Victor Cha，*Alignment despite Antagonism*：*The US-Korea-Japan Security Triangle*，Calif. ：Stanford University Press，1999.

性或临时性安全管理模式"定义为"准同盟",力图超越对国家间关系"非敌即友"或"非友即敌"的描述。孙德刚认为"准同盟"的形成是结盟的促进因素(安全威胁、发展利益、意识形态、文化认同)与制约因素(分歧、牵连、抛弃、挑衅)之间的相互平衡造就的,并以此框架分析了约翰逊时期的美国—以色列"准同盟"关系等案例。① 此后,孙德刚还就中东国家的准同盟外交行为进行了实证研究,并且对中国开展准同盟外交提出了建议与畅想。② 同时,一批文献对战略合作与战略伙伴现象进行了理论思考与个案分析。叶俊博士指出,战略合作是指不针对第三方、一般没有正式权责条约、没有正式安全承诺、旨在互利共赢、实现综合安全的安全合作形式;他认为随着两极格局的瓦解和经济相互依赖的加深,战略合作取代传统结盟是历史发展的必然。③ 由此,众多案例研究具体探讨了战略伙伴这种合作形式。④ 比如,帕拉梅瓦朗(Prashanth Parameswaran)分析了奥巴马政府在亚太地区大力推动伙伴关系的动力、架构与发展,并以美国同越南和印尼的全面伙伴关系为例。帕拉梅瓦朗指出,成员间合作的伙伴关系框架是国家间关系上升为战略伙伴的重要标志,该框架包括界定合作领域的联合声明、双方接触的主要机构以及协调彼此关系的互动机制;此类伙伴不仅可以分担美国应对地区挑战的战略成本,而

---

① 孙德刚:《多元平衡与"准联盟"理论研究》,第一章。
② 孙德刚:《准联盟外交的理论与实践——基于大国与中东国家关系的实证分析》,世界知识出版社 2012 年版;孙德刚:《论新时期中国的准联盟外交》,《世界经济与政治》2012 年第 3 期。
③ 叶俊:《从传统结盟到战略合作(20 世纪初—21 世纪初)》,湖北人民出版社 2012 年版。
④ Wilson J. L. , *Strategic Partners*: *Russian-Chinese Relations in The Post-Soviet Era*, ME Sharpe, 2004; Thomas S. Wilkins, "Japan's Alliance Diversification: A Comparative Analysis of the Indian and Australian Strategic Partnerships", *International Relations of the Asia-Pacific*, Vol. 11, No. 1, 2011, pp. 115 – 155;张贵洪:《美印战略伙伴关系与中国:影响和对策》,《当代亚太》2005 年第 5 期。

且有利于提升美国与该地区关系的制度化程度。① 赵华胜教授在分析中俄结盟的必要性和风险时突出强调了中俄"全面战略协作伙伴关系"的弹性，指出该战略伙伴关系框架内存在可以进一步挖掘战略资源与空间的可能。② 众多学者还对美国的伙伴关系行为进行分析。陈永认为，美国的伙伴关系主要包括协调同盟内部关系的伙伴关系、向同盟过渡的伙伴关系、有助于扩展美国安全利益的非盟国伙伴关系；美国伙伴关系的突出特点是强调美国主导、突出安全功能，是一项具体性而非整体性的战略工具。③ 丹尼尔·汉密尔顿（Daniel S. Hamilton）分析了美国战略伙伴行为的演进，他将伙伴的外延定义得很广泛，他认为美国的伙伴体系包括条约同盟体系、非北约主要盟友、全面伙伴、战略对话以及地区架构。丹尼尔认为外交辞令中的战略伙伴并不一定等同于实际意义上的战略伙伴；不能高估战略伙伴关系对两国关系的作用，因为国家利益、国内政治对双边关系的塑造力量更大，仅仅依靠官僚小组和委员会的沟通不能决定两国关系的大局。④

2. 涉及特定议题结盟现象的研究。冷战结束以后，国际行为体针对特定议题组建联盟的现象愈发普遍，涉及的领域愈发广泛。此类研究注意到了行为体针对特定议题结盟的现象，他们或者是在研究其他问题时涉及此类案例，或者是使用其他概念框架解释这一现象。首先是关注国际议程设置的学者。理查德·曼斯巴赫（Richard

---

① Prashanth Parameswaran, "Explaining US Strategic Partnerships in the Asia-Pacific Region: Origins, Developments and Prospects", *Contemporary Southeast Asia*, Vol. 36, No. 2, 2014.

② 赵华胜：《"中俄结盟"为何缺乏现实可行性——基于两国关系历史和现实的考量》，《人民论坛·学术前沿》2013 年第 5 期。

③ 陈永：《中美倡导的伙伴关系比较研究：演变过程与概念界定》，《国际政治研究》2016 年第 5 期。

④ Daniel S. Hamilton, "The American Way of Partnership", *European Strategic Partnerships Observatory*, Accessed March 10, 2015, http://fride.org/publication/1198/the-american-way-of-partnership.

W. Mansbach) 和约翰·瓦斯克斯 (John A. Vasquez) 提出研究国际政治中的"议题范式"，并突出强调了国家乃至非国家行为体在议程设置视角下实现自身利益清单与偏好，其中的关键就是掌握连接个体议程与全球议程的"进入渠道"。① 斯蒂芬·利文斯通 (Steven G. Livingston) 进一步指出国际行为体构建全球议程的重要切入点包括全球知识生产、跨国网络与媒体、重要国际组织与机制、国际会议与联盟 (Coalition) 等外交活动。② 中国学者韦宗友认为国际议程设置是国际权力博弈的"第二张面孔"，它决定了什么议题可以进入国际议程，什么议题被排除在国际议程之外。在议程设置过程中，试图发挥主导作用或者希望发起新议程的行为体，如果能够建立范围广泛的议题联盟网络，将会提高其影响国际议程的可能性。③ 其次，朱莉娅·摩斯 (Julia C. Morse) 与罗伯特·基欧汉 (Robert O. Keohane) 在《竞争性多边主义》一文中指出，国际行为体对当前国际机制、规则与实践心存不满时，往往并非简单采用单边主义或双边主义的方式挑战现有机制，而是通过结成"竞争式的多边合作"替代或抗衡现有机制。竞争性多边主义有两种方式，一种为机制变更 (regime shift)，另一种为竞争性机制创建 (competitive regime creation)。竞争性多边主义涉及支援反恐战争的费用分摊、防止大规模杀伤性武器扩散、禁止某些常规性武器、知识产权保护、气候能源议题以及全球公共卫生领域；他们认为竞争性多边主义的影响因素有三个方面：替代性选择的可获得性，现有国际制度对各国安全利益的限制程度，以及其他制度性或国内限制条件。竞争性

---

① Richard W. Mansbach and John A. Vasquez, *In Search of Theory：A New Paradigm for Global Politics*, New York：Columbia University Press, 1981. 转引自韦宗友《国际议程设置：一种初步分析框架》，《世界经济与政治》2011 年第 10 期。

② Steven G. Livingston, "The Politics of International Agenda-Setting：Reagan and North-South", *International Studies Quarterly*, Vol. 36, No. 3, 1992, pp. 313 – 329.

③ 韦宗友：《国际议程设置：一种初步分析框架》，《世界经济与政治》2011 年第 10 期。

多边主义出现将会导致国际制度的复杂化与碎片化。① 此外，有学者讨论了一系列针对特定议题建立的非正式机制，如刘宏松分析核物质多边出口控制机制与防扩散安全倡议时指出，缺乏支持组建正式制度的国内政治力量、政府对强势利益集团掣肘行为的规避、创始国偏好的相近、非正式制度的开放性等原因致使该议题联盟成员选择非正式机制的合作形式。② 潘德（Jochen Prantl）分析了在国际制度之内与国际制度之外日益活跃的非正式集团。在分析联合国内部的非正式集团时，潘德发现，国家之间可以通过结成非正式集团的形式向联合国施压。③ 在对非正式集团进一步研究之后，潘德认为，非正式集团或者是非正式制度越来越成为新兴国家通过调适或者变革方式挑战美国霸权的合作方式。美国也可以利用非正式集团或者机制实现对既有国际制度的调适、补充、竞争与替代。④ 戴维来分析了中国"结伴外交"的必然性，中国结伴外交整体上具有多层性、多样性与多元性；他认为中国"结伴外交"兴起的原因是冷战结束以来的多极化与全球化进程、对于稳定外部环境的需求、弥补同盟及制度弊病和展现中国积极谋求国际合作的良好形象；他建议进一步打造伙伴关系网络、分类推进伙伴关系建设以及战略支点建设、稳定大国竞合态势。⑤

3. 对议题联盟的理论与经验研究。对联盟（coalition）这种形式的专门研究始于国内政治学领域，该领域针对多党制的政党为了选举

---

① Julia C. Morse and Robert O. Keohane, "Contested Multilateralism", *Review of International Organizations*, Vol. 9, No. 1, 2014, pp. 385 – 412.

② 刘宏松：《国际防扩散体系中的非正式机制》，第 198 页。

③ Jochen Prantl, "Informal Groups of States and the UN Security Council", *International Organization*, Vol. 59, No. 3, 2005, pp. 559 – 592.

④ Jochen Prantl, "Taming Hegemony: Informal Institutionsand the Challenge to Western Liberal Order", *The Chinese Journal of International Politics*, Vol. 7, No. 4, 2014, pp. 449 – 482.

⑤ 戴维来：《中国"结伴外交战略"：特征、缘由及路径》，《现代国际关系》2015 年第 10 期。

组成竞选联盟进而组建联合政府这一现象进行研究。威廉·赖克（William H. Riker）从国内政党联盟现象提炼出"最小获胜联盟"（minimal winning coalition）理论，该理论认为联盟组建的最佳规模是刚好足够获得议会选举的最低票数，因为获选的联合政府在组阁过程中必定将政府部门的职位与新政府的政策制定权限在政党联盟内部进行分配，如果联盟规模过大，那么每个政党所分得的政治利益就会缩小。赖克将这一现象推及至国际政治领域，认为国际联盟的规模同样应当是能够确保获取胜利的最小规模。① 赖克的研究并没有区分联盟（coalition）与同盟（alliance），也忽视了国内政治与国际政治的区别，但其对本书的意义是提出了国际议题联盟之理想规模与成本分担的问题。在国际政治领域，中小国家在国际谈判中的议价联盟（bargaining coalition）得到了众多学者的关注。瓦莱里亚·科斯坦蒂尼（Valeria Costantini）等学者分析了多哈进程农业问题谈判过程中各议价联盟的内部凝聚力问题。他们发现，不同偏好的国家组成了诸如三十国集团、九十国集团、二十国集团、十国集团、凯恩斯集团等议价联盟；其中有些国家身处两大集团，有些成员的初始偏好与成员所在联盟的共同立场存在差异。由此科斯坦蒂尼提出一项假设，即在国际谈判中，国家为了提升议价能力往往诉诸议价联盟，因此为了维系议价联盟的凝聚力，国家必须在初始偏好与联盟共同偏好之间做出协调。② 妮可·戴特霍夫（Nicole Deitelhoff）与琳达·沃尔波特（Linda Wallbott）通过比较中小国家在《国际刑事法院罗马规约》谈判与气候变化问题谈判中的议价策略与联盟效力，反驳了权力决定论与理性选择模式，指出谈判制度设置与议题本身的道德本质是影响联盟效力的主要因素。两个案例中，小国联盟都采取了诉诸合法性与积极拓展

---

① William H. Riker, *The Theory of Political Coalitions*, New Haven：Yale University Press，1962，p. 33.

② Valeria Costantini, Riccardo Crescenzi, Fabrizio De Filippisand Luca Salvatici, "Bargaining Coalitions in the WTO Agricultural Negotiations", *The World Economy*，Vol. 30, No. 5，2007，pp. 863 – 891.

联盟网络的策略；但是在结果方面，前者涉及的小国联盟成功顶住了美国的压力，不仅同各成员国、非政府组织、专家团体组成联盟获得了更多的议价资源，而且掌握了道德领导权；而后者小岛屿国家联盟未能成功推动具有法律效力的哥本哈根协议的形成。其中的关键在于，一方面罗马谈判中采取多数票通过机制而哥本哈根谈判采取协商一致的方式，另一方面在于前者涉及的议题彰显了更高的道德属性，而后者的道德属性则没有前者明显。① 中国学者刘丰在《国际政治中的联合阵线》一文中专门对议题联盟现象作了一般性分析，他将联盟（Coalition）翻译成"联合阵线"，通过与同盟（Alliance）的比较，他认为联合阵线具有涉及议题的广泛性、非正式性、临时性以及成本分担的灵活性等特征。②

4. 对美国议题联盟行为的经验研究。目前国内外学界对美国议题联盟行为的研究集中在行动类议题联盟的经验分析。较早提出美国喜欢发起议题联盟行为的是美国时任国务院政策规划署主任理查德·哈斯（Richard N. Haass）。他在《"规制主义"——冷战后的美国全球新战略》一书中提出美国实现外交战略的四大方式：同盟、单边主义、制度主义与意愿联盟（Coalition of the Willing）。在这四种方式中，哈斯对于意愿联盟评价很高，他认为意愿联盟是"几个国家为了共同的狭隘目标而携手联合——在有的情况下，一旦特定的目的得以实现，它们就会分道扬镳。其他国家只要具备一定的能力并愿意加入这个联合体，都可以成为会员国"。哈斯认为意愿联盟的优点是发挥集体力量的优势，不必事先获得到某个权威的授权才能开展行动，能够提升美国行动的合法性；缺点是不具有像同盟那样的遏制效果，联军缺乏共同装备，同样存在内部相互制衡的状况。③

---

① Nicole Deitelhoff and Linda Wallbott, "Beyond Soft Balancing: Small States and Co-alition-Building in The ICC and Climate Negotiations", *Cambridge Review of International Affairs*, Vol. 25, No. 3, 2012.

② 刘丰：《国际政治中的联合阵线》，《外交评论》2012 年第 5 期。

③ ［美］理查德·N. 哈斯：《规制主义：冷战后的美国全球战略》，陈遥遥、荣凌译，新华出版社 1999 年版。

刘丰认为军事领域的"联合阵线"（coalition）已经成为冷战后美国海外军事行动的主要方式，其相对于同盟体系的优势在于，它可以克服正式盟约制约下出现的集体行为的困境，更容易就成本分担达成一致，替代安理会提供合法性支持；众多国家之所以愿意追随美国主要是因为当前的国际政治结构以及美国主导的等级体系。刘丰还分析了"联合阵线"相对于美国来说的优势与劣势。优势在于它的灵活性、成本分担以及合法性支持，劣势在于缺乏战略上的统一性、各国法律框架的差异导致联盟凝聚力低下、成员国国内政治的变动影响对联盟的物资支持、成员间在成本分担问题上存在争执。① 贺平分析了全球治理中的"意愿联盟"，他认为意愿联盟是多边主义在具体国际事务中的一种表现；他指出多边主义的三种方式，包括强者强加给弱者、自发形成、由若干利益攸关方谈判而成，意愿联盟就是在第三种方式中孕育而生。贺平认为，与同盟相比，意愿联盟更关注经贸利益、功能性合作等"低阶政治"，带有功能主义或实用主义特点；国家利益相近并不等于可以顺利组建意愿联盟，关键在于各国在特定议题中的利益相近。同时，他认为意愿联盟的制度化水平很低。贺平在文中指出了关于意愿联盟的三种误解：意愿联盟未必没有合法性；意愿联盟未必只是弱者的武器；意愿联盟与相关机制存在"退出""呼吁""效忠"三种关系。② 贺平的分析主要集中在议价博弈领域的议题联盟，而没有关注行动类议题联盟。夏立平、聂正楠在追踪美国南海政策时发现，奥巴马政府针对南海问题"加强与菲律宾等域内盟国和越南等域内伙伴国的安全、军事和经济关系，鼓励其他域外大国采取与美国相同的政策，试图在此基础上建立一个以美国为首、以美国的盟友和伙伴及地区机构为主干、包括所有东盟国家的制约中国的联合阵线"。③ 此外，

---

① 刘丰：《联合阵线与美国军事干涉》，《国际安全研究》2013 年第 6 期。

② 贺平：《探析全球治理中的"意愿联盟"》，《复旦国际关系评论》2016 年第 2 期。

③ 夏立平、聂正楠：《21 世纪美国南海政策与中美南海博弈》，《社会科学》2016 年第 10 期。

王存刚认为新兴大国可以利用议题联盟的形式参与全球治理，并且分析了议题联盟的一般特征，认为议题联盟与同盟之间可以相互转化。王存刚的文章内容比较精炼，有待进一步开展更加详细的理论与实证研究。①

众多文献重点分析的是小布什政府时期发起的一系列议题联盟行为。王紫雾在《浅析美国"意愿联盟"政策及其影响》一文中认为"意愿联盟"拥有针对性、开放性和暂时性三大特点，它是美国在新的国际环境中做出的政策创新，是美国利用强大的实力与威望领导世界事务、实现霸权的独特方式；"意愿联盟"一方面显示出美国的"利益中心观"，最大程度避免了"同盟困境"，另一方面又带有理想主义的特征，希望实现美国治下的和平。王紫雾分析了海湾战争、伊拉克战争和防扩散安全倡议三个案例，认为"倒萨联盟"失败的原因包括国际社会的反对、多极化趋势和法俄德三国的联合反对，以及战前准备仓促、新保守主义外交遭到的抵制。② 斯图尔特·帕特里克（Stewart Patrick）在分析小布什政府外交战略时也提到了议题联盟，他认为小布什政府全球接触战略的突出特点是怀疑国际制度和同盟体系应对新威胁与新挑战的效力，尤其是恐怖主义、无赖国家和大规模杀伤性武器扩散等方面。除了单边行为，特定或临时性的议题联盟是小布什政府主要的应对方式。帕特里克认为美国喜欢议题联盟的主要原因有 4 个方面：国际政治权力结构、美国的政治文化、美国国内的府会结构以及理想主义与现实主义两种战略心理的矛盾。③

---

① 王存刚：《议题联盟：新兴大国参与全球治理的新方式》，《中国社会科学报》2015 年 3 月 11 日。

② 王紫雾：《浅析美国"意愿联盟"政策及其影响》，硕士学位论文，中国人民大学，2006 年。

③ Stewart Patrick，"'The Mission Determines the Coalition'：The United States and Multilateral Cooperation after 9/11", in Martin S. Indyk and Bruce Jones eds.，*Cooperating for Peace and Security：Evolving Institutions and Arrangements in a Context of Changing US Security Policy*，Cambridge：Cambridge University Press，2010，pp. 20 – 44.

在军事领域的联盟中，成本分担成为西方学者集中关注的问题。安德鲁·本尼特（Andrew Bennett）、约瑟夫·雷普戈德（Joseph Lepgold）和丹尼·昂格尔（Danny Unger）分析了海湾战争中英国、埃及、德国、法国、日本与美国的成本分担行为，提出了包含五个假设的分析框架与两大驱动层次：外部驱动方面包含集体行为、威胁平衡、联盟依赖三个变量，内部驱动方面包含国家自主性以及国内政治与官僚政治两个变量，以此分析各国在成本分担中的表现差异。① 阿里·阿什拉夫（Ali Ashraf）运用新古典现实主义理论分析了意愿联盟成员国在阿富汗战争中的成本分担行为，认为国际体系因素需要通过国内结构影响国家的外交政策，进而发现影响联盟成本分担的主要因素为联盟依赖、外部威胁、搭便车、国内政治、国家能力与公众意见等方面。② 兰德尔·纽纳姆（Randall Newnham）分析了美国在伊拉克战争联盟中使用了经济挂钩（economic linkage）的方法维系联盟凝聚力，即运用经济、军事援助并开放美国市场拉拢联盟成员承担联盟义务，而对待推卸责任与态度消极的盟友则以经济制裁相威胁。③ 众多国内学者发现美国在冷战结束之后尤其是"9·11"事件后调整了同盟战略，以意愿联盟（coalition of the willing）为旗号进行的行动越来越成为美国维系霸权的新手段，并且体

---

① Andrew Bennett, Joseph Lepgold and Danny Unger, "Burden-Sharing in the Persian Gulf War", *International Organization*, Vol. 48, No. 1, 1994, pp. 39 – 75.

② A. S. M. Ali Ashraf, *The Politics of Coalition Burden-Sharing: The Case of the War in Afghanistan*, Ph. D. dissertation, University of Pittsburgh, 2011.

③ Randall Newnham, "Coalition of the Bribed and Bullied: U. S. Economic Linkage and the Iraq War Coalition", *International Studies Perspectives*, Vol. 9, No. 2, 2008, pp. 183 – 200. 相关文献参见：Matthew A. Baum, "The Iraq Coalition of the Willingand (Politically) Able: Party Systems, the Press, and Public Influenceon Foreign Policy", *American Journal of Political Science*, Vol. 57, No. 2, 2013, pp. 442 – 458; Daniel F. Baltrusaitis, *Friends Indeed? Coalition Burden Sharing and The War in Iraq*, Ph. D. dissertation, Georgtown University, 2008; Sarah E. Kreps, *Coalitions of Convenience: United States Military Interventions after the Cold War*, Oxford University Press, 2011.

现出美国"帝国论"、新保守主义等理念色彩。① 另一项由美国发起的联盟是涉及防止大规模杀伤性武器扩散的防扩散安全倡议。学者顾国良讨论了防扩散安全倡议的宗旨与前景，并且指出其带有明显的进攻性、强权性并与国际法相抵触。② 樊吉社梳理了美国军控政策的变迁史，认为突发事件、决策者的政策倾向和国内政治环境等因素加速了美国军控政策的调整过程，使美国逐步完成从制度建设到意愿联盟的转变。③ 丹尼尔·韦迪尔（Daniel Verdier）论证了单边主义、双边主义与多边主义在防扩散体制中实现对接的可能，他认为美国可以根据成员国的忠诚度而采取不同的手段，从而增加该体制的灵活性。④

回顾以往的研究，我们发现许多学者注意到了"国家针对特定议题结盟"的现象，有些学者将议题联盟放在广义结盟概念框架之中，有些学者将议题联盟作为同盟发展的新态势，有些学者提出了其他概念加以描述，也有些学术研究聚焦于小布什政府时期对议题联盟行为的偏好，更多的学术作品对涉及此类现象的个案进行了讨论。当前针对这一问题的讨论，存在一定的局限。

第一，到目前为止，还没有一部学术论著，就普遍性的议题联盟行为进行综合讨论。绝大多数作品仅就某一个议题的结盟行为或者某一届政府对议题联盟行为的偏好进行了分析，缺乏在一个整体

---

① 赵嵘：《"9·11"后美国联盟战略的调整》，《现代国际关系》2007年第12期；赵伟明、孙德刚：《美国准联盟战略初探——以伊拉克统一战线为例》，《西亚非洲》2005年第5期；崔磊：《自愿联盟与美国外交》，《世界经济与政治论坛》2005年第2期；王开明：《美国新保守主义帝国战略探源》，《国际政治研究》2004年第1期。

② 顾国良：《美国"防扩散安全倡议"评析》，《美国研究》2004年第3期。

③ 樊吉社：《美国军控政策的调整与变革：从制度建设到志愿者同盟》，《美国研究》2006年第4期。

④ Daniel Verdier, "Multilateralism, Bilateralism, and Exclusion in the Nuclear Proliferation Regime", *International Organization*, Vol. 62, No. 3, 2008, pp. 439 – 476. 此外涉及的文献主要有：莫大华《美国亚太海洋安全的"自愿联盟"——"防扩散安全倡议"、"区域海洋安全倡议"与"全球海洋伙伴倡议"之比较分析》，《国际关系学报》2010年第29期。

的概念框架下对国家间就特定议题结盟现象做出界定，其最大的不足就是缺少将议题联盟的类型做出有力的区分，缺少在宏观层面对议题联盟的起源问题进行探索。关于冷战后议题联盟大量兴起现象，往往在讨论制度复杂性、制度碎片化等文献中述及，缺少对其规模扩散的原因及影响的专门论述。

第二，相当多的文章认为议题联盟就等同于单边主义。当然，小布什政府在此类问题的表现上具有强烈的单边主义、对抗国际法与国际机制的倾向，因此有些研究认为"针对特定议题结盟"的行为就是单边主义的，在道德上是有瑕疵的。但这种判断不符合客观事实——因为议题联盟的类型不同，它与现有国际制度的关系逻辑有着多种可能性，不能以小布什政府议题联盟的行为特征概括所有的议题联盟。

第三，以往对于美国议题联盟行为的分析没有将各类型议题联盟行为进行合并研究。虽然既有研究在分析美国在某项特定议题使用议题联盟的个案时提出过一些观点，例如，刘丰、理查德·哈斯提出的议题联盟具有"灵活性、成本分担与合法性支持"的"功能优势论"，凌胜利等学者提出的"同盟转型论"，还有对美国满足某项特定议题的需求组建联盟的"议题需求论"，也有大量文献认为议题联盟是小布什执政期间的行为特色；但是没有梳理冷战后历届美国政府使用议题联盟行为的基本历程与行为方式，没有讨论这种行为同其霸权战略的关系是什么，没有提炼出美国发起议题联盟行为的一般规律，包括美国在不同类型的议题联盟行为中所展现的行为逻辑的差异以及美国通过议题联盟成功完成某项战略任务的条件是什么？

第四，以往的研究没有深入探讨美国区别于其他国家热衷于议题联盟的特殊性——议题联盟虽然存在一些功能优势，为什么美国要比其他国家更加热衷于使用该方式？换句话说，在一般情况下，美国作为霸权国以及具有独特行为渊源的国家，其发起的议题联盟和中小国家发起的议题联盟的区别是什么？

三 研究创新

针对上述问题，本书力图做到以下创新：

第一，引述前人曾经提出的"议题联盟"这一概念，界定国家间"就特定议题结盟"的现象，对议题联盟的特点、分类、规模、强度等一般性理论进行了讨论，并且从国际体系变迁的角度分析了冷战后议题联盟行为不断出现的原因，提出了议题联盟发挥作用的一般路径。本书认为，"议题联盟"的概念比其他的概念更能准确描述国家集团针对特定议题结盟的行为。议题联盟的本质是国际行为体在国际无政府状态下，在特定时机，针对特定议题，对权力资源的一种动员与优化配置。议题联盟往往起源于国际行为体处理特定议题的需要与既有制度工具之间存在的张力。

第二，回答议题联盟行为在美国对外政策中反复重现的原因。从理性选择的角度来看，美国频繁使用议题联盟是实现对战略时效、规则束缚、关系框架和任务目标的快速突破，从而在不破坏霸权战略的前提下对部分霸权战略支柱进行"动态调适"以实现特定议题的利益最大化；此外，从美国特有的行为渊源来看，美国崇尚议题联盟的战略手段直接反映了美国崇尚战略简洁、追求崇高使命、进行类属区分、善于规则外化、喜欢立竿见影等的战略思维，在更深层次上源于美国战略文化中二元对立的世界观、例外主义的身份观与实用主义的途径观。

第三，提出了美国在不同类型议题联盟行为中的行为方式。本书认为，在快速反应、常态行动和议价博弈三种类型的联盟行为中，美国一般分别采取"自上而下""从中心到外围"和"自下而上"的行为模式。

"自上而下"的运作方式，即美国居于联盟架构的最高端，联盟成员的组成、行动步骤与方案、行动的原则等问题都按照美国的意愿加以实现。一般在快速反应类联盟行动中，美国掌握最高指挥权力，核心行动任务仅仅由美国和少数几个关键盟友来完成，其他盟友负责联盟行动所需的各项资源，外围盟友的参与主要是为了提升联盟行动的合法性。同时，在此类联盟中，美国的战略决心越强大，联盟强度越高，联盟形态越呈现单边主义色彩；如果美国的战略决心相对较低，联盟强度也低，联盟成员和相关地区与国际组织的地位会相对提升。以伊拉克战争为例，美国组建的多国联军统一接受美军中央司令部司令汤米·弗兰克斯将军的领导；美国和其他国家的地面部队接受联军地面部队司令部（Coalition Forces Land Component Command，CFLCC）的领导，该司令部包括两支美国兵团级单位——陆军第五军团和海军陆战队第一远征军，后者指挥包括英国第一装甲师在内的部分联军部队；同时，来自英国、澳大利亚和波兰的特种部队接受联军特种作战司令部（Coalition Forces Special Operations Component Command，CFSOCC）的领导。

"从中心到外围"的运作方式，是指在常态行动类联盟组建过程中，美国和少数几个盟友先行确立联盟行动框架并成为联盟结构的中心，确立联盟行动的宗旨、原则；再吸引更多的成员加入进来，逐渐将这套行动标准推广至全球。在这个过程中，联盟初始框架的形成格外重要，美国需要拥有强大的战略决心和关键盟友的支持，并且注重争取不属于美国同盟体系内的相关大国。以防扩散安全倡议为例，在美国的积极动员下，11 个国家于 2003 年 6 月召开的马德里会议上宣布成立"防扩散安全倡议"组织并成为创始国；此后经美国与各方努力，联盟发布《拦截原则声明》、不断扩容联盟成员、成立行动专家小组、开展拦截演习、施行拦截举措，到 2017 年 9 月该组织发展为拥有 105 个成员国，并至少在 2003—2007 年发起了超过 30 次的拦截行动。①

"自下而上"的运作方式，是在国际多边进程之内，美国联合小

①　Jason S. Reller，"Think Globally，Act Locally-Global Maritime Partnership Initiative and the Necessity for Cooperation and Coalition"，A Paper Submitted to the Faculty of the Naval War College，April 23，2008，p. 10.

范围的志同道合国家组成议价联盟确立共同立场，通过与其他国家或议价联盟的博弈与妥协，实现影响谈判进程与协议内容的战略目的。此种行为方式不同于美国在多边组织中位居理事会或者管理机构重要职位由上至下决定会议议程、谈判目标与协议草案的行为方式，而是在所有多边进程成员的互动网络之中进行协调与妥协，通过外交手段推动或者阻碍会议进程，从而影响多边进程的结果。例如，在巴黎气候大会期间，美国宣称由欧盟和部分小岛屿国家倡议组建的"雄心联盟"（Ambition Coalition）力图向其他谈判国家施加压力，极大地影响了巴黎气候大会的谈判进程和《巴黎协定》草案的文本内容。

第四，提出了美国组织或参与不同类型议题联盟的重点与成功条件。在快速反应型联盟行动中，战略重点是联盟的动员，成功的条件是行动的理由不破坏多数国际社会成员的共同利益，获取关键盟友的支持，理顺同其他相关机制的关系。在常态行动类联盟行动中，战略重点是建立联盟的初始框架，包括强大的领导意愿与能力、从核心成员到外围成员的联盟支持网络、明确的行动原则与宗旨，以及可操作化的具体任务。由于需要在长时段内展开联盟行动，美国国内需要将该议题联盟所反映的行动理念上升为国家意志，保证联盟行动始终都有充分的领导。在国际多边场合的议价博弈中，由于基本立场相近的国家会自动进行协调与联合，美国的战略重点是同其他国家或议价联盟的博弈与协调；在于己不利的多边进程中需要一批国家站在自己这一边避免被国际孤立，在希望缔结某项协议时需要组建或者参与一个同时具有多样性与规模性的进取型联盟。

四　研究方法

就整体而言，本书属于理性主义范式下的实证研究。本书的论证方式以归纳为主。在具体研究过程中使用了体系层次的分析方法和跨案例比较的分析方法。

首先，本书没有试图提出一套宏观理论假设，讨论自变量与因变量之间的作用机制；而是基于各国议题联盟实践的大量案例归纳出议题联盟的概念、特征、类型以及关于其理想规模与强度的一般性规律；之后，还根据美国在冷战后大量的议题联盟实践案例，提炼出美国议题联盟行为的方式与规律，进而丰富对美国外交行为的理解。

其次，本书在分析冷战后议题联盟数量增多这一问题时，主要利用了体系层次的分析方法。本书通过分析冷战后国际政治和国际制度的变迁来回答为何冷战后议题联盟现象不断涌现；前者包括权力结构的变迁、相互依赖的加深以及新威胁与新挑战的出现，后者包括许多国际制度的效力逐渐下降、关于国际制度建设的共识越来越难以达成等因素。

最后，本书在分析美国议题联盟行为时，选取了三种类型中的六个案例，作为分析美国议题联盟行为规律的依据。本书在进行案例研究时特别注重案例选择的差异化。在第四章中，选取了阿富汗战争和伊拉克战争的联盟案例，前者联盟的主要目的是优化行动效率，并且在联盟动员方面较为成功；后者联盟的主要目的是掩盖合法性的缺失，在联盟动员方面效果不佳。在第五章中，选取了防扩散安全倡议和全球海洋伙伴倡议这两大案例，前者的联盟构建较为成功，后者则未能成功建立联盟的初始框架，最终的联盟计划并没有实现。在第六章中，本书选取了气候变化谈判中的伞形集团和"雄心壮志联盟"这两大案例，前者是一种"阻滞型"联盟，对气候变化谈判进程的立场较为消极；后者属于"进取型"联盟，积极推动一个富有雄心的气候变化协议。

五　章节安排

本书的第一章对议题联盟的概念框架进行了一系列的界定，在同其他合作形式进行比较之后，分析了议题联盟的特征、类型，并且对议题联盟规模与强度的一般性规律做了讨论。

第二章首先回答为什么冷战后议题联盟行为反复重现，其原因在于冷战后国际政治和制度工具的新变迁。然后本书分析了议题联盟与制度工具的关系逻辑，包括规避、补充、塑造与颠覆。本书认为，议题联盟的运作路径大致包含缘起、动员、外交与行动框架的搭建、与其他战略手段的搭配、联盟的自我调整等过程。议题联盟的扩散对国际政治的影响具有多重性，它是调适与变革国际秩序的工具选项，它可能便利集体行为的发起、提供公共产品与推动制度变迁；但是也有可能被霸权国家用来追求私利、造成合法性危机以及制度碎片化。

第三章首先梳理了冷战后美国历届政府使用议题联盟的基本历程。在此基础上总结美国议题联盟行为具有一系列特点：它比其他国家更重视对议题联盟的使用，在小布什政府时期达到了顶峰，它主要在行动类议题联盟中发挥强势领导作用，并且能够在美国的伙伴体系中挑选特定议题的联盟人选。由此，分析美国热衷于议题联盟的原因：在理性逻辑上，美国作为霸权国，需要充分发挥议题联盟的功能性优势，在已有的霸权战略手段不便使用的状况下，实现特定议题的利益最大化；在行为渊源上，议题联盟行为直接反映出一系列美国战略思维方式与战略文化内涵。

第四章主要分析了美国在海外军事干预中组建议题联盟的行为。本章以阿富汗战争和伊拉克战争为例，分析了两组不同联盟组建与运行的差异。笔者认为，在阿富汗反恐战争中，美国国际反恐联盟的组建较为成功，联盟为美国分担了一部分行动成本。美国在此次联盟的组建与行动中也比较好地处理了同联合国和北约的关系。在伊拉克问题上，美国没有获取联合国授权，也没有获得部分传统盟友的支持，"倒萨"联盟的组建主要是为了掩盖合法性的缺失。美国在动员与维持"倒萨"联盟的过程中付出了较大的成本，联盟关系的裂痕伴随伊拉克安全困局一道出现。

第五章比较了美国发起的两项常态行动类联盟：防扩散安全倡议和全球海洋伙伴倡议。防扩散安全倡议的组建较为成功，为美国增加了一项遏制大规模杀伤性武器扩散的战略工具。全球海洋伙伴倡议这项联盟计划并未成功，未能在短期内建立完整的联盟框架，也未能系统开展有效行动，最终美国政府将这项联盟计划束之高阁。

第六章以气候变化谈判中的伞形集团和"雄心壮志联盟"为例，分析了美国在多边谈判中的议题联盟行为。伞形集团属于"阻滞型"议价联盟，美国依靠伞形集团对不符合美国利益的谈判进程进行阻碍，转嫁气候治理的成本与责任。"雄心壮志联盟"是巴黎气候大会期间出现的一个进取型议价联盟，联盟集团提出一系列"雄心计划"并且强势推动了巴黎协定的缔结。美国加入其中，主要是出于奥巴马政府对气候问题的重视，以及美国国内能源结构的变革，便于美国施展外交技巧提升美国的领导地位，并最终为奥巴马政府留下一项政治遗产。

结论部分是对全书内容的总结，并且对美国未来的议题联盟行为进行了预判。

第 一 章

议题联盟的基本理论

在国际关系当中，国家间"就特定议题结盟"的现象可以追溯至很久以前，比如古希腊历史中的希腊联军。早期的议题联盟大多是在特殊军事危机形势下，由一个或少数几个领导国家联合众多盟友共同对抗外部敌人的多国联军。随着时代的发展，国家间合作与斗争的领域不断扩展，国家间"就特定议题结盟"所涉及的内容也愈加丰富。能不能为此类联合行为做出一个较为准确的定义？此类联合行为与其他形式的合作有什么异同？此类联合行为具有哪些可以进行理论提炼的一般规律？全面分析冷战后美国"就特定议题结盟"的行为方式，不可避免地要对该问题所涉及的核心概念进行界定，为全书的研究设定逻辑起点。由此，本章分为两个部分，第一节从议题联盟的内涵出发总结议题联盟的概念与特征，将其与传统军事同盟、准同盟、战略伙伴等其他合作形式进行比较，区分议题联盟的三种类型；第二节从宏观层面讨论议题联盟的基本规律，包括其本质是什么，功能是什么，起源是什么，强度与规模的规律是什么，从而对议题联盟现象开展理论考察。

第一节　议题联盟的概念

一　议题联盟的概念与特征

在整个人文社会学科中，"Coalition"这一术语在各个研究领域都被广泛提及。这个词在早期文献中大多指代的是战时联盟（Warfare Coalition），从迈锡尼国王阿伽门农召集希腊联军发起特洛伊战争开始频繁在史书中浮现，包括希波战争中由雅典和斯巴达领导的希腊联军、干涉法国大革命而组建的七次反法联盟、"二战"期间成立的反法西斯联盟，也包括朝鲜战争中美国领导的"联合国军"以及冷战后美国数次组建的多国联军、沙特针对也门胡塞武装力量组建的多国联军，等等。另外，诸如日本、英国、冰岛等多党议会制国家常常出现由多个政党共同组建联合政府（Coalition Government）的现象，很多政治学领域的学者针对联合政府的形成规律、组阁策略以及不同形式的联合政府对政治稳定、经济发展的影响进行了大量研究。① 公共政策研究中的倡议联盟框架（Advocacy Coalition Framework）旨在分析长期的政策变迁，在超越传统阶段模型框架的基础上，倡议联盟框架聚焦由不同行为体组成的不同倡议联盟之间的互动所构成的政策子系统，认为政策变迁是经由外部事件、政策学习、子系统内部事件与联盟妥协等过程形成的；该框架被应用到国际关系中，分析特定联盟团体对国际进程的影响以及随之出现的

---

① Indridi H. Indridason, "A Theory of Coalitions and Clientelism: Coalition Politics in Iceland, 1945 – 2000", *European Journal of Political Research*, Vol. 44, No. 3, 2005, pp. 439 – 464; Arend Lijphart, *Patterns of Democracy*, New Haven: Yale University Press, 1999; George Tsebelisand Eunyoung Ha, "Coalition Theory: A Veto Players' Approach", *European Political Science Review*, Vol. 6, No. 3, 2014, pp. 331 – 357.

某些国际规范的变迁。① 另外，散见于诸多文献中的意愿联盟（Coalition of the Willing）既包括上文提到的战时联盟，也被不同学者用来称谓防扩散安全倡议（Proliferation Security Initiative，PSI）、区域海洋安全倡议（Regional Maritime Security Initative，RMSI）、全球海洋伙伴倡议（Global Maritime Partnership Intiative，GMPI）等联合行动。同时也有文献在发现多边主义进程迟滞不前时，建议由少数具有代表性的关键国家、部门、地方政府以及个人组建带有"少边主义"性质的小团体先行推进机制建设，这些小团体也被一些学者称作意愿联盟。② 除此之外，还有一类议价联盟（Bargaining Coalition）活跃在国际多边场合的谈判与互动当中，比如世界贸易组织谈判中比较活跃的凯恩斯集团、二十国集团、棉花四国集团、九十国集团、最不发达国家集团，以及气候变化谈判中的伞形集团、欧盟、"77国集团＋中国"、基础四国等。也有学者突出议题联盟的时代性与战略性，指出新兴大国在无法短时间内提升自身实力并且不便采取结盟政策的情况下，可以借助诸如金砖国家机制等方式结成议题联盟，这成为新兴国家扩展国家力量、参与全球治理的新手段。③

　　本书首要的任务之一，就是对分散在各领域、各学科中的"Coalition"这一概念进行集中梳理与总结，提炼出国际政治领域中

---

① 关于倡议联盟框架，参见 Paul A. Sabatier, "An Advocacy Coalition Framework of Policy Change and the Role of Policy-Oriented Learning Therein", *Policy Sciences*, Vol. 21, No. 2, 1988, pp. 129 – 168；［美］保罗·萨巴蒂尔、詹金斯-史密斯：《政策变迁与学习：一种倡议联盟途径》，邓征译，北京大学出版社 2011 年版；赖钰麟：《政策倡议联盟与国际谈判：中国非政府组织应对哥本哈根大会的主张与活动》，《外交评论》2011年第 3 期；花勇：《人道主义危机治理规范的变迁——倡议联盟框架的视角》，《世界经济与政治》2016 年第 1 期。

② Thomas Hale, "A Climate Coalition of the Willing", *The Washington Quarterly*, Vol. 34, No. 1, 2011, pp. 89 – 101；Peter Christoff, "Post-Kyoto? Post-Bush? Towards an Effective 'Climate Coalition of the Willing'", *International Affairs*, Vol. 82, No. 5, 2006, pp. 831 – 860.

③ 王存刚：《议题联盟：新兴大国参与全球治理的新方式》，《中国社会科学报》2015 年 3 月 11 日第 B03 版。

"Coalition"的内涵，并摒弃一些由于习惯与方便扩大该概念外延的做法。本书认为，针对"Coalition"指涉特定领域而非全方位合作领域的特点，在中文表述中应当统一对此类合作定名为议题联盟（Issue-Focused Coalition）。刘丰认为它是"为了应对具体的政治、经济或安全议题，政策议程具体，内部进行经常性的讨价还价，成本分担和利益分配趋于短期化"的一种非正式合作形式。[①] 王存刚认为议题联盟是"国际行为体在某一跨国议题上存在利益相同或相近的情况，并据此自愿形成的一种合作形式"。[②] 孙德刚认为它是"临时性安全合作关系，它目标比较单一，针对性强，既可以指国内政党之间的联合，也可以指国际上各种力量之间的临时集合"。[③] 安德鲁·皮埃尔（Andrew Pierre）认为议题联盟是"一组志同道合的国家在特定议题、特定时机同意采取联合行动并且不寻求建立持续性关系"的合作形式。[④] 保罗·迪布（Paul Dibb）认为议题联盟是"各方在保留各自原则基础上的临时性联合"。[⑤] 在吸收前人观点的基础上，本书认为国际政治中的议题联盟是国际行为体在特定时机、针对特定议题、基于共同的利益关切，联合志同道合者形成的联合关系网络。本书认为，议题联盟的特征包括以下几个方面：

非正式性。议题联盟不以正式的法律条约规定联盟成员的权利与义务，也不建立正式的组织机构协调联盟合作的具体进程。非正式性能够降低联合行动的组织成本，联盟成员有着较大的自由程度，便于联盟倡导者组建联盟以及扩大联盟的成员范围，比如防扩散安全倡议极大地便利了美国反扩散拦截行动的开展。由于议题联盟的

[①] 刘丰：《国际政治中的联合阵线》，《外交评论》2012 年第 5 期。

[②] 王存刚：《议题联盟：新兴大国参与全球治理的新方式》，《中国社会科学报》2015 年 3 月 11 日第 B03 版。

[③] 孙德刚：《多元平衡与"准联盟"理论研究》，第 59 页。

[④] Andrew J. Pierre, *Coalitions: Building and Maintenance*, Washington: Institute for the Study of Diplomacy, Georgetown University, 2002, p. 2.

[⑤] Paul Dibb, "The Future of International Coalitions: How Useful? How Manageable?" *The Washington Quarterly*, Vol. 25, No. 2, 2002, pp. 129 – 144.

非正式性，此类合作形式可以联合"异质"成员。例如，与美国长期存在战略疑虑与竞争的俄罗斯也在2004年5月宣布加入美国主导的防扩散安全倡议，这对提升此类合作的政治影响具有很大的帮助。另外，非正式性能够消解传统同盟机制中的"被抛弃"与"被牵连"的困境①，使联盟的运行与管理成本相对降低。当然，非正式性赋予议题联盟纯粹的工具理性，它难以实现成员集体认同的建构性，不容易限制联盟成员对其他战略工具使用，成员如果想退出联盟也比较容易。

灵活性。在非正式性的基础上，议题联盟具有高度的灵活性，联盟成员的组成可以实现动态的调整，联盟成员所负担的义务也可以适当增减，联盟合作可以迅速缔结也可以迅速终止。比如，在遭到联合国安理会的拒绝授权与众多北约盟友的强烈反对之后，小布什政府通过组建"倒萨"联盟绕过前两项制度安排，实现了美国推翻萨达姆政权的既定计划。联盟主导国家可以灵活掌控联盟合作的强度。某项议题联盟也可以包容在其他议题上立场各异的成员。同时，议题联盟合作具有较高的弹性，不排除在共同外部威胁出现的情况下，临时组建的联盟会升级为正式的同盟机制。比如第二次希波战争后期，在斯巴达退出希腊联军后，雅典联合其他希腊城邦组建了正式的提洛同盟，该同盟成为日后雅典控制希腊地区、参加伯罗奔尼撒战争的重要工具。

外部导向。国际关系中的集团合作可以是内部导向也可以是外部导向的。② 内部导向意味着集团合作的主要目的是对成员之间的互动进行内部协调，通过规则与规范的建立形成各成员彼此的相互制约，促进各方合作的推进。外部导向的含义是集团合作的主

---

① Glenn H. Snyder, "The Security Dilemma in Alliance Politics", *World Politics*, Vol. 36, No. 4, 1984, pp. 461 – 495.

② John S. Duffield, "Explaining the Long Peace in Europe: The Contributions of Regional Security Regimes", *Review of International Studies*, Vol. 20, No. 4, 1994, pp. 369 – 388.

要目的是通过聚合行为体的能力与资源，对外部行为体施加影响进而实现合作。议题联盟具有鲜明的外部导向性，这就意味着议题联盟与多边主义集团有着很大的区别，前者往往针对比较明显的竞争对手或战略敌人，对国际行为体进行选择性的吸纳，联盟领导者往往拒绝一些离心离德或者偏好不一的行为体加入。尽管当前议题联盟政治的广泛兴起与非正式集团的扩散共同"反映了全球权力转移以及全球治理体系发生的变化"，①但是本书认为像 G20 机制这类合作的主要目的是提升成员间的协调治理水平，而不是直接针对外部行为体施加某种压力，因此其合作形式不应算作议题联盟。

议题导向。议题联盟可以涉及军事、政治、经济等多个领域的合作，特定议题联盟是联盟成员为了增进自身在某一特定议题领域的利益、使该议题的治理与行动方式符合自身偏好而组成。每一个议题可能有多个相互竞争的议题联盟彼此互动。议题联盟不是由国家间的战略关系结成的，同属北约的美国与欧洲多数国家在诸多领域内可能分属不同的联盟阵营；在金融领域和气候变化领域同属一个阵营的巴西与中国，在人民币汇率问题上却存在较大分歧。②另外，在传统的军事同盟与一些重要的全球性多边机制之中，成员选择加入往往不是因为在某一特定议题上的得失，而是出于加入某一地区与全球体系的考虑。比如冷战结束之后一些中东欧国家积极加入北约，不仅是为了获得一份安全上的保障，更重要的是融入欧洲一体化进程与全球化进程，成为美国主导下的国际体系当中的一员。而对于大多数议题联盟来说，联盟成员主要考虑的是某一特定议题的利益得失，一般不会超出联盟议题考虑整个国际体系的问题。

在明确了议题联盟具有非正式性、灵活性、外部导向和议题导

---

① 韦宗友：《非正式集团、大国协调与全球治理》，《外交评论》2010 年第 6 期。

② 王存刚：《议题联盟：新兴大国参与全球治理的新方式》，《中国社会科学报》2015 年 3 月 11 日第 B03 版。

向等特征之后，仍然需要解决如何具体将议题联盟同其他名称相近、内容相关的合作形式进行进一步区分的问题。在一个"广义结盟"（Alignment）的范围内，我们需要找到议题联盟在这些合作形式中的定位。

二 "广义结盟"光谱下的议题联盟

首先，我们需要在词义上对议题联盟进行澄清。前文已经述及，议题联盟这个词来自英文当中的"Coalition"，这个单词最早出现在17世纪，来自古代拉丁语"Coalitio"和"Coalescere"，原意为"共同成长"，后来发展为"不同物质的集合"，在18世纪末开始广泛用于政治领域，多指不同政治力量的联合行动。① 而另一个比较容易与"Coalition"相混淆的英文单词"Alliance"则来自古代法语"Alier"和古代拉丁语"Alligare"，原意为"捆绑在一起"，后来多指具有盟约的政治或军事集团。② 在中文语境中完全区隔开议题联盟与其他名称相近的合作是不容易的。比如大量的中文文献把同盟与联盟共同指涉"Alliance"，其中泛指意义上的"Alliance"较多被译为联盟，而像美日同盟、美韩同盟等特定的"Alliance"又多被译成同盟；同时诸如东南亚国家联盟（Association of Southeast Asian Nations）、欧洲联盟（European Union）、世界交易所联盟（World Federation of Exchanges）、国际联盟（League of Nations）等合作形式将"Association""Union""Federation""League"统一翻译成联盟。这种翻译方式的雷同往往出于长期约定俗成的习惯并且已经被大众传媒所认可，没有必要对其重新命名；但这也从一个侧面反映出"联盟"一词比"同盟"一词在中文中有更强的适用性，后者是专属意义上用来指称签订正式条约组建的军事攻守阵营。中国学者刘丰将"Coalition"翻译成"联合

① 《新牛津英语词典》，上海外语教育出版社2001年版，第350页。
② 《新牛津英语词典》，第47页。

阵线"不失为一种解决办法，并且他的研究为本书做了开创性的引领工作。[①] 但且不说"联合"与"阵线"有重合之嫌，它与中国共产党的特定统战术语"联合战线"异常接近[②]，并且在国际谈判场合中存在的"Bargaining Coalition"和广泛提及的"Coalition of the Willing"鲜少做出这样的翻译，同时在实际使用中看不出这种翻译能够表现出"针对特定议题并且涵盖领域广泛"的特征。在当前国内学术界并未大量集中讨论这一概念且尚未形成习惯性称谓的情况下，本书尝试将其称为"议题联盟"，突出它"由议题界定联盟"[③] 的特性，故在语义上做出区分。

但是仅在语义上做出区分是不够的。准确把握议题联盟的特性，更需要在一个广义的国家间结盟（Alignment）的光谱内明确它的定位。在国际关系理论中，除了一些学者将同盟（Alliance）与结盟（Alignment）两个概念混合使用之外[④]，结盟（Alignment）存在两种特定的理解方式，一种是特指国际政治行为体之间的松散联盟，它是"为支持或反对某项事业而形成的一种松散的集合，这种集合可能是临时的，也可能是长久的：可能是出于安全和军事目的，也有可能出于经济、文化和社会目的"。[⑤] 另一种观点认为它是一个更加

---

① 刘丰：《国际政治中的联合阵线》，《外交评论》2012 年第 5 期；刘丰：《联合阵线与美国军事干涉》，《国际安全研究》2013 年第 6 期。

② 《关于"民主的联合战线"的决议案》，中国共产党第二次全国代表大会，1922 年 7 月 16—23 日。

③ 小布什政府时期的国务卿鲍威尔针对恐怖主义等安全威胁的变化和传统同盟机制的局限提出"议题决定联盟"的概念。参见赵嵘《"9·11"后美国联盟战略的调整》，《现代国际关系》2007 年第 12 期。

④ 将这两个概念混用可以追溯到汉斯·摩根索，包括后来的斯蒂芬·沃尔特、兰德尔·施韦勒都将这两个词混合使用。参见 Colleen Chidley, "Towards a Framework of Alignment in International Relations", *Politikon*, Vol. 41, No. 1, 2014, pp. 141 – 157; Darren J. Lim and Zack Cooper, "Reassessing Hedging: The Logic of Alignmentin East A-sia", *Security Studies*, Vol. 24, No. 4, 2015, pp. 696 – 727; Paul Nitze, "Coalition Policy andthe Concept of World Order", in Amold Wolfers ed. , *Alliance Policy in The Cold War*, Westport: Greenwood Press, 1976, p. 22。

⑤ 孙德刚：《多元平衡与"准联盟"理论研究》，第 59 页。

广义的和总括性的概念，它涵盖多种多样的行为方式，"因其不仅关注国际政治的军事维度，因而比同盟概念更加广泛。它涉及政治、经济、军事、文化等维度的结盟，是对国家和超国家态势的一种多层次描述"。① 托马斯·威尔金斯认为随着安全环境的变迁，一个广义的结盟概念更能反映当前环境下的安全合作形式，结盟主要包括同盟、议题联盟、安全共同体、战略伙伴，以及协调、协约和互不侵犯条约等形式。② 威尔金斯意识到冷战后国际政治环境的变化以及传统同盟机制应对新兴挑战时存在的局限性，指出了合作的内容与形式往往随着时代的变迁而发生变化，但是没有指出这些结盟形式之间的关联与可操作的政策选择方式。科琳·齐德利（Colleen Chidley）扩展了结盟的概念范围，指出"同盟"这一术语反映了一种保守的世界观预设，即"国际政治无政府状态下，权力是一切政治变迁的根本动力，提升相对于其他国家的权力优势是国家的首要目的"。③ 在齐德利的视角中，21 世纪的国际政治更需要一个价值中立的结盟概念，军事安全并非合作的必要动力；结盟是以推动具体的合作为动力，其内涵包括结盟针对的对象、合作对象、结盟目的与结盟基础。

本书认为，即便是一个广义的结盟谱系，具有多边主义性质的内向型机制也必须被排除在这一谱系之外。因此，本书考察的广义结盟谱系包括四种合作：同盟、准同盟、战略伙伴与议题联盟。

一般认为，同盟是指"国家间签订正式协议利用军事资源反对特定国家或国家集团的合作，同盟成员有义务单独或共同使用武力或者

---

① Michael D. Ward, *Research Gaps in Alliance Dynamics*, Denver: University of Denver, 1982, p. 7.

② Thomas S. Wilkins, "'Alignment', not 'Alliance' — the Shifting Paradigm of International Security Cooperation: Toward a Conceptual Taxonomy of Alignment", *Review of International Studies*, Vol. 38, Iss. 1, 2012, pp. 53 – 76.

③ Colleen Chidley, "Towards a Framework of Alignment in International Relations", *Politikon*, Vol. 41, No. 1, 2014, p. 144.

考虑在特定状况下使用武力"。① 同盟可能有利益一致、利益互补、意识形态一致或政策一致等类型，其权力结构可能是对称性的也可能是非对称性的，其合作性质有可能是进攻性的也有可能是防御性的。

准同盟是"两个或两个以上国际实体在次级安全合作方针之上形成的安全管理模式，次级安全合作方针包括外交公报、联合声明、备忘录、友好合作协定、联合记者招待会宣言、国内法、联合国决议等"。② 诸如约翰逊政府时期的美以关系、尼克松时期的中美关系、萨达特执政初期的苏埃关系、1979 年以来伊朗与叙利亚的双边关系都属于准同盟关系。③

战略伙伴一般被认为是"国家或行为体共同利用经济机遇或者高效应对安全挑战的结构性合作，它针对的是广义上的安全利益，它是由共同目标而非共同威胁驱动，寻求非正式、低成本的合作形式，突出合作的综合性与广泛性"。④ 学术上比较普遍的一个共识是

---

① Robert E. Osgood and John H. Badgley, *Japan and the US in Asia*, Baltimore：Johns Hopkins University Press，1968，p. 17；转引自 Thomas S. Wilkins，"'Alignment'，not 'Alliance'—the Shifting Paradigm of International Security Cooperation：Toward a Conceptual Taxonomy of Alignment"，*Review of International Studies*，Vol. 38，Iss. 1，2012，pp. 53 – 76；也有学者对同盟做出宽泛的定义，比如斯蒂芬·沃尔特认为同盟是"两个或更多主权国家之间正式的或非正式的安全合作安排"。参见［美］斯蒂芬·沃尔特《联盟的起源》，第 12 页。由于本文对结盟的细微区别已做出多种类型的诠释，故对同盟的定义采用奥斯古德和巴杰利这种严格的定义方式。

② 孙德刚：《联而不盟：国际安全合作中的准联盟理论》，《外交评论》2007 年第 6 期。

③ 孙德刚：《多元平衡与"准联盟"理论研究》；孙德刚：《准联盟外交的理论与实践——基于大国与中东国家关系的实证分析》。但是本文并未按照孙德刚的标准将多国联军划入准同盟，准同盟在实践中大多以默契形式呈现，而这种默契一方面是基于长期的战略考虑与较为稳定的互动模式而确立，并且往往以双边形式出现，等级制形态居多；多国联军是应对突发性安全事态而发起的联合行动，这种行动主要靠临时性召集，往往以多边形式出现，而且不是出于长期的战略考虑而组建的。

④ Thomas Wilkins，"The Russo-Chinese Strategic Partnership：A New Form of Security Cooperation？"*Contemporary Security Policy*，Vol. 29，No. 2，2008，pp. 358 – 383；Thomas S. Wilkins，"'Alignment'，not 'Alliance'—the Shifting Paradigm of International Security Cooperation：Toward a Conceptual Taxonomy of Alignment"，*Review of International Studies*，Vol. 38，Iss. 1，2012，pp. 53 –76.

战略伙伴的实际内容比其"头衔"更加重要，当下许多双边、多边关系都有被官方定义为"战略伙伴关系"的趋势，如1995年以来的日澳关系、1996年以来的中俄关系、2002年以来的美国—印度关系、2003年以来的中国—东盟关系。奥巴马政府上台以来，在"亚太再平衡"政策框架下，除了深化与印度、新加坡、新西兰的战略伙伴关系以外，进一步拓展与印尼、越南、马来西亚等国的全面伙伴关系；而这并不代表此类全面伙伴关系的战略层级就一定比较低，像印尼等国家要综合考虑地缘政治影响以及与美国关系的实际发展状况。美国官方时常在各种场合交替使用"战略伙伴"与"全面伙伴"这两种关系术语指称这些新兴伙伴关系，也从一个侧面体现出战略伙伴关系具有高度的灵活性。①

表1-1　　　　　　　　　广义结盟合作的比较

	正式程度	灵活程度	外部影响	合作领域
同盟	高	低	强	军事
准同盟	中	中	强	军事
战略伙伴	弹性	高	弹性	广泛
议题联盟	低	高	弹性	特定

资料来源：作者自制。

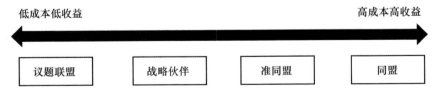

图1-1　广义结盟的成本收益光谱

资料来源：作者自制。

---

① Prashanth Parameswaran，"Explaining US Strategic Partnerships in the Asia-PacificRegion：Origins，Developmentsand Prospects"，*Contemporary Southeast Asia*，Vol. 36，No. 2，2014，pp. 262 – 289.

根据正式程度、灵活程度、外部影响和合作领域四大维度，上述四种结盟形态可以做出区分，如表1-1所示。

首先，同盟机制关注的是事关国家生死存亡的军事安全问题，应对外部威胁与潜在战争是同盟的核心任务，为此，同盟之间的全部合作基本围绕军事领域展开，并且对彼此可能遭遇的战争威胁给予可信的援助承诺。因此正式的军事条约、密切的军事合作、公开的政治宣示、明确的合作框架与制度化的合作方式成为确保同盟威慑力和凝聚力的关键；而且无论是出于势力均衡，还是寻求优势的最大化，强有力的力量结合与威慑往往在军事演习与联合作战中得到最大的体现。当然，在最高安全利益的统一指导下，盟友的协作可能会超出狭义的军事领域，包括政治与外交上的协调与支持、经济援助、科技与人员交流、灾难救助与人文交流等多领域的合作也会全面开展；同盟的效力也会超出双边军事层面，例如，冷战后美国的亚太同盟体系除了应对彼此眼中的潜在威胁以外，还会成为塑造亚太地区多边秩序的战略工具。[①] 但是，军事议题以外的合作是同盟的重要领域而非必要领域，其他领域的合作往往是为了进一步促进军事安全领域的双边关系而开展的。

而到了准同盟这里，促进结盟构建的若干变量——共同的安全威胁、相近的发展利益、相似的意识形态和相同的文化认同——与制约结盟关系构建的分歧、牵连、抛弃和挑衅等变量彼此达成平衡状态。[②] 显然，准同盟的正式性低于同盟，但往往也伴随领导人互访、口头上的安全承诺、非正式安全合作协定和经济与军事上的援助等管理手段。[③] 准同盟在理论上可以进行与正式同盟一样强度与范围的合作，释放同样的威慑力量，但在没有正式承诺的情况下，其

---

① 史田一：《冷战后美国亚太多边外交中的同盟逻辑》，《当代亚太》2015年第2期。

② 孙德刚：《多元平衡与"准联盟"理论研究》，第134页。

③ 孙德刚：《准联盟外交的理论与实践——基于大国与中东国家关系的实证分析》，第96页。

内外回旋的余地会变得更大。比如，冷战时期美国与沙特形成的一种"特殊关系"就是在没有同盟条约的框架下进行的。1963 年 5 月 8 日，美国时任总统肯尼迪就曾在记者会上暗示美国对沙特的安全承诺。①

与同盟、准同盟不同，战略伙伴关系不公开针对第三方，并在各个领域内开展合作。例如当前的中俄关系在高度互信的前提下，武器贸易与军事演习发展迅猛，双方在能源、基础设施、电信、化工等经贸领域的合作稳步推进，显现出中俄非同盟关系的特殊性。②

相比以上所有合作方式，议题联盟更加临时、松散、专一。因为没有法定义务，联盟成员可以随意调整联盟政策。比如伊拉克战争时期西班牙带头撤离多国联军而不用过分担心同美国的同盟关系出现根本性的破裂。议题联盟的对外张力则要根据议题属性加以判断，战时联盟显然要直接发动军事行动进而迸发出巨大的攻击力，而议价博弈类议题联盟的对外施压局限在多边外交之中，不会具有太强的冲击性。综上所述，议题联盟不是为了全局性和战略性布局而组建的，从成本收益角度讲，它是一种成本比较低、利益比较明确而单一的合作形式。如图 1 – 1 所示，在广义结盟的成本收益光谱中，议题联盟处在低成本、低收益的一端，从议题联盟到战略伙伴，再到准同盟，最后到同盟，合作成本越来越高，合作收益也越来越大。

三　议题联盟的类型

一般而言，大部分学者根据议题联盟的议题领域将其划分为军事类、政治类和经济类三种类型。③ 本书尝试以联盟议题的属性和联盟合作的方式为依据进行另一种联盟类型的划分。首先，突发性议

---

① 孙德刚：《准联盟外交的理论与实践——基于大国与中东国家关系的实证分析》，第 207 页。
② 李庆四：《当前中俄特殊战略关系探析》，《国际论坛》2016 年第 5 期。
③ 孙德刚：《多元平衡与"准联盟"理论研究》，第 82 页。

题的解决需要各国在有限的时间内做出快速的外交与行为反应，此类联盟可以称为快速反应型联盟。在需要进行长期协作实现战略目标的任务中，我们可以发现另外两种类型的议题联盟：一种是出于替代或补充既有制度工具、通过联合志同道合国家实现某种软性规则塑造的联盟，可以称为常态行动型联盟；另一种是为了影响多边谈判的结果，往往在国际制度内部形成的与其他竞争者进行讨价还价的联盟，我们可以称之为议价博弈型联盟。

表 1 - 2　　　　　　　　　　**不同场合议题联盟的典型代表**

快速联合	古希腊时期的希腊联军、干涉法国大革命的反法联军、反法西斯统一战线、朝鲜战争中的"联合国军"、海湾战争中的"多国联军"、阿富汗战争中的"反恐联盟"、伊拉克战争中的"多国联军"、利比亚战争中的"多国联军"、打击ISIS 的"全球反恐联盟"、沙特组织的打击胡塞武装的"多国联军"
规则联合	"不结盟运动""七十七国集团""防扩散安全倡议""集装箱安全倡议""区域海洋安全倡议""全球海洋伙伴倡议"、反洗钱金融行动特别工作组、联合特遣舰队、金砖国家集团
谈判联合	自由贸易谈判中的十国集团（G10）、G20（Café au lait）、志同道合集团（Like Minded Group）、最不发达国家集团（LDC Group）、弱小经济体（SVEs）；气候变化谈判中的欧盟、"77 国集团＋中国"、小岛国联盟（AOSIS）、伞形集团（Umbrella Group）、CACAM 集团（Central Asia, Caucasus, Albania and Moldova）、基础四国

资料来源：作者自制。

1. 快速反应型

无论是现实主义者还是自由主义者都无法回避一个事实，即国际政治中充斥着外部威胁与挑战；国家应对外部威胁与挑战会选择适当的战略工具与手段完成特定的战略任务。从时效性或紧迫性角度来看，有长期性威胁与挑战也有突发性威胁与挑战。就前者而言，国家有充分的时间与空间进行战略准备，尤其通过制度化合作凝聚各自的力量，规范彼此的权利与义务，制定行为准则与规范，设计富有针对性的战略工具；或者通过诉诸既有的制度工具，以及对既有制度工具的重塑与转型，在功能与合法性上利于战略任务的实现。

但是，国际局势的发展从来不是在政治精英们万事俱备的情形下进行的，大量的突发性事件需要领导人处理；在现实事务中，诉诸单边行动可能会带来高昂的战略成本，而既有的制度工具要么在条约中没有就新任务的执行做出规定，要么在功能上缺乏有效应对新兴挑战的内容设计，或者在决策上拖延行动的进行，或者出于合法性等原因限制行动的发起。国际行为体基于突发状况进行快速反应、抓住有限时机组建联盟与发起行动，是议题联盟常见的一种行为逻辑。临时组建的多国联军是快速反应型议题联盟最为突出的表现，它会随着作战需求的出现而成立，也有可能会随着战略目标的实现而终止。

冷战结束之后，传统的地缘政治敌对或大规模战争的频率和烈度相对下降，针对恐怖主义、大规模杀伤性武器扩散、人道主义灾难等问题进行的军事干预逐渐增多。美国就曾多次组建或参与了多国联军发起军事行动，包括海湾战争、阿富汗战争、伊拉克战争、利比亚战争以及打击"伊斯兰国"等联合作战行动。1991 年的海湾战争，34 个国家组建多国联军，参与打击伊拉克的军事行动，迫使萨达姆于 1991 年 2 月 26 日宣布停火并撤离科威特。2001 年 10 月开始的阿富汗战争，起初由英美两国发起代号为"持久自由"的军事行动，后来不断有盟友加入，包括阿富汗北方联盟及国际安全援助部队（ISAF）。2003 年北约接管了国际安全援助部队，其组成规模不断调整，最多时有 48 个国家。2003 年 3 月 20 日，小布什总统不顾国际社会的反对悍然入侵伊拉克，以英美为主，包括部分北约盟国与其他国家的"意愿联盟"对伊拉克萨达姆政权进行"先发制人"的军事打击，联盟成员最多时达到 49 个国家。2011 年 3 月 19 日，法国、英国、美国联合主导的多国联军发动"奥德赛黎明"行动对利比亚内战进行军事干预，前后共有 15 个国家参与了空袭等军事行动。针对"伊斯兰国"恐怖主义与极端主义所带来的严重威胁，美国政府在 2014 年 9 月组建了一个超过 60 个国家参与的全球打击"伊斯兰国"的联盟，联盟成员对该地区的空袭力度逐渐加强，试图遏制"伊斯兰国"势力的膨胀。除了美国以外，其他国家也曾组建过多国联军，比如上文提到的法国就曾积极主动地组建、领导利比亚战争中的多国联军而不愿过度依赖北约机制。沙特近年来也在中东组建了两次多国联军，一次是在也门的胡塞武装力量于 2014 年 9 月发动政变之后，以沙特为首的多国联军在次年的 3 月 26 日开始向胡塞武装力量发动"果断风暴"空袭行动，一直持续到 2015 年 7 月。① 另一次是面对"伊斯兰国"等恐怖主义与极端主义带来的威胁，沙特在 2015 年 12 月 15 日组建了一个由 34 个国家组成的打击"伊斯兰国"的军事联盟，共同打击恐怖主义。沙特时任副王储兼国防部长穆罕默德·本·萨勒曼指出，该联盟旨在"协调在伊拉克、叙利亚、利比亚、埃及和阿富汗的反恐行动"，并且同其他力量和组织相协调，"成为全球性反恐行动中的伙伴（框架）之一"。②

2. 常态行动型

另一种议题联盟的行为逻辑是出于应对某一类常态性议题的挑战的考虑，回避正式的制度建设，拉拢立场相同、利益互补与价值相近的国家组建联盟从而展开常态性协调与行动。此类联盟发起的动力往往有以下几个方面：第一是该议题出现了新态势与新挑战，包括其被关注程度在全球范围内不断跃升以及出现新的威胁方式与行为。第二是原有的制度工具对该议题应对手段有限制③、制度建设中存在漏洞④以及原有制度效力的退化以及制度变革成本高昂。⑤ 第三，该联

---

① 《沙特等多国联军将单方面暂停打击也门胡塞武装》，http：//world. huan-qiu. com/article/2015 - 07/7100791. html，登录时间：2016 年 7 月。

② 《沙特组 34 国反恐军事联盟》，http：//news. xinhuanet. com/world/2015 - 12/16/c_ 128535665. htm，登录时间：2016 年 7 月。

③ Julia C. Morse and Robert O. Keohane，"Contested Multilateralism"，*The Review of International Organizations*，Vol. 9，No. 4，2014，pp. 385 - 412.

④ Chaim Braun and Christopher F. Chyba，"Proliferation Rings：New Challenges to the NuclearNonproliferation Regime"，*International Security*，Vol. 29，No. 2，2004，pp. 5 - 49.

⑤ 樊吉社：《美国军控政策的调整与变革：从制度建设到志愿者同盟》，《美国研究》2006 年第 4 期。

盟组建的直接动力往往是联盟发起者关于此类议题的理念与政策选项发生了重大调整。①

1961 年 9 月，由广大第三世界的发展中国家结成的"不结盟运动"便是以反对殖民主义、种族主义、霸权主义并且建立更加公正的国际政治与经济秩序为主题的一种常态行动型议题联盟。在冷战后的国际政治中，美国发起或倡议了多个常态行动型议题联盟，比如防扩散安全倡议、区域海洋安全倡议和全球海洋伙伴倡议。防扩散安全倡议最早是美国总统小布什在 2003 年 5 月 31 日访问波兰时提出的，邀请各国结成反扩散联盟，"依靠各自能力发展广泛的法律、外交、经济与军事等手段，禁止大规模杀伤性武器和导弹的相关设备与技术通过海洋、陆地与天空等途径进入或流出'疑似进行扩散'的国家"，② 2003 年 6 月"防扩散安全倡议"组织正式成立，最初参加该组织的 11 个成员国是美国及美国的正式盟国，包括澳大利亚、法国、德国、意大利、日本、荷兰、波兰、葡萄牙、西班牙、英国。此后包括俄罗斯在内的诸多国家加入，截至 2017 年 10 月，该组织共有 105 个成员国。③ 区域海洋安全倡议是由美国时任太平洋舰队总司令托马斯·法戈上将（Thomas B Fargo）在 2004 年 3 月提出的，他认为缺失安全与治理的海洋（Unsecured or Ungoverned Seas）是导致东南亚地区恐怖主义、大规模杀伤性武器扩散、人口贩卖、走私、贩毒、海盗等跨国威胁与犯罪不断兴起的重要原因，区域海洋安全倡议旨在号召有意愿的伙伴组建起一个常态性行动的联盟，对跨境海洋威胁进行识别、监察与拦截。④ 区域海洋安全倡议

① Andrew C. Winner, "The Proliferation Security Initiative: The New Faceof Interdiction", *The Washington Quarterly*, Vol. 28, No. 2, pp. 129 – 143.

② Wade Boese, "US Pushes Initiative to Block Shipments of Proliferation Security Initiative Missiles", *Arms Control Today*, Vol. 33, No. 6, 2003, p. 13.

③ "Proliferation Security Initiative Participants", http://www.state.gov/t/isn/c27732.htm, 登录时间：2017 年 6 月。

④ "Regional Maritime Security Initiative", http://www.globalsecurity.org/military/ops/rmsi.htm, 登录时间：2017 年 6 月。

是小布什政府时期曾经推动的一项行动计划，但是在联盟发起阶段就遭到了马来西亚和印尼的反对，再加上该计划的推动者法戈上将在 2005 年 1 月退伍离职，该项计划宣告搁浅，其部分内容被另一项行动联盟——全球海洋伙伴倡议（Global Maritime Partnership Initiative，GMPI）——所取代。全球海洋伙伴倡议最初叫作"千舰海军"，主导者是美国时任海军作战部部长迈克尔·马伦（Michael G. Mullen），他 2005 年 8 月 31 日在海军战争学院发表演讲时提议仿效"防扩散安全倡议"，"建立一个没有正式机制，没有正式支援结构、没有秘书处、没有总部、没有主席协议的合作网络"①，旨在联合有意愿参与的各国海军作战部队、海岸警卫队、海洋执法力量以及跨国航运从业者结成一个海上行动联盟，共同应对恐怖主义、大规模杀伤性武器扩散、海盗、毒品运输等跨国性海洋威胁。2006 年全球海洋伙伴倡议的概念正式提出，它包括海上力量的协调行动、情报共享、港口使用、"全球舰队基地"计划等内容。

值得注意的是，以上这类议题联盟行为被部分学者归类到"非正式机制"或"弱式国际制度"的框架下进行研究。② 非正式机制的核心是无法律约束、无正式组织、无遵约承诺，常态行动型议题联盟显然也属于一种非正式制度。那么为什么本书仍要以议题联盟的研究框架来考察此类非正式制度呢？因为非正式制度是一个范围非常广泛的合作形式，也就是说，正式机制以外的所有合作都可以被扣上非正式机制的帽子。而议题联盟的概念关注的是更为聚焦的非正式机制：首先，议题联盟的首要功能是对外部威胁与挑战予以

---

① Mike Mullen, "Remarks as Delivered by Adm. Mike Mullen", Naval War College, Newport, RI, 31 August 2005, http://www.navy.mil/navydata/cno/speeches/mullen050831.txt.

② 参见刘宏松《防扩散安全倡议的局限与困境：非正式国际机制的视角》，《世界经济与政治论坛》2008 年第 6 期；刘宏松：《正式与非正式国际机制的概念辨析》，《欧洲研究》2009 年第 3 期；刘宏松：《非正式国际机制的形式选择》，《世界经济与政治》2010 年第 10 期；刘建伟：《浅议"弱式国际制度"———以防扩散安全倡议为例》，《国际政治研究》2011 年第 1 期。

回击和施压，带有或强或弱的外部性，而非正式机制的功能可能是外部导向的，也可能是内向型的；其次，议题联盟的合作多以"少边主义"为聚合特征，而非正式机制可能是多边主义性质的也可能是"少边主义"性质的合作；再次，议题联盟是专注于特定议题的合作，而非正式机制可能是特定议题导向的也可能是综合议题导向的。而且值得注意的是，在研究过程中，把此类型的合作划归到议题联盟的范围中，要比划归到非正式机制的范围里更加容易实现研究的可操作化。

3. 议价博弈型

第三种议题联盟是议价博弈型，其功能是确保以国家为主的国际政治行为体在多边进程中最大限度地壮大在博弈格局中的力量与资源，实现自身的利益主张与行为偏好，避免在其他对立者或谈判联盟面前受到孤立。议价博弈型议题联盟一般有两种：一种是进取型（Winning Coalition），它以推进某一多边进程按照联盟成员的利益与偏好实现为目的；另一种是阻滞型（Blocking Coalition），它在难以完全实现自身偏好的情况下以阻止某一多边进程的实现为目的。① 那么在什么样的多边进程中会出现议价博弈型联盟呢？本书认为，第一，需要联合提供公共产品的多边进程才有可能出现议价博弈型联盟。斯科特·巴雷特（Scott Barrett）指出了全球公共产品的供给方法基本由"单一最大努力""克服最薄弱环节""全球联合努力""资金和责任的充分分担""全球相互制约"等多种方式组成。② 只有依靠全球联合努力才能提供公共产品的多边进程才能最大限度地保证每一个成员都被需要，进而导致此类进程具有国际社会多数成员的共同关切却同时产生了利益与偏好的多样化。换句话说，在

---

① Nicole Deitelhoff and Linda Wallbott, "Beyond Soft Balancing: Small States and Co-alition—Building in the ICC and Climate Negotiations", *Cambridge Review of International Affairs*, Vol. 25, No. 3, 2012, pp. 345–366.

② ［美］斯科特·巴雷特：《合作的动力——为何提供全球公共产品》，黄智虎译，上海人民出版社 2012 年版，第 1—9 页。

一个立场各异但又无法抛弃"他者"的多边进程中才可能出现议价博弈型联盟的分化。第二，单一大国或者大国协调无法完全控制的多边进程。如果单一大国或者大国协调可以完全控制多边进程，则多边进程可以自上而下通过权力政治的逻辑实现其目标，那么议价联盟也没有出现的可能。

冷战时期的 77 国集团就是在联合国贸易发展会议上形成的比较著名的议价博弈型联盟。当前有很多国际进程中都涌现了大量议价博弈型联盟。以 GATT/WTO 谈判为例，凯恩斯集团是其中较早出现的一个议价博弈型联盟。在 20 世纪 60 年代之后，GATT 的主要议程与协议草案均由美欧双方垄断；直到 20 世纪 80 年代以后，美欧的垄断态势动摇，包括澳大利亚、阿根廷、巴西、智利、哥伦比亚、匈牙利、印度尼西亚、马来西亚、菲律宾、新西兰、泰国、乌拉圭、斐济和加拿大在内的 14 个国家于 1986 年 8 月在澳大利亚的凯恩斯成立凯恩斯集团，强烈反对美欧农产品补贴政策，要求撤销贸易壁垒并且加快推进农产品贸易的自由化。① 此后在 WTO 谈判中逐渐形成了一系列议价博弈型联盟，比如十国集团（G10）、关于服务贸易的发展中国家集团（the Group of Developing Countries on Service）、G20（Café au lait）、志同道合集团（Like Minded Group）、非正式发展中国家集团（Informal Group of Developing Countries），等等。尤其在多哈回合以后，一系列发展中国家议价博弈型联盟更是不断涌现，诸如最不发达国家集团（LDC Group）、弱小经济体（SVEs）、发展中国家成员农业议题 20 国集团、发展中国家成员特殊产品和特殊保障机制 33 国集团（G33）、棉花四国集团（Cotton 4）、非农 11 国集团（NAMA11）、非洲集团（African Group）、非洲与加勒比海及太平洋国家集团（ACP

---

① RobertWolfe, *New Groups in the WTO Agricultural Trade Negotiations*: *Power*, *Learning and Institutional Design*, Canadian Agricultural Trade Policy Research Network, 2006, No. 24160.

Group）、G90、新加入成员集团（RAMs）等。① 另一个产生大量议价博弈型联盟的多边进程是全球气候变化谈判，先后产生了诸如欧盟、非欧盟发达国家集团（JUSSCANNZ）、经济转型国家集团（CEITs）、"77 国集团＋中国"、小岛国联盟（AOSIS）和拉美国家动议集团（Latin AmericanInitiative Group，GRILA）、伞形集团（Umbrella Group）、CACAM 集团（CentralAsia，Caucasus，Albania and Moldova）、基础四国、热带雨林国家联盟等议价博弈型联盟。② 议题联盟的层出不穷一方面可以帮助国家强化自身在国际进程中的地位，也可以简化多边谈判的进程使得谈判格局变得明朗；但另一方面也加剧了多边机制的碎片化，容易出现"多边主义的效果不彰"。③

第二节　议题联盟的理论考察

一　议题联盟的本质

从议题联盟与权力的关系角度，本书认为，议题联盟的本质是国际行为体在特定时机下，针对特定议题所进行的权力资源的动员与配置。

---

① 周跃雪：《WTO 多边贸易体制下成员谈判集团制度与中国的策略》，《社会科学研究》2014 年第 5 期。

② 牟初夫、王礼茂：《气候谈判集团的演化过程与演变趋势分析》，《工程研究——跨学科视野中的工程》2015 年第 3 期。

③ 参见 Zelli Fariborz and Harro Van Asselt，"The Institutional Fragmentation of Global Environmental Governance：Causes，Consequences，and Responses"，*Global Environmental Politics*，Vol. 13，No. 3，2013，pp. 1 – 13；Robert O. Keohane and David G. Victor，"The Regime Complex for Climate Change"，*Perspectives on Politics*，Vol. 9，No. 1，2011，pp. 7 – 23；李慧明：《全球气候治理制度碎片化时代的国际领导及中国的战略选择》，《当代亚太》2015 年第 4 期；庞中英：《效果不彰的多边主义和国际领导赤字——兼论中国在国际集体行动中的领导责任》，《世界经济与政治》2010 年第 6 期。

在既定历史条件下，国际行为体各自所掌握的权力资源是相对固定的，然而不同议题层面上的挑战与威胁却是动态发展的。在某些情势下，某一议题上突然出现的新变化可能给国际行为体带来巨大的冲击；原来居于次要地位的议题可能上升为多数行为体的首要关切；某些行为体针对某一议题的应对方案越来越遭到其他处理方式的挑战；某些大国的领导人具有新的战略偏好，大幅度提升对某类议题的重视程度或者改变针对某一议题的处理方案。这些动态发展的新态势迫切需要国际社会的成员将各自的权力资源集中起来，共同应对变化了的国际形势，优先处理重要程度大幅上升的某些议题；具有共同关切的行为体也需要将彼此的权力资源集中起来，战胜处理该议题的其他方案；尤其是力图在某一议题上有所作为的大国，需要对能够为该议题的推进做出贡献的各类资源进行充分的动员，按照领导国家的偏好对权力资源进行有效的配置。比如在小布什政府的积极动员之下，反扩散议题在国际政治中的地位大幅度上升，美国通过打造"防扩散安全倡议"集结了可供美国在公海拦截核扩散船只的战略资源。

议题联盟对权力资源进行动员与配置的逻辑与传统的军事同盟有着根本的区别，后者是依靠同盟条约对同盟成员的权力资源进行捆绑与增值。以美国与日本的关系为例，美国动员日本参加"防扩散安全倡议"等议题联盟，是为了借助其在反扩散领域拥有的资源，动员其加入美国主导的全球反扩散资源配置的行动方案当中；而美日同盟，从美国的意义上提升了美国的战略威慑与秩序构建的能力，增加了美国的资源——在同盟条约的约束下，美国与日本缔结为"承诺—遵从"的双边关系，美国将军事威慑效力直接拓展至西太平洋沿岸，增加了影响东亚权势均衡的砝码，成为美国处理东亚政策的重要基石，同时也扩展了美国主导的制度与规范体系的影响范围。

二　议题联盟的功能

议题联盟发挥作用主要通过两种方式：内部联合和外部效应。

从内部途径来说，议题联盟通过简化程序、力量动员、框架构建三种机制实现合作水平的提升。由于非正式性、灵活性等联盟特征，议题联盟可以回避烦琐的制度条约所形成的束缚，例如美国采取多国联军的形式就无须通过北约协商一致的决策过程，可以快速开展联军行动。力量动员不仅意味着更多的资源贡献联盟行动，而且贯彻联盟领导的利益偏好与联盟成员的自主贡献原则，同时还具有为联盟方案进行合法性背书的意义。例如2003年3月美国对伊拉克的入侵，诸如马绍尔群岛、密克罗尼西亚、帕劳、汤加和所罗门群岛这样的"微型国家"也位列美国的联盟名单之中，明显地说明这些盟友更多的是让这场战争显得"合理合法"，而不是提供多少武装力量。框架构建确立联盟行动的范围、原则、立场、方案、策略和内部秩序等，比如特朗普政府在中东地区打造"护航联盟"① 的重要步骤就是选定关键成员、确立以商业护航为突破口、确立以制衡伊朗威胁为根本目的。

就外部途径而言，议题联盟通过对现有制度工具的规避、补充、塑造、颠覆四种方式产生影响。制度规避是为了摆脱制度工具对行动自由的限制，例如小布什政府绕过联合国安理会对伊拉克展开联合作战。制度补充是为了弥补制度漏洞或空白采取议题联盟的合作方式，例如在美国看来"防扩散安全倡议"是对现有国际制度缺乏反扩散制度规定的补充。制度塑造是利用议题联盟推动或阻挠制度进程与规则制定的方式，例如1996年到1998年关于缔造国际刑事法院的谈判中，以加拿大为代表组建的议价联盟推动建立一个拥有独立检察官与司法权的国际刑事法院。制度颠覆是议题联盟在理论上可能具有架空或推翻既有制度工具的战略可能性。

那么各国是如何组建议题联盟、利用议题联盟实现利益需求并且根据具体情况调整议题联盟的发展态势的呢？也就是说，议题联

---

① 钮松、伍睿：《美国中东"护航联盟"及其影响》，《现代国际关系》2019年第12期。

盟的运作路径是什么呢？本书认为议题联盟的运作路径大致有以下几个方面：缘起、动员、外交与行动框架的搭建、与其他战略手段的搭配。

第一是议题联盟的缘起。议题联盟的缘起一般由长期的结构性动力与突发性事件组成。正如前文分析的那样，国际体系变迁所带来的新挑战与制度工具在效力和共识程度上的缺憾，合力造就了某一领域内议题联盟产生的长期结构性动力。但是在现实政治中，某一议题联盟往往伴随着某一突发性事件而产生，包括突发性的战争、冲突、危机、袭击等，某种争议性方案的出台，某项被寄予厚望的计划流产，或者某个具有威望的国家站出来推动雄心勃勃的计划等。第二是联盟成员的动员。动员过程一般由联盟的领导国家出面，往往首先在潜在联盟成员与国际社会之中建构比较明确的"他者"形象，意在声明"谁伤害了我们的利益"；然后通过一系列手段建构"我们"的身份与组织，包括明确共有利益、奉行利益交换与议题挂钩策略、诉诸既有的伙伴关系、利用领导者的国际威望、提出替代性规范主张，等等。第三是外交与行动框架的搭建。议题联盟虽然是一种临时性或非正式性的合作，但仍然需要某种程度的联盟管理提供联盟产品，包括立场统一，提出与既有制度或"他者"不同的行动与治理方案，在成员间进行劳动分工，推出非正式性的宣言、协议与合作框架等。第四是与其他战略工具的搭配。比如斯滕·赖宁（Sten Rynning）就曾指出，一个孤立的战略工具很难取得成效，"事实上美国在冷战后的军事干预中的一个关键就是如何在战时联盟、北约和国际共同体之间搭建桥梁"。作为一项战略工具，议题联盟要为实现特定的战略目的而服务，国家的议题联盟行为往往同双边外交、多边外交共同搭配实现既定目标。

议题联盟在功能上有着区别于同盟机制和多边机制的优势与劣势。从优势来说，首先，议题联盟可以相对克服"被抛弃"与"被牵连"的同盟困境、正式机制对行动自由的限制以及多边主义中"集体行为的困境"，提高合作效率。比如，在 1995 年波斯尼亚空袭和 1999 年科索沃空袭行动中，北约对美方行为的限制、烦琐的同盟协调与指挥机制对军事行动的延误，令美国政界对北约机制的效率大为不满。① 小布什政府关于发动伊拉克战争的提案也曾遭到北约部分盟友的批评，法德两国甚至推动欧洲议会发表声明反对美国的单边主义行径，小布什政府只好放弃北约，使用议题联盟方式开展伊拉克战争。更加重要的是，尽管波兰等东欧国家通过参加伊拉克战争提升了与美国的战略关系，但是没有证据显示没有参加对伊战争的盟友与美国陷入了"被抛弃"与"被牵连"的同盟困境从而引发同盟危机。随着战事发展、伤亡人数上升从而退出联军的成员，也没有因此破坏了与美国的战略关系。

其次，议题联盟可以超越成员国的战略关系，能够最大限度集中所有可以团结的力量实现某项议题的合作。由此，议题联盟可以纳入某些"异质"成员，比如防扩散安全倡议虽然首先服务的是美国的反扩散利益，但仍可以在 2004 年 5 月正式吸纳俄罗斯成为联盟成员。在 1998 年关于《国际刑事法院罗马规约》的谈判中，60 多个国家联合其他非政府组织结成议价联盟建立一个具有独立司法权威与广泛司法权限的国际刑事法院，有加拿大、澳大利亚、北欧各国、除法国外的所有欧盟成员国，以及巴西、南非、新加坡、韩国和部分拉美国家、东欧国家、亚非发展中国家。② 在这个联盟阵营中，很难认为这些国家在安全战略上属于同一阵营，成员国的经济水平、政治制度、主导价值观等差异巨大，但是不妨碍它们在推动国际刑事法院问题上展开合作。

再次，议题联盟在具有外部导向的同时又往往以多边合作的形式呈现，在外交上能够达到一种效果：看起来像是多边主义③，对提

---

① Bruno Tertrais, "The Changing Nature of Military Alliances", *The Washington Quarterly*, Vol. 27, No. 2, 2004, pp. 133 – 150.

② 贾浩：《论美国对国际刑事法院的政策》，《美国研究》2011 年第 4 期。

③ 史田一：《冷战后美国亚太多边外交中的同盟逻辑》，《当代亚太》2015 年第 2 期。

升合法性帮助很大；但是又具有某些传统同盟制衡外部力量与威胁的特征，不必像多边主义合作那样强调"不可分割性、非歧视性和扩散的互惠性"①。所以当美国希望发动战争又没有办法得到联合国安理会授权时，往往会诉诸多国联军形式的议题联盟展开军事行动，如2003年的伊拉克战争。这也可以解释外国联军在伊拉克战争中的贡献比远远低于海湾战争时期外国联军的贡献比，但是美国仍然热衷于进行联盟动员——伊拉克战争初期美军占联军比例达到82.6%，承担了大部分联军军事费用，截止到2017年8月美军阵亡人数占联军总人数的93.4%；② 海湾战争期间美军占联军比例为72.9%，美国承担的费用仅占联军开支的11.4%③——因为美国发动伊拉克战争遭遇联合国安理会和北约方面的抵制，迫切需要多国联盟提供合法性支持。

当然，相比于同盟机制与多边机制，议题联盟也有一定的劣势，其最大的劣势就是由非正式性与灵活性所导致的联盟合作缺少制度性约束，从而在行动的统一性、持续性、纪律性等方面存在结构松散的问题。但是议题联盟结盟目的的有限性和可能具有的演进性特征又在某种程度上可以缓解结构松散的问题，这大致包括三种情况，第一种情况是该议题联盟的目标很快完成了，比如阿富汗战争和伊拉克战争的军事进攻迅速完成，在联军内部管理出现问题之前联盟已经自动解散；第二种情况是该议题联盟随着合作的开展出现了制度化特征，例如奥巴马政府上台之后对防扩散安全倡议所做的制度化努力，使其朝着正式机制的方向演进；第三种可能性是该议题联

---

① ［美］约翰·鲁杰：《多边主义》，苏长和等译，浙江人民出版社2003年版，第12—13页。

② http：//icasualties. org/Iraq/index. aspx，登录时间：2018年5月。

③ "Gulf War Coalition Forces：Countries Compared"，http：//www. nationmaster. com/country-info/stats/Military/Gulf-War-Coalition-Forces，登录时间：2017年9月；韩庆娜：《武力与霸权：冷战后美国对外军事行动》，人民出版社2014年版，第148页。

盟的目的与任务通过国际机制与条约确立下来，比如"雄心壮志联盟"推动了《巴黎气候协定》签订，这意味着即便联盟解散也不影响联盟功能的实现。

三　议题联盟的起源

本书尝试解决的问题不是解释某一特定议题联盟如何出现的问题，而是回答普遍意义上议题联盟的起源问题，即议题联盟现象为何在国际政治舞台反复呈现？

如果考察单一议题联盟的个案，简单的经验分析可能容易从共同利益、行为体偏好、成本收益等角度分析。比如分析美国冷战后的联合军事干预，学者们侧重从绕开联合国授权、弥补合法性缺失、方便行动指挥等角度论述；[1] 再比如分析气候变化谈判中的"基础四国"，学者们侧重从中国、印度、巴西、南非成员国坚持"共同但有区别的责任"、平衡新兴经济体发展需要的共同利益分析联盟形成的原因。[2] 但是从宏观角度探讨不同类型议题联盟反复出现的原因，不得不超越联盟形成的具体原因，探讨联盟形成的普遍机制。本书综合广泛议题联盟生成案例，尝试从"供求关系—联盟领导"框架出发，提出两项假设：

1. 议题联盟往往起源于议题需要与既有制度的供需失衡

如果行为体关于某议题的利益主张可以在既有制度框架内自动实现，那么就没有针对该议题组建联盟的需要。当行为体对特定议题的利益诉求与既有制度的需求供给失衡时，议题联盟就具备了生成需求。详细来说，议题需要与制度供给失衡的状况主要有以下几种情况：第一，制度空白，即国际社会面临的突发性威胁与挑战，超越了既有制度的认知与应对能力，国家之间具有了打造新的议题

---

① 刘丰：《联合阵线与美国军事干涉》，《国际安全研究》2013 年第 6 期。

② 丁金光、管勇鑫：《"基础四国"机制与国际气候谈判》，《国际论坛》2016 年第 6 期。

联盟加以应对的紧迫性。第二，制度漏洞，即国际制度在国际社会变迁进程中没有相应补足应对某项议题的能力。比如，北约成立以来的主要功能是防范来自苏联的扩张与威胁，北约机制的建设一直围绕着苏联威胁进行军事力量的整合、军事基地的部署、军事情报的分享以及后勤补给与保障等；而这些功能在冷战后的防区外人道主义干预、打击跨国恐怖主义等方面就显得能力不足。第三，制度约束，即国际制度对某些希望依照自身偏好快速解决问题的国家施加了行为与规范等方面的诸多限制，或者从根本上否决了一些国家行动方案的合法性。比如科索沃战争中美国多次对复杂的北约决策机制表达不满，希腊、意大利等国多次担心战争扩大带来风险，来自欧洲盟友的坚持多次删除了美国事先拟定的空袭目标。第四，制度纷争，即应对某项议题的制度内外存在多种不同立场、不同主张的方案，导致制度进程呈现多集团竞争的局面。

2. 高成本议题联盟需要强力联盟领袖，低成本议题联盟仅需利益相近

由于议题联盟具有非正式性、灵活性和议题导向等特征，所以议题联盟相对于同盟、准同盟以及战略伙伴，其整体的合作成本相对较低。但是观察不同类型的议题联盟，议题联盟的成本仍有高低之分。所谓高成本议题联盟是联盟成员需要付出较高成本、联盟功能需要联盟具备一定规模与质量的议题联盟，包括快速反应型联盟、常态行动型联盟以及议价博弈型联盟中的"进取型"联盟，此类联盟需要强有力的联盟领袖招募联盟成员、制定联盟框架与行动方案、扩大联盟影响、塑造国际议程。与之相对，议价博弈型联盟中的"阻滞型"联盟是主要的低成本议题联盟，因其联盟目的主要不是推动某项议题的制度进程实现快速突破，而是阻挠某项议程的达成或者是在自身主张未得到满足之前不急于推进某项议程。阻挠或延缓某项国际进程奉行"最小获胜原则"，即利益相近的国家相互协调即可，无须过度考虑联盟合作的强度与规模。

因此，本书认为议题联盟起源于议题需要与既有制度的供需失衡，高成本联盟需要强力联盟领袖，低成本联盟仅需利益相近。

四　联盟强度与规模

　　议题联盟的规模是越大越好吗？美国学者威廉·赖克（William
H Riker）从博弈论出发针对多人、零和、可补偿性支付（Side-Pay-
ment）的政治联盟（Political Coalition）提出了"最小获胜"理论，
认为"最佳的联盟规模是刚好获得胜利的最小规模"。① 比如反法联
盟在即将取得胜利时，由于战争收益需要在庞大的联盟成员中间分
享，导致每个成员的收益只有很小的一部分，因此联盟成员之间产
生重大裂痕，最终英国、奥匈帝国拉拢战败的法国重新调整战后秩
序，原有的反法联盟宣告破裂。然而历史事实的真相与赖克的理论
往往存在差距，孙德刚提出了攻防态势与政治联盟最佳规模理论②，
认为防御型政治联盟出于威胁平衡的逻辑，致力于维护原有国际秩
序保障国家的生存，从而趋向于联盟规模的最大化；进攻型政治联
盟出于利益平衡的逻辑，致力于挑战原有国际秩序寻求额外收益，
从而在确保胜利的前提下趋向于联盟规模的最小化。本书认为，具
体到不同类型的议题联盟，其理想规模需要分类讨论。

　　第一，快速反应型联盟需要完成快速部署、工作分工、成本分
担与争取舆论等一系列任务。从理论上讲，此类联盟的最佳规模
奉行"最小获胜"原则。但是在实际操作中，尤其基于提升行动
合法性这一因素，此类联盟的实际规模可能大于理想规模，否则
不会出现伊拉克战争中美国在未经同意的情况下把哥斯达黎加列
入联盟名单这种情况。而且此类联盟往往会划分核心成员与外围
成员，核心成员的数量不宜太多。在 1991 年的"沙漠风暴"行动
中，美国组建的多国联盟包括 34 个国家，而提供作战部队的国家

---

　　①　William H. Riker, *The Theory of Political Coalitions*, New Haven: Yale University
Press, 1962, pp. 32 – 33.
　　②　孙德刚：《攻防态势与政治联合的最佳规模》，《外交评论》2006 年第 2 期。

只有 17 个;① 再比如 2003 年美国组建的"倒萨"联盟纳入了一些几乎没有实际贡献的国家（如马绍尔群岛、密克罗尼西亚、帕劳、汤加、所罗门群岛等太平洋岛国）。②

第二，常态行动型联盟的最佳规模要综合考虑联盟的阶段性需求、联盟的终极性需求以及联盟的合法性需求。在联盟组建初期，此类联盟奉行"最小获胜"原则，小规模的联盟框架能够保障联盟成员高效展开行动、搭建行动框架。但是如果此类联盟最终希望影响国际议程设置，那么就需要保证联盟成员具有一定的规模性与多样性。比如不结盟运动在最初只是在印度、南斯拉夫、埃及的倡议下，由 25 个亚非拉国家组成。此后为了将第三世界的共同主张带入联合国等国际多边场合，不结盟运动就需要将联盟的规模不断扩大。再比如"防扩散安全倡议"从一开始就挑战了《联合国海洋法公约》第 17 条、第 21 条、第 96 条、第 110 条等规定③，并且尽管联合国第 1540 号决议要求"防止非法贩运核生化武器及其运载工具和相关材料"，"防止非法贩运核生化武器及其运载工具和相关材料"，但是并没有明文授权"拦截"行为，④ 因此，"防扩散安全倡议"是一项合法性不足的议题联盟。在确立创始成员国并建立联盟的初始框架之后，防扩散安全倡议不断扩展规模的做法不仅有功能上提升联盟效力的考虑，同时也有弥补合法性缺失的原因。

第三，议价博弈型联盟的最佳规模同样有两种逻辑。进取型议价联盟因为需要推动多边进程达成正式协议，因而需要最大限度扩大联盟规模。而当谈判模式为共识模式，且议价联盟为阻滞型时，

---

① Bruno Tertrais, "The Changing Nature of Military Alliances", *The Washington Quarterly*, Vol. 27, No. 2, 2004, pp. 135 – 150.

② Anders Wivel and Kajsa Ji Noe Oest, "Security, Profit or Shadow of the Past? Explaining the Security Strategies of Microstates", *Cambridge Review of International Affairs*, Vol. 23, No. 3, 2010, pp. 429 – 453.

③ 刘宏松：《国际防扩散体系中的非正式机制》，第 122 页。

④ 李小军：《美国"防扩散安全倡议"的合法性及其危机》，《学术探索》2007年第 1 期。

联盟规模就不再是个重要的问题，甚至联盟的凝聚力也不再重要，因为对于阻滞型议价联盟来说，只要阻挠多边共识达成就已经取得了胜利。比如后文论述的巴黎气候大会上出现的"雄心壮志联盟"就是以达成一项正式协议为目的的进取型联盟，其成员号称超过100多个，最终推动了《巴黎气候协定》的达成；伞形集团就是典型的阻滞型联盟，虽然成员国不足10个且结构松散，但是对于迟滞不利于自己的国际进程、避免履行不愿承担的义务来说，这样的联盟规模就已经足够了。

关于议题联盟的强度，本书认为它主要受到以下几个因素的影响，包括联盟成员的利益匹配程度、领导国家的决心与能力、外部挑战的强度与紧迫性以及合作议题的安全化程度。联盟成员之间的利益匹配程度越高、联盟领导的决心与能力越强、外部挑战越巨大越紧迫、合作议题越接近传统安全，联盟强度越高；反之，联盟成员之间的利益匹配程度越低、联盟领导的决心与能力越弱、外部挑战没有非常巨大与紧迫、合作议题越远离传统安全，则联盟合作的强度越低。比如后文论述到的阿富汗反恐联盟和伊拉克"倒萨"联盟这两个案例，突出反映了前者具有共同打击恐怖主义的意愿因而联盟的凝聚力相对较高，而后者联盟成员利益匹配度较低，大大削弱了联盟的凝聚力。在"防扩散安全倡议"与全球海洋伙伴倡议这两大案例中，前者能够成功组建的原因很大程度上就包括较高的利益匹配度、较强的领导决心与能力、较高的外部挑战和较高的安全化程度；而在后者的案例中，利益匹配度相对较低、联盟的领导意志相对较弱，针对外部挑战的理解也存在分歧，这明显加大了联盟组建的难度。

小　结

国际政治中的议题联盟是国际行为体在特定时机、针对广泛领域中的特定议题、基于共同的利益关切，自愿结成的具有排他性影响的非正式合作形式。在一个包含同盟、准同盟、战略伙伴与议题联盟的广义结盟框架中，议题联盟的正式程度最低，灵活性最高，外部性相对于同盟和准同盟低，每一个议题联盟只关注一个特定领域的问题。在正式程度、外部张力、适用范围上，同盟——准同盟——战略伙伴——议题联盟呈现递减效应；在灵活性方面，同盟——准同盟——战略伙伴——议题联盟呈现递增效应。在广义结盟的成本收益光谱中，议题联盟处在低成本、低收益的一端，从议题联盟到战略伙伴，再到准同盟，最后到同盟，合作成本越来越高，合作收益也越来越高。本书根据议题联盟的议题属性与协作方式，将其划分为快速反应型、常态行动型与议价博弈型三种类型。

从议题联盟与权力的关系角度，本书认为，议题联盟的本质是国际行为体在特定时机下，针对特定议题所进行的权力资源的动员与配置。议题联盟可以克服同盟困境与集体行为困境从而提升合作效率，超越传统战略关系框架从而扩大合作空间，呈现"多边主义"假象从而提供合法性支持，这些功能优势使国家选择议题联盟成为可能。在国际政治现实中，议题联盟的起源往往来自议题需要与既有制度之间的供需矛盾，高成本议题联盟的发起需要强力型联盟领导作为条件。

议题联盟的规模并不一定是越大越好，这要根据议题联盟的类型与具体情形加以判断。快速反应型联盟需要完成快速部署、工作分工、成本分担与争取舆论等一系列任务。从理论上讲，此类联盟的最佳规模奉行"最小获胜"原则。但是在实际操作中，尤其基于提升行动合法性这一因素，此类联盟的实际规模可能大于理想规模。常态行动型联盟的最佳规模要综合考虑联盟的阶段性需求、联盟的终极性需求以及联盟的合法性需求。在联盟组建初期，此类联盟奉行"最小获胜"原则；在联盟建设的中后期，此类联盟的行动框架需要积极地向外扩展。议价博弈型联盟方面，进取型议价联盟因为需要推动多边进程达成正式协议，因而需要最大限度扩大联盟规模。

而当谈判模式为共识模式，且议价联盟为阻滞型时，联盟规模就没有必要做得太大。关于议题联盟的强度，本书认为它主要受到以下几个因素的影响，包括联盟成员的利益匹配程度、领导国家的决心与能力、外部挑战的强度与紧迫性以及合作议题的安全化程度。联盟成员之间的利益匹配程度越高、联盟领导决心与能力越强、外部挑战越巨大越紧迫、合作议题越接近传统安全，联盟强度越高。

第 二 章

国际政治的变迁与议题联盟

　　议题联盟很早就以多国联军的形式在历史上出现，然而多类型、大规模的议题联盟在国际政治舞台上登台亮相则是当今时代变迁的一项产物。议题联盟政治的时代性为我们提供了丰富的资料，既能够让我们更加深刻理解议题联盟本身的运作规律，也给我们提供了一个探究当今国际政治变迁的分析视角。首先需要回答为什么议题联盟能够在冷战后大量、反复地兴起？冷战后的国际政治为议题联盟的广泛生成提供了什么样的条件与动力？对此，本书从广义上的"国际政治变迁"与"制度工具变迁"两个维度阐述冷战后议题联盟大量兴起的动力。① 第一部分分析冷战后国际政治的变迁为议题联盟兴起提供了体系动力。第二部分分析冷战结束之后制度工具的变迁为议题联盟兴起提供了工具需求。第三部分在总结当今时代各种类型议题联盟的基础上分析议题联盟与制度工具的关联、功能、运作路径及其在宏观层面上对国际政治的影响。

---

　　① 这一思路受到秦亚青教授和潘德研究员观点的启发。秦亚青：《全球治理失灵与秩序理念的重建》，《世界经济与政治》2013 年第 4 期；Jochen Prantl，"Taming Hegemony：Informal Institutionsand the Challenge to Western Liberal Order"，*The Chinese Journal of International Politics*，Vol. 7，No. 4，2014，pp. 449 – 482.

第一节　冷战后国际政治的新变迁

如第一章所述，在冷战后，无论是为了快速反应，还是为了常态性行动以及议价博弈，议题联盟的数量和组建频率都在大幅度上升。这一小节旨在在体系层面上回答为何当前国际政治中反复出现议题联盟的问题。当然需要澄清的是，本节所要回答的并不是某一个或者某一类特定议题联盟兴起的特殊原因，而是探讨议题联盟这种独特的合作方式在冷战后得以大量兴起的普遍性原因。从海湾战争时的多国联军，到不扩散政策与合作中的"防扩散安全倡议"，再到"凯恩斯集团"与"伞形集团"，我们可以发现，议题联盟并不是一个常规性的战略手段，而是一种动态性的行为方式，其直接动力是国际政治行为体对新兴挑战的应对以及对既有制度性工具的功能、效率、进程与安排感到不满的一种规避/补充/塑造/挑战的手段。

一　冷战后权力变迁的新动态

当今世界正在经历深刻的权力变迁，它包含国际格局变化的权力转移以及大量非国家行为体兴起导致的权力流散。[①] 冷战结束之后，国际格局由两极格局经由美国主导的"单极时刻"再到今天的"一超多强"格局，正在向多极化方向发展。[②] 冷战的结束给美国带

[①]　Joseph S. Nye Jr. , "The Future of American Power: Dominance and Decline in Perspective", *Foreign Affairs*, Vol. 89, No. 6, 2010, pp. 2 – 12.

[②]　秦亚青：《世界格局、国际制度与全球秩序》，《现代国际关系》2010 年第 1 期；2008 年金融危机深刻动摇了美国超级大国的地位，不同学者提出了"多元多体""多元无极""后美国世界""无极世界"等提法，参见杨洁勉《新兴大国群体在国际体系转型中的战略选择》，《世界经济与政治》2008 年第 6 期；叶江：《论当前国际体系中的权力扩散与转移及其对国际格局的影响》，《上海行政学院学报》2013 年第 2 期；Fareed Zakaria, "The Future of American Power: How American Can Survive the Rise of the Rest", *Foreign Affairs*, Vol. 87, No. 3, 2008, pp. 18 – 43；Haass N. Richard, "The Age of Nonpolarity", *Foreign Affairs*, Vol. 87, No. 3, 2008, pp. 44 – 56。

来了重大机遇，美国也适时推行扩张性的霸权战略，推动并拓展经济全球化、地区与全球机制、同盟机制、民主与人权共同体，追求美国的单极霸权地位。[①] 但与此同时，世界其他国家在融入美国主导的全球体系的过程中也获得了参与国际进程的机会，不但有助于体制外国家与体制内国家在功能与合法性上共同演进[②]，而且许多国家尤其是发展中国家也在冷战后取得了长足的发展；无论是在联合国、IMF、G20、气候变化谈判这样的全球性多边机制还是在与传统西方大国的交往中，都能广泛听见发展中国家的声音，它们从近代以来的殖民阴影中走了出来，日益在国际进程中发挥自主性影响。在美国出现战略失误[③]并且发生 2008 年金融危机的背景下，美国的霸权地位出现相对衰落，政治权力进一步向新兴国家转移，发展中国家群体性兴起，不仅是包括中国、俄罗斯、巴西、印度、南非在内的"金砖国家"，"展望五国""金钻十一国""灵猫六国"等发展中国家的力量也在崛起。[④] 美国国家情报委员会发布的报告对新兴国家做出了十分乐观的估计，报告认为未来世界经济的健康发展愈发依赖发展中国家，届时世界将是一个多极世界，多极化趋势不可逆转。[⑤]本书认为，断定当前新兴国家会取代传统西方国家主导国际进程为时尚早，而且所谓新兴国家的集团式合作也没有升格为"反西方同盟"，美国在近期仍是国际体系中的首强国；但显然当今国际事务很

[①]　焦世新：《冷战后的时代变迁与美国战略》，时事出版社 2015 年版，第 26—31 页。

[②]　王玮：《跨越制度边界的互动——国际制度与非成员国关系研究》，上海人民出版社 2012 年版，第一章。

[③]　吴心伯教授指出美国"赢家通吃"的政策与心态、发动阿富汗与伊拉克战争以及时刻追求单极世界的理念与战略设计是冷战后美国的几项战略失误。参见吴心伯《论美国的世界大国地位、作用及其走向》，《黄海学术论坛》2016 年第 1 期。

[④]　刘昌明、李慧明：《世界金融危机与国际秩序转型》，山东大学出版社 2015 年版，第 212 页。

[⑤]　*Global Trends 2025：A Transformed World*，National Intelligence Council，2008；*Global Trends 2030：Alternative World*，National Intelligence Council，2012.

难完全由单一大国或者若干大国协调就能决定，这对国际体系与合作形式的变化影响深远。

权力变迁的另一个方向是从国家向非国家行为体的权力流散。包括各种类型的非政府组织、跨国公司、恐怖组织、犯罪组织以及一些特殊的个人也日益活跃在国际舞台上并发挥重要作用。① 各种非政府组织凭借其专业知识、国际声誉并且同其他非政府组织以及国家结成倡议联盟网络，对传播国际规范、争取国际舆论推动国际进程意义重大。例如在建立国际刑事法院（International Criminal Court）的谈判中，非政府组织"扮演一个可信的知识沟通者"的角色，当一些小国家没有此类议题的谈判经验或者无力参加所有会议时，一些非政府组织甚至派出专家与工作人员帮助它们参加谈判。② 包括国际残障组织、人权观察组织、国际医疗组织等国际非政府组织参与的国际禁止地雷运动（International Campaign to Ban Landmines）也对国际禁止地雷规范的形成、禁止地雷议题进入国际议程做出了重要的贡献。③ 在 2009 年 1 月成立的"保护的责任"国际联盟（International Coalition for the Responsibility to Protect），凝聚世界各地的 91 个人权组织，在促进国际社会形成"保护的责任"之共识、帮助世界各地人权状况的改善，并且对推动"保护的责任"国际规范形成等方面影响深远。④ 科技的进步大大降低了各种行为体之

---

① Joseph S. Nye, Jr. , *The Paradox of American Power*: *Why the World's Only Superpower Can't Go It Alone*, Oxford: Oxford University Press, 2002, p. 39.

② Arsanjani Mahnoush, "The Rome Statute of the International Criminal Court", *American Journal of International Law*, Vol. 93, No. 1, 1999, pp. 22 – 43; Nicole Deitelhoff and Linda Wallbott, "Beyond Soft Balancing: Small States and Coalition-Buildingin the ICC and Climate Negotiations", *Cambridge Review of International Affairs*, Vol. 25, No. 3, 2012, pp. 324 – 366.

③ 刘宏松:《为什么冷战后国际制度的形成不如美国所愿》,《世界经济与政治》2013 年第 8 期。

④ 截止到 2016 年 12 月，该联盟成员达 91 个，包括 R2P 全球中心、R2P 亚太中心、世界联邦主义运动、斯坦利基金会、妇女难民委员会、国际少数族裔权利组织等非政府组织。http://www.responsibilitytoprotect.org/index.php/about-coalition.

间的交往成本，非国家行为体也受益于地球村的一体化，能在全世界募集资金、招揽人员并获取整个国际社会的关注；不幸的是，例如"伊斯兰国"这样的恐怖组织也借助互联网等渠道吸引全世界的青年激进势力，这也预示着权力流散会使当前国际秩序进一步复杂化。权力变迁对议题联盟兴起的影响有以下几个方面：

首先，两极格局的终结消除了军事上的集团式对立，为国家外交政策的"议题导向"提供了可能性。当前，不仅是"核恐怖平衡"极大地提高了大国之间发生战争的成本，两极格局的解体与美国及其同盟体系在军事方面的优势地位使得当前地缘政治斗争的烈度大大低于冷战时期。另外，共同敌人的消失实际上降低了盟国对美国的安全依赖，尤其使得冷战后的美欧关系日益超越了冷战时期以地缘政治为纲的关系框架。所以安全议题对其他议题的优先程度与裹挟程度相对降低，这有助于传统安全利益格局与非传统安全利益格局乃至经贸利益格局变动，进而国家的外交政策才能更加灵活，更有利于"议题导向"外交与行为网络的出现。

其次，议题联盟的广泛兴起是当今时代行为体多元化、议题多样化、利益分散化的直接反映。冷战的终结开启了西方自由主义秩序向全世界扩展的进程，多数国家都选择成为各类国际制度的成员，比如 1947 年创立的世贸组织（WTO）的前身——关贸总协定（GATT）首批只有 23 个成员，而截止到 2016 年 7 月，世贸组织已经拥有 164 个成员。[①] 并且随着越来越多后发国家的发展壮大，影响国际进程的国家和非国家行为体的数量急剧增加，几乎所有国际进程的利益格局越来越分散化。由此，关于特定议题的立场分布越来越呈现多阵营对立与交织的现象，这为在特定议题上出现多个议题联盟提供了重要的动力。

再次，单一国家的领导模式在越来越多的领域不再适用，无论

---

① Members and Observers, https：//www. wto. org/english/thewto_ e/whatis_ e/tif_ e/org6_ e. htm, June, 2017.

是大国还是小国，无论是推动国际进程的积极者还是消极者，都将议题联盟视作一种手段。当前除了在军事上优势尚存以外，美国在其他权力维度上的优势正在全面下降，致使美国对当前全球事务的领导力不复从前。全球事务的领导模式正在发生诸种形态的变革，其中志同道合国家组成议题联盟自下而上的领导模式以及非国家行为体作用与角色的上升是其重要表现，① 而美国与其他大国也会组成议题联盟塑造或阻止某项进程的实现。换句话说，在权力分配仍不均衡但同时全面领导成本越来越高的情况下，依靠小范围的议题联盟维持或者扩展自身利益成为大国更加务实的一种办法。

二 冷战后相互依赖的新趋势

美国学者罗伯特·基欧汉（Robert O. Keohane）和约瑟夫·奈（Joseph S. Ney Jr.）最早提出了"复合相互依赖"的政治模式，在该模式下各国之间存在多渠道的联系与互动，国家间关系的议程没有明确或固定的等级之分，非武力方式的政策工具对国家而言越来越重要。② 冷战结束后，全球化进程加速发展推动了更加紧密的全球相互依赖的形成。当今世界大多数国家加入了全球经济体系之中，资源、货物、资本、人员、技术与信息在全球范围内高速流通；并且这种全球网络不仅局限于经济，还包括传统安全、非传统安全、环境与文化等维度。③

当今全球化的高速发展给国际政治带来一系列重要变化：它使参与、影响国际进程的行为体进一步多元化，非政府组织、跨国机

---

① Andrew F. Cooper, John English, and Ramesh Thakur eds., *Enhancing Global Governance*：*Towards A New Diplomacy*? New York：United Nations University Press, 2002, Preface, p. vii.

② ［美］罗伯特·基欧汉、［美］约瑟夫·奈：《权力与相互依赖》，门洪华译，北京大学出版社2012年版，第23—28页。

③ ［美］罗伯特·基欧汉、［美］约瑟夫·奈：《权力与相互依赖》，第256—257页。

构以及国内的地方政府、科研机构与特定人员愈发重要；它丰富了权力要素的来源，除了传统军事权力以外，经济权力与政治权力的地位进一步上升，同时产生了过往不被重视的知识权力、信息权力乃至道义影响力。由此，国家间的合作与竞争共同交织，部分稀释了过往国际政治的"血雨腥风"；国家间的互动频率急剧上升，并随着各个领域的全球性问题不断涌现，多领域多维度的合作网络彼此交叠，国家间关系变得更加复杂并且更富变化；尤其重要的是，在没有敌对性阵营相互威胁、全球化与地方化共同交织、多领域多维度合作共同推进的背景下，全面以意识形态为纲的外交方式变得越来越不现实。值得探讨的是，在2008年全球金融危机之后，全球化的发展受到权力政治回潮、国家中心主义回潮与民族主义回潮的挑战。① 这当然提醒我们，全球化并不是一个线性发展的过程，全球化本身也造就了全球贫富差距拉大、边缘化国家陷入动荡，导致宗教与文化极端主义以及不时涌现的反全球化浪潮。但是全球性问题的激增事实上提升了全世界对于有效的全球治理的需求，各国都无法倒退到冷战以前"军事斗争压倒一切"的年代，日益紧密的相互依赖对于议题联盟的意义是：

第一，进入国际议程的议题与领域不断扩展与多元，促进了国家行为的"议题导向"。冷战后世界政治进入了一个国际议程不断丰富的年代，也是一个安全概念从"单一维度"向"多重维度"转向的时代，军事议题与其他议题之间的等级式关系逐渐降低。② 完全依据安全关系的框架与思维处理国际议程变得越来越不现实，在传统安全领域享有共同立场的国家在新安全领域可能观点各异，比如德

① 秦亚青：《全球学与全球国际关系学》，《国际政治研究》2015年第4期；关于当前地缘政治的回归，参见 Bruce Jones, Thomas Wright, Jeremy Shapiro and Robert Keane, "The State of the International Order", *Policy Paper*, No. 33, 2014.

② John Peterson and Hugh Ward, "Coalitional Instability and the New Multidimensional Politics of Security: A Rational Choice Argument for US-EU Cooperation", *European Journal of International Relations*, Vol. 1, No. 2, 1995, pp. 131 – 156.

国、法国长期以来与美国保持密切的同盟关系，但是在伊拉克战争问题上，德法两国同美国形成了尖锐的对立；再比如，英国与美国在北约议题上立场极为相近，但是在全球变暖议题方面，英国远比美国更加积极地推动富有成效的国际合作。同时，由于全球化过程产生了大量的全球性问题，也促成了大量旨在解决这些全球性问题的国际合作。这些变化使国家越来越能够超越"安全第一"的思维处理其他议题，超越相对收益的计算参与合作，超越传统的同盟阵营结成合作伙伴，缔结"议题导向"的外交与行动网络。

第二，在多数情况下国家间关系的性质日益复杂化，即"谁是我们的敌人，谁是我们的盟友"变得日益模糊，合作对象与对立方的划分要看具体议题与具体情况。正如理查德·哈斯所言，"我们不能期望每个国家对于每个联盟做出同样的承诺，各国在能力、位置、外交观点与国内关切等方面的差异使之不切实际。相反，我们应当期望建立动态的联盟并收获分工协作带来的收益"。① 例如中印两国同是 WTO 谈判中 G20 集团的领导成员，也是气候变化谈判中"基础四国"成员，却在亚洲的地缘政治中存在着较高程度的竞争。再比如在 WTO 农业谈判中，作为农业出口大国的阿根廷与注重国内农业保护的印度在农产品出口问题上立场相左，但是为了共同应对美欧协调、打开发达国家市场，两者共同成为 G20 集团的重要成员。

第三，全球化加速了国家间关系网络多中心与多节点的互动频率，国家间关系的流动性加快②；即彼时的盟友未必一定会是此时的盟友，仍要看具体议题的动态发展。比如在 20 世纪 90 年代全球气候变化谈判的早期，为了推动建立"共同但有区别"的原则、强调发达国家的历史责任与减排义务，"G77 + 中国"集团展现了高度的

---

① Haass N. Richard, "Defining US foreign Policy in a Post-Post-Cold War World", Remarks to the Foreign Policy Association, New York, April 22, 2002.

② Van Jackson, "Power, Trust, and Network Complexity: Three Logics of Hedging in Asian Security", *International Relations of the Asia-Pacific*, Vol. 14, No. 3, 2014, pp. 331 – 356.

团结。但在京都会议之后，该集团开始日益分化为基础四国、小岛屿国家集团、石油输出国组织等集团，尤其是前两者的矛盾越来越大。这需要国家之间根据特定时段、特定议题的利益与形势决定联盟取向。

三 新威胁与新挑战的兴起

冷战的终结改变了国家生存挑战的性质。冷战结束以前，国家生存的最大挑战是来自敌对国家或国家集团基于综合实力、地缘毗邻性、进攻实力与进攻意图所构成的安全威胁。[①] 这种威胁包括敌对力量的结盟、孤立政策、军备升级以及封锁、遏制、颠覆等方面，并以大规模总体性战争为最高表现形式。冷战期间，美苏两大敌对阵营彼此针锋相对，战争阴影挥之不去。冷战结束之后，苏联及其领导的共产主义阵营不复存在，尽管传统安全威胁在局部地区仍然时隐时现，但是传统威胁的烈度与频率已经大为降低，国家间战争数量大大减少，大国之间的战争威胁因为核恐怖平衡也已经变得难以想象。当前国际安全面临的挑战更多的是来自非传统安全领域，包括恐怖主义、大规模杀伤性武器的扩散、国际海盗、跨国犯罪、环境恶化、疾病传播、自然灾害、金融动荡等。[②] 新出现的威胁不仅同尚存的传统安全一道共同挑战国家和个人的生存，变幻莫测的威胁制造者也使国际行为体超越了传统上以敌对主权国家为防卫对象

---

① ［美］斯蒂芬·沃尔特：《联盟的起源》，周丕启译，北京大学出版社 2007 年版，第 20—25 页。

② Shen Dingli，"Can Alliances Combat Contemporary Threats?" *The Washington Quarterly*，Vol. 27，No. 2，2004，pp. 165 – 179；Andrew Byrne，"Conflicting Visions：Liberal and Realist Conceptualisations of Transatlantic Alignment"，*Transworld*，Working paper No. 12，2013；Paul D. Miller，"Five Pillars of American Grand Strategy"，*Survival*，Vol. 54，No. 5，2012，pp. 7 – 44；G. John Ikenberry，"The Future of Multilateralism：Governing the World in a Post-Hegemonic Era"，*Japanese Journal of Political Science*，Vol. 16，No. 3，2015，pp. 399 – 413；门洪华：《权力转移、问题转移与范式转移——关于霸权解释模式的探索》，《美国研究》2005 年第 3 期。

的观念，并且侵蚀着地理屏障、技术屏障与同盟屏障对于安全挑战的稀释与抵消作用。①

　　以非传统安全问题为代表的一系列新威胁与新挑战的出现是冷战后国际政治变迁的重要特点，并且给国际政治与国际安全带来一系列深远的影响。② 它更进一步使安全的概念泛化，致使国家不仅追求传统的军事安全，同时还追求经济安全、生态安全、信息安全、网络安全、能源安全、海洋安全乃至"人类安全"，国家对于安全利益的认知范围逐渐扩大。新威胁与新挑战的出现进一步丰富了国际政治行为主体——除了传统的国家，国际与国内的非政府组织、跨国机构、地方团体、行业组织以及个人都可能成为风险扩散的受害者与治理参与者。进而，各国为了有效应对一系列全球性风险，必然进行更加广泛与深度的国家间合作，摒弃追求相对收益与零和博弈的观念，为全球提供公共产品；大国也可能推进多层面的集体行动——比如军控、经济援助、冲突防范、大规模杀伤性武器的安全防护、灾难救援和技术共享。③ 另外，传统安全问题与非传统安全问题之间的界限存在模糊性，国际合作的性质可能在"公共性—俱乐部性—私利性"范围内浮动，在风险应对的过程中往往伴随治理模式与主导权的竞争。④ 由此，新威胁与新挑战的广泛兴起对议题联盟的意义是：

　　第一，在传统安全威胁作为主题的时代，威胁对象是确定的，阵营壁垒是清晰的，战略思路是长期性的，因而战略工具也是针对这一状况而趋向常态性、稳定性的思路设计的。然而，冷战后层出不穷的

---

　　① ［美］约翰·伊肯伯里：《自由主义利维坦——美利坚世界秩序的起源、危机和转型》，赵明昊译，上海人民出版社 2013 年版，第 216 页。

　　② 赵可金教授认为，冷战后国际政治的变化主要集中在非传统安全领域。该观点来自赵可金教授于 2017 年 10 月 27 日在复旦大学国际问题研究院的演讲。

　　③ ［美］法里德·扎卡利亚：《后美国世界》，赵广成、林民旺译，中信出版社 2009 年版，第 19 页。

　　④ Julia C. Morse and Robert O. Keohane, "Contested Multilateralism", *The Review of International Organizations*, Vol. 9, No. 4, 2014, pp. 385 – 412；李巍：《国际秩序转型与现实制度主义理论的生成》，《外交评论》2016 年第 1 期。

新威胁与新挑战往往是突发性的或者是非常规性的，传统的同盟机制与全球多边机制可能在反应时效、程序或功能设置方面无法满足国家需要。采取议题联盟的合作形式往往能够快速有效地组织应对突发性危机的联合行动，比如沙特在2014年9月和2015年12月分别针对胡塞武装力量和"伊斯兰国"发起的多国联军便属此例。

第二，针对各类威胁与挑战的治理过程往往伴随治理模式与主导权的竞争，因此许多治理模式与危机反应方式都难以获得所有国家的支持。有意按照某种思路领导国际社会成员消灭风险来源的国家，往往首先组织一批"志同道合"的伙伴加以应对，而这种议题联盟既有可能发生在某一国际制度的内部，也有可能以另起炉灶的方式展开行动。比方说联合国气候变化谈判领域内存在欧盟、伞形集团、G77＋中国、小岛国联盟等议价联盟的竞争；美国在2003年3月发动的伊拉克战争以及2003年6月建立的"防扩散安全倡议"也都是绕过联合国授权或者国际法规定，自行组建的议题联盟。

第三，在安全挑战由传统威胁向新兴挑战转型的背景下，联盟的组建可以根据议题的需要超越传统安全关系框架。比如冷战结束伊始，南斯拉夫陷入解体危机，当时正值世界秩序的重塑和欧共体（欧盟）、北约、欧安会开始转型之际，一个包括美国、英国、法国、德国、俄罗斯在内的联络小组于1994年4月成立。这个联络小组在联合国机制无力有效解决南斯拉夫危机之时有效地采取了干预行动，而俄罗斯被纳入联络小组则反映了各国超越了同盟思维，有利于问题的解决和欧洲新秩序的确立[1]；同样在"防扩散安全倡议"中，俄罗斯也在2004年5月宣布加入。这显示出议题联盟对于传统安全关系的超越，这种超越在伊拉克战争中的多国联军中也得到充分展现——美国传统盟国中的德国、法国、比利时等国家拒绝加入，而

---

[1] Jochen Prantl, "Taming Hegemony: Informal Institutions and the Challenge to Western Liberal Order", *The Chinese Journal of International Politics*, Vol. 7, No. 4, 2014, pp. 449–482.

刚刚加入北约的中东欧国家却显得更加积极，不属于北约成员国的乌克兰和格鲁吉亚为美国提供了大量的作战部队。[①]

总之，在权力变迁、相互依赖、新威胁与新挑战广泛兴起这三大机制的驱动下，当前的国际体系发生了一系列重大变化；它们合力造就了国际行为主体与利益的多元化、国际议程的多样化、国家间关系的复杂化，各类议题趋向扁平化，新兴威胁与挑战不定时爆发并持续扩散，国家间进行广泛合作的同时也伴随着治理方式的竞争。这些变化为国家间合作形式提出了新课题，也为议题联盟的广泛生成提供了体系动力。

第二节　冷战后制度工具的新变迁

冷战后国际政治的变迁使国家产生了强烈的获取集体或者全球公共产品的需求，并且这种需求的额度更高、范围更广，这与当前正式制度工具的普遍低效与共识难达成形成了鲜明反差。收益预期与制度供给之间的鸿沟造就了当今一系列制度复杂化的问题，议题联盟的大量产生连同制度竞争、制度碎片化、非正式集团一道成为全球各个领域内普遍存在的现象或合作形式。[②] 基于对正式制度工具

---

① Zachary Selden, "Balancing against or Balancing with? The Spectrum of Alignment and the Endurance of American Hegemony", *Security Studies*, Vol. 22, No. 2, 2013, pp. 330 – 364.

② Robert O. Keohane and David G. Victor, "The Regime Complex for Climate Change", *Perspectives on Politics*, Vol. 9, No. 1, 2011, pp. 7 – 23; Julia C. Morse and Robert O. Keohane, "Contested Multilateralism", *The Review of International Organizations*, Vol. 9, No. 4, 2014, pp. 385 – 412; Andrew F. Cooper, "Stretching the Model of 'Coalitions of the Willing'", in Andrew F. Cooper, Brian Hocking and William Maley eds., *Global Governance and Diplomacy*, Basingstoke: Palgrave Macmillan, 2008, pp. 257 – 270; Frank Biermann, Phillip Pattberg, Harro Van Asselt and Fariborz Zelli, "The Fragmentation of Global Governance Architectures: a Framework for Analysis", *Global Environmental Politics*, Vol. 9, No. 4, 2009, pp. 14 – 40.

的规避、补充、塑造与颠覆，有必要分析正式制度工具在实现国家利益时存在哪些不足。首先需要声明的是，以往的大量文献在分析制度性合作时都将同盟机制和全球多边主义机制分开讨论；本书出于找出议题联盟兴起的制度性根源的考虑，将上述二者共同视为国家为了实现自身利益通过"委托—代理"方式使用的战略工具。其次需要声明的是，当今主要的国际制度工具是基于冷战后自由国际主义秩序建立发展而来的，国际制度工具一方面跟随国际体系的变革实现制度变迁[1]；另一方面制度本身所具有的"路径依赖"却往往导致制度变迁在调整权力关系、促进相互依赖和治理新威胁与新挑战方面存在滞后性。[2] 因此，议题联盟所要克服的制度缺陷主要有两个方面，一个是制度性工具可能存在的效率不足，另一个是制度性工具可能存在的共识难题。

一 效果不彰的制度工具

国际制度对于实现国家利益具有重要意义，制度主义者认为制度框架能够令国家间的合作成为可能。一方面，国际制度"具有权威性、制约性和关联性，能够为行为体确立行动责任的法律框架、提供充分的信息以及降低交易成本从而促进合作"。[3] 另一方面，不同类型、不同领域的国际制度针对核心议题提供特定的战略资产，以实现特定功能战略产品的供给，比如同盟机制的特定资产就是应对外部威胁、确保稳定与互信。[4] 但显然，通过对冷战后各种制度工

---

① Robert Wolfe, *New Groups in the WTO Agricultural Trade Negotiations*: *Power, Learning and Institutional Design*, Canadian Agricultural Trade Policy Research Network, 2006, No. 24160; Celeste A. Wallander, "Institutional Assets and Adaptability: NATO after the Cold War", *International Organization*, Vol. 54, No. 4, 2000, pp. 705–735.

② 秦亚青：《世界格局、国际制度与全球秩序》，《现代国际关系》2010 年第 1 期。

③ ［美］罗伯特·基欧汉：《霸权之后：世界政治经济中的合作与纷争》，苏长和、信强、何曜译，上海人民出版社 2001 年版，第 104—133 页。

④ Celeste A. Wallander, "Institutional Assets and Adaptability: NATO after theCold-War", *International Organization*, Vol. 54, No. 4, 2000, pp. 705–735.

具的考察，本书发现，尽管制度性合作与竞争成为当今国际政治的主要特征之一，但是冷战后的制度性合作普遍变得越来越"昂贵"，部分制度工具的效率存在较大的不足。

第一，领导力不足。集体行为的有效推进必然需要强有力的国际领导，领导作用的核心机制是行为体之间"领导者"与"追随者"的身份确立并且形成了互动。领导者不一定是力量上最强大的国家，奥兰·扬（Oran Young）提出领导力包括三种类型，第一种是结构型领导力（Structural Leadership），即领导者能够利用自身的经济、政治力量作为奖励或惩罚手段推动国际合作的实现；第二种是倡导型领导力（Entrepreneurial Leadership），即通过制定合作议程、突出合作重点、提出解决方案、协调谈判分歧，发挥引领谈判进程的领导作用；第三种是知识型领导力（Intellectual Leadership），即通过观念传播与国内成功治理模式的树立引领合作对象改变认知以推进合作。[①] 而作为世界上的首强国，美国自然被世界寄予厚望，美国领导人也从未放弃追求自身的霸权地位。但是先不谈有关美国的霸权地位是否存在争议[②]，美国在冷战后的领导力下降是一个不争的事实。全球化使更多的行为体发挥作用，将更多议题纳入全球议程，美国要协调的对象不断增多，需要处理的问题也不断增多，极大消耗了美国的外交精力；美国相对实力的不断下降则从根本上制约了美国领导角色的发挥；美国领导全球多边机制、提供公共产品的意愿也逐渐呈现降低趋势，其尚

---

① Oran R. Young, "Political Leadership and Regime Formation: On the Development of Institutions in International Society", *International Organization*, Vol. 45, No. 3, 1991, pp. 287 – 288.

② 霸权至少包括自身的实力优势、对世界的控制、对全球公共产品的有力供给与其他国家的广泛承认。比如约翰·米尔斯海默就认为当今世界没有全球性霸权国，美国只是取得了美洲的霸权地位。参见［美］约翰·米尔斯海默《大国政治的悲剧》，王义桅、唐小松译，上海人民出版社 2003 年版，第 204 页。

存的首强国地位却往往足以对多边机制进程起到否决的作用。① 自老布什政府反对明确的温室气体减排时间表和减排义务以来，美国对一系列多边机制的义务采取了消极抵制、拒绝乃至退出策略，包括未能通过《保护生物多样性公约》、放弃《京都议定书》、拒绝加入《渥太华禁雷公约》与《国际刑事法院规约》、减弱《卡塔赫纳生物安全议定书》的行动效力等。首强国的消极态度阻挠了公共产品的供给，而这正是一系列中小型国家组建议题联盟的动机之一，包括由加拿大协调领导的谈判联盟冲破以美国为首的一系列国家的反对，为 1998 年 7 月通过的《国际刑事法院规约》做出了决定性贡献。② 美国在安全、经贸以及全球治理等领域的单边主义行径进一步削弱了其国际威望，带有霸权主义色彩的倡议主张在无法获得国际机制支持与背书的情况下，通过诉诸议题联盟亦成为一种替代工具。

　　第二，"搭便车"问题。"搭便车"是集体行为当中存在的老问题，曼瑟尔·奥尔森（Mancur Olson）指出"除非一个集团中人数很少，或者除非存在强制或其他某些特殊手段以使个人按照他们的共同利益行事，有理性的、寻求自我利益的个人不会采取行动以实现他们共同的或集团的利益"。③ 任何时代都存在"搭便车"的问题，但冷战后的"搭便车"问题存在三个突出特点。首先，

　　① Robert Falkner, "American Hegemony and the Global Environment", *International Studies Review*, Vol. 7, No. 4, 2005, pp. 585 – 599; Steven E. Meyer, "Carcass of Dead Policies: The Irrelevance of NATO", *Parameters*, Vol. 33, No. 4, 2003, pp. 83 – 97; Steven Holloway, "US Unilateralism at the UN: Why Great Powers Do Not Make Great Multilateralists", *Global Governance*, Vol. 6, No. 3, 2000, pp. 361 – 381; 刘宏松：《为什么冷战后国际制度的形成不如美国所愿》，《世界经济与政治》2013 年第 8 期。

　　② Nicole Deitelhoff and Linda Wallbott, "Beyond Soft Balancing: Small States and Coalition-Building in The ICC and Climate Negotiations", *Cambridge Review of International Affairs*, Vol. 25, No. 3, 2012, pp. 345 – 366.

　　③ ［美］曼瑟尔·奥尔森：《集体行动的逻辑》，陈郁、郭宇峰、李崇新译，格致出版社、上海三联书店、上海人民出版社 2011 年版，第 2 页。

冷战期间的"搭便车"现象往往存在于某一同盟体系内部，而当前各个合作框架中的"搭便车"者来自全球各地；其次，随着融入当前国际制度的国家越来越多，国家间合作的领域越来越多，"搭便车"的现象事实上越来越严重；再次，不同于冷战时期出于安全利益的考虑对"搭便车"行为的高度容忍，当前美国对于"搭便车"现象的容忍度越来越低，这反过来加大了美国对制度性承诺采取消极态度的可能性。围绕着对"搭便车"行为的界定与克服，极易产生不同利益取向的议题联盟；同时以"搭便车"为代表的一系列集体行为的困境会导致一种颠倒的效应，即小规模集团的非正式行为方式可能在某些国家的眼里比正式多边主义制度在取得实际效果方面更有吸引力。①

第三，制度进程的滞后。正如门洪华教授所言，"就其本性而言，国际机制的发展是渐变而非突变……'时滞'的存在使得在某些特定时期既有的国际机制与时代特征脱节，无法确切地反映国际社会的现实"②。除了制度成员与权力安排滞后于国际政治的现实发展之外，制度进程在具体功能设计方面的滞后性最影响制度的效力。弥补功能性滞后的办法要么是推动制度本身的转型，要么是绕过制度构建直接采取行动，议题联盟在两种情况下都是备选的战略手段之一。比方说，从1992年的《联合国气候变化框架公约》到1997年的《京都议定书》以及2003年的《巴厘路线图》，再到2016年的《巴黎协定》，联合国气候变化框架机制就减排和适应气候变化问题进行了"马拉松式"的谈判，并确立了"全球平均气温较前工业化时期升幅控制在2摄氏度之内，并努力将气温升幅限制在1.5摄氏度之内"、确立自主贡献与每五年进行盘点的治理方式③，但是这一

---

① ［美］曼瑟尔·奥尔森：《集体行动的逻辑》，第38—39页。

② 门洪华：《国际机制的有效性与局限性》，《美国研究》2001年第4期。

③ 《巴黎协定》中文版，中华人民共和国发展与改革委员会应对气候变化司网站，http://qhs.ndrc.gov.cn/gzdt/201512/t20151218_767995.html，登录时间：2016年7月。

进程在视气候变化为根本生存问题的小岛屿国家来说显然是太慢了。[①] 此外，关于适应气候变化带来的灾难与危害以及与之配套的资金、技术转移和能力建设的安排甚至比减排任务的安排还要滞后。再比方说，北约机制一直以来的功能是应对苏联阵营的大规模军事威胁，但是冷战后新兴安全威胁的兴起致使它原有的同盟功能设置不足以有效应对，一方面北约经过 1991 年、1999 年、2010 年和 2014 年的四次转型，逐渐地从军事同盟转为安全—政治同盟[②]；另一方面，诸如海湾战争、阿富汗战争、伊拉克战争、"防扩散安全倡议"等一部分北约国家关切的议题并未完全在北约框架下进行甚至绕过了北约机制，显示出北约的功能转型事实上是有天花板的，它没有办法从根本上消解欧洲思路与美国思路、同盟核心集团与大同盟集团、军事安全合作逻辑与非军事安全合作逻辑之间的分歧。

　　第四，制度漏洞与盲点。针对某一议题的合作与治理往往超出了单一的政策手段与制度框架，它往往需要发展出一系列复杂的制度安排与实践的组合体，以覆盖问题的方方面面。因此除了可能存在功能性滞后之外，制度安排往往还有可能存在漏洞和盲点。比如在美国看来，其"防扩散安全倡议"等议题联盟就是对核安全制度漏洞的补充。为了消除大规模杀伤性武器扩散风险，不扩散制度体系需要从需求端和供给端两个方面应对该挑战。需求端是指要消除潜在核扩散国家拥有大规模杀伤性武器及其运载手段的动机，供给端是要切断潜在核扩散国家获取大规模杀伤性武器及其运载手段的材料、技术、部件的途径。[③] 由此，从冷战到冷战后初期，国际社会建立了一套防扩散制度体系，包括《核不扩散条约》《禁止生物武器公约》《禁止化学武器公约》、国际原子能机构、《核材料实物保护公约》、桑格委员会、

---

　　① Poh Poh Wong, "Small Island Developing States", *Wiley Interdisciplinary Reviews*: *Climate Change*, Vol. 2, No. 1, 2011, pp. 1 – 6.

　　② 高华：《透视新北约——从军事联盟走向安全—政治联盟》，第二章。

　　③ Chaim Braun and Christopher F. Chyba, "Proliferation rings: New challenges to the Nuclear Nonproliferation Regime", *International Security*, Vol. 29, No. 2, 2004, pp. 5 – 49.

核供应国集团等机制，以限制国家发展大规模杀伤性武器、限制核武器及其运载手段从有核国家向无核国家扩散，并且力图最终实现核裁军。但是即便从这套体系的获益方来看，这种制度组合也难以有效解决全部的核扩散风险，包括对退出或拒绝参加核不扩散机制的国家缺少管制手段，尤其难以应对冷战后恐怖分子与大规模杀伤性武器的结合以及无核国家之间的核扩散行为。由此，核不扩散体系安排的漏洞与空白总是难以避免。于是作为制度漏洞的补充，除了制度改革与更新之外，一系列新的双边、多边手段也就应运而生，其中就包括诸如"防扩散安全倡议"这类议题联盟。

二　众口难调的制度工具

议题联盟兴起的另一个制度性根源便是共识难题。它基于国家间利益的分歧，既有可能缘于利益格局的自然分化，也有可能是对制度的权责分配、主导规则以及行为限制的不满。

第一，利益的自然分化。国家之间由于在国家力量、地缘位置、资源禀赋、国内制度、产业结构等方面存在差异，在具体议题的利益方面也是不同的，但是利益格局的分化却是在冷战末期尤其在冷战后才大规模铺展开来的，一方面是原来两大阵营对立的局面压抑了许多利益的表达，另一方面是部分弱小国家在长期的多边进程中被忽视掉了，但更重要的是，以前纳入国际议程的议题相对有限以及主要大国通过单方面供给公共产品就能满足大部分需求。正如前文讲到，冷战后多数国际制度的扩展意味着融入全球体系的国家越来越多，纳入国际议程的议题涉及的领域越来越广，国家外交政策的议题也越来越多，再加上冷战结束以来的权力变迁愈发提升了原来被普遍压抑的非西方国家的地位、增强了它们的发言权，导致当今国际社会关于具体议题的利益格局普遍分化，这是议题联盟林立的一个非常自然的原因。比如，欧洲盟友整体上不同意小布什政府把反恐战争作为安全议程的首要任务，在关于恐怖主义威胁的认知上，欧洲国家要顾及内部的穆斯林的反应，土耳其更要担心提供入侵伊拉克的战时走廊可能在未来使它遭遇报复性打击。① 再比如，乌拉圭回合是国际贸易谈判过程中议价联盟激增的一个分水岭，不仅工业制成品的关税减免包含在谈判范围内，农产品、服务性产品以及知识产权等议题纷纷被纳入谈判进程之中②；不仅发达国家和发展中国家之间的立场普遍不同，发展中国家内部立场也日趋分化。比如在 WTO 谈判的重头戏——农业谈判中，发展中国家就分成三大阵营，包括以巴西、印度、中国为代表的 G20，强烈要求"发达国家削减农产品的国内保护和补贴政策"；由非加太国家集团成员、非盟成员和孟加拉国等欠发达国家组成的 G90，要求谈判"向最不发达国家利益倾斜"；以及由多米尼加、洪都拉斯等国家组成的 G33，要求"将战略产品与特殊保障机制纳入农业问题谈判"。③

　　第二，对权责分布的不满。由于现行多边主义体制大多是由冷战时期的一系列安排发展而来，大量的霸权秩序与少数大国协调秩序仍然在多数的多边机制中得到保留，包括联合国安理会的五大常任理事国制度、WTO 机制中的"绿屋会议"制度以及 IMF 中加权投票与特别多数投票机制等；以及在特定议题决策时往往存在代表性不足的状况，比方说全球气候变化谈判中几次关键决策都忽略了一些在环境安全方面极度脆弱的小岛屿国家，导致当前全球多边主义存在严重的"民主赤字"与"正义赤字"。④ 再比如 GATT／WTO 机制中的"绿屋会议"形成于东京回合时期，它是由总干事、部长级

①　Dana H. Allin, "American Power and Allied Restraint：Lessons of Iraq", *Survival*, Vol. 49, No. 1, 2007, pp. 123 – 140；［美］詹姆斯·W. 彼得森：《北约与恐怖主义——扩大与转型》，罗天虹、波尔特、晓云译，世界知识出版社 2015 年版，第 129 页。

②　Robert Wolfe, *New Groups in the WTO Agricultural Trade Negotiations*：*Power, Learning and Institutional Design*, Canadian Agricultural Trade Policy Research Network, 2006, No. 24160.

③　王峥、秦林军：《多边贸易体制内发展中国家结盟的集体行动分析》，《沈阳农业大学学报》（社会科学版）2009 年第 6 期。

④　赵可金：《从旧多边主义到新多边主义——对国际制度变迁的一项理论思考》，《世界经济与政治》2006 年第 7 期。

会议主席或总理事会议主席召集的，以美、欧、加、日为主要成员的小团体先行决定谈判议程与决议草案的非正式机制，因其在 GATT 总部的一间涂有绿色油漆墙壁的办公室进行而得名。① 在 1996 年召开新加坡部长级会议期间，"绿屋会议"就多次绕过发展中国家单方面决定了有关劳工标准、投资等内容的会议宣言与决议。② 此后"绿屋会议"多次上演，激化了发达国家与发展中国家的矛盾，甚至导致西雅图会议的破产。权责分配的不均也进一步刺激了来自弱势国家群体组建议价联盟的动机。

　　第三，对主导规则的不满。集体行为的制度化往往确立一套主导性的规则体系，但显然这套规则体系很难令所有参与方都满意。对主导规则不满的国家既有可能在制度范围内组建议价联盟对不利的规则加以抵消、修正，也有可能在制度范围外建立新的正式制度、非正式制度以及议题联盟。一般来说主导制度规则的是国际体系中的传统大国。比如 GATT 谈判框架中，"主要供应国原则"规定贸易谈判应该在某项产品的最大供应国与最大进口国之间进行，进口国不是与该产品所有供应国谈判，而是要与该产品的主要供应国谈判；在当时情况下，发展中国家是制成品主要供应国的情况并不多见，因此这项规则对发展中国家极为不利。这种困境加剧了发展中国家对多边贸易谈判规则的不满，以议价联盟方式回击"主要供应国"原则、争取"公式减让"成为众多发展中国家的选择。③ 当然，对主导规则不满的国家并非一定是传统意义上的弱小国家，包括美国在内的大国也有可能发现它们对某项制度安排的主导规则不满。例如

---

① Mayur Patel, "New Faces in the Green Room: Developing Country Coalitions and Decision-Making in the WTO", *Global Economic Governance Programme Working Paper*, No. 33, 2007.

② 余锋：《"绿屋会议"：WTO 走出合法性危机的一道坎》，《东方法学》2009 年第 6 期。

③ 周跃雪：《WTO 多边贸易体制下成员谈判集团制度与中国的策略》，《社会科学研究》2014 年第 5 期。

美国在《京都议定书》签订以来的气候变化谈判中就比较反对"自上而下"的指标性强制减排方案、反对《联合国气候变化框架公约》附件 1 国家单方面先行履行减排义务、反对限制"海外减排"等规则，分别采用了退出机制、利用伞形集团、参与或建立外部机制、开启中美双边谈判等方式修正气候谈判的规则。

第四，对自由受限的不满。参与正式制度意味着要在享受制度产品与部分牺牲国家自主性之间做出权衡，同时正式的条约机制往往意味着需要国内立法机关的通过、授权以及与国内各个相关部门的配套执行。因对制度性限制的不满而直接在制度之外采取议题联盟行为的国家一般只有国际体系中的大国，因为这种行为的协调性成本虽然不高，但是付出的政治代价往往比较大。1991 年的海湾战争尽管获得了联合国的授权，但是从授权到联军集结足足用了 5 个月的时间，其中俄罗斯就一直主张经济制裁为主、军事干预暂缓的方针；在指挥结构方面，法国同美国存在很大的分歧；在军事行动的目标方面，联合国也没有明确授权多国联军进军巴格达推翻萨达姆政权。[1] 美国很快认识到通过国际组织的授权或支持并且争取国际社会广泛同意的干预方式会使自己的行动自由受到限制，这种经验很快在 1995 年的波斯尼亚和 1999 年的科索沃空袭行动中得到体现，因为北约盟友总是通过限制攻击目标促使美国保持"克制"。[2] 正如布鲁诺·戴和特（Bruno Tertrais）当时的观察所述："即便作为最大的安全提供者，美国也不得不在每个战争的重要阶段与 18 个成员国进行协调、妥协，从而达成共识。某些成员国甚至坚持对目标进行微观管理……这令美国尝到了苦头……"[3] 即便是"9·11"事件发生后，北约提出启动同盟集

---

① Sarah E. Kreps, *Coalitions of Convenience: United States Military Interventions after the Cold War*, New York: Oxford University Press, 2011, p. 6.

② Dominic Tierney, "Multilateralism: America's Insurance Policy against Loss", *European Journal of International Relations*, 2010, Vol. 17, No. 4, pp. 655－678.

③ Bruno Tertrais, "The Changing Nature of Military Alliances", *The Washington Quarterly*, Vol. 27, No. 2, 2004, pp. 133－150.

体防卫机制，美国也出于自由行动原则在大规模军事进攻阶段放弃了这一提议。2003 年春季，在没有联合国授权和北约极力反对的情况下，美国仍然能够绕过国际组织与同盟机制组建多国联军入侵伊拉克。同样，美国可以不顾《联合国海洋法公约》的原则，自行界定海上扩散行为并联合部分国家加以拦截。冷战结束之后，美国深谙如何对冷战遗留下来的同盟机制进行灵活改造，在军事干预和联合行动时首选临时性或非正式的联盟形式。

在"效果不彰"与"众口难调"之间，既往的制度工具要么不足以解决诸种形态的集体性挑战，要么难以解决集体行为的困境。因此，当代国际体系的变迁与制度工具的变迁共同造就了冷战后非正式合作的激增，而议题联盟则是其中的重要表现之一。接下来需要解决的问题是，议题联盟是怎样发挥其作用并且深刻影响冷战后国际政治的。

第三节 议题联盟对冷战后国际政治的影响

以往关于同盟或国际制度的研究基本不会孤立地分析某种合作形式对当时的国际政治有什么影响，至多可能围绕某种合作形式的国家政策与互动态势对它的国际政治影响加以说明。因为一种合作形式往往由来已久，大家不会单独用一个共时性的战略工具分析它给历时性的体系带来什么影响。正如前文已经讲到，议题联盟在历史上早已存在，但是大量不同类型的议题联盟是在冷战后大规模涌现的。由此，本节讨论的是当前议题联盟的大量出现对冷战后的国际政治产生了何种影响。

第一，议题联盟是当前国际秩序发生重大转型的产物之一，也是调适与变革当前国际秩序安排的工具之一。这种调适与变革并不是发生在 2008 年金融危机之后，其实从苏联解体与东欧剧变之后就开始了。伊肯伯里的观点是，当前国际秩序是"二战"后西方自由秩序的扩展；但是潘德提出了不同的观点，他借鉴英国学派的概念，认为由于冷战的终结、共同威胁的消失，霸权国需要与其他追随国家重新进行一次宪政性交易（Constitutional Bargain），重新确立霸权国与追随国家之间"承诺—遵从"的关系模式以及相应的秩序、规范与原则。从经验观察来看，当前国际秩序虽然仍处在伊肯伯里所言的西方自由秩序阶段，但显然西方自由秩序的领导力量、支持范围、发展模式与制度规范都受到严峻的挑战。① 这种挑战部分来自一些非西方国家的崛起与竞争。包括议题联盟在内的非正式制度是进行宪政性交易的重要平台，对于崛起国家来说，议题联盟是它们变革世界秩序的一项工具。同时，诸如澳大利亚、加拿大等国家在国际禁雷谈判、《国际刑事法院罗马规约》谈判、气候变化与传染病防治等领域中所展现出的联盟号召力，也驱使学者们呼吁中等强国依托其身份与能力组建议题联盟，推动国际公益事业的发展。② 但是另外，国际秩序面对的挑战也来自其自身的演变逻辑，没有哪一种秩序是固定不变的。原有秩序的受益者与霸权国虽然从逻辑上是原有秩序的捍卫者，但是大量的经验事实却记录了霸权国对现有国际制度与规范的规避与违背。对于霸权国来说，议题联盟不仅服务其具体的、临时的某项国家利益，也是其调适现有国际秩序的一项工具。

第二，议题联盟便利了一系列集体行为的发起，产生了一定的

---

① Christopher Layne, "This Time It's Real: The End of Unipolarity and the Pax Americana", *International Studies Quarterly*, Vol. 56, No. 1, 2012, pp. 203 – 213; Jochen Prantl, "Taming Hegemony: Informal Institutionsand the Challenge to Western Liberal Order", *The Chinese Journal of International Politics*, Vol. 7, No. 4, 2014, pp. 449 – 482. 潘德：《有效的多边主义与全球治理》，《世界经济与政治》2010 年第 6 期。

② Gareth Evans, "No Power? No Influence? Australia's Middle Power Diplomacy in the Asian Century", Charteris Lecture to the Australian Institute of International Affairs（AIIA）, New South Wales Branch, 6th June 2012; Andrew F. Cooper, *Niche Diplomacy: Middle Powers After the Cold War*, New York: Macmillan Press, St. Martin's Press, 1997；唐纲：《参与全球治理的中等强国：一项现实议题的研究》，《太平洋学报》2012 年第 8 期；戴维来：《中等强国的国际领导权问题初探》，《世界经济与政治论坛》2016 年第 2 期。

集体性产品，并且推动了一系列的制度变革。由于议题联盟的非正式性，省去了一系列官僚机构的决策过程，一些带有"少边主义"性质的集体行为可以更快速、更便利地发起。同时，更多的行为体及其利益主张在国际进程中得到关注，包括一直以来的边缘性国家借助议题联盟在国际多边场合获得更多的发言权。更多的议题进入国际议程，包括美欧就反托拉斯行为建立的工作小组与全球竞争论坛、反洗钱金融行动特别小组，防治艾滋病、肺结核与疟疾全球论坛等常态行动类议题联盟不仅保障了成员国的相关利益，而且帮助一些议题获得更多的国际关注，有助于相关的国际规范、国际制度与国际法进行相应的变革。① 就这个角度而言，议题联盟有可能在某一特定领域内缩小权力分配的不均等，缩小各类涉及国际公益的议题受关注程度的不均等。在价值判断上，议题联盟有可能促进全球治理的有效性与合法性的提升。

第三，议题联盟具有局限性。首先，议题联盟不足以取代正式的制度工具。因为缺乏制度性的奖惩机制，议题联盟松散的组织结构导致其合作的效力与凝聚力存在不确定性，其组织的目的更多的是完成某些阶段性的具体任务，一些战略性与长期性的工作仍需制度性框架来完成。小布什政府曾经掀起了临时发起的战时联盟是否会破坏北约同盟机制的讨论。② 从伊拉克战争这一个案来说，部分双边同盟关系确实受损，北约的作用受到挑战，但是并未根本性动摇同盟体制以及该体制在霸权国大战略中的支柱性地位。其次，议题联盟具有非中性。也就是说，议题联盟既有可能促进全球公益，也

---

① Eyal Benvenisti, "'Coalitions of the Willing' and the Evolution of Informal International Law", in Calliess C., Nolte G., and Stoll P. T. eds., *Coalitions of The Willing: Avantgarde of Threat?* Berlin: Carl Heymanns, 2007.

② 参见 Kurt M. Campbell, "The End of Alliances? Not So Fast", *The Washington Quarterly*, Vol. 27, No. 2, 2004, pp. 151 – 163; Rajan Menon, "The End of Alliances", *World Policy Journal*, Vol. 20, No. 2, 2003, pp. 1 – 20; Rajan Menon, *The End of Alliances*, New York: Oxford University Press, 2007。

有可能实现部分国家的私有利益。当前议题联盟的私有性问题十分突出，因为比起正式制度来说，议题联盟内的大国行动自由更加不受约束。同时，当前的一个现实是，主要的行动类议题联盟基本是由美国发起的，它必然更加符合美国而非中小国家的利益与偏好。再次，议题联盟可能造成合法性危机的悖论。之所以称之为悖论，是因为某些绕过现行多边主义机制的议题联盟没能得到国际社会的授权，但是却在形式上具有"多边"的形式特征，似乎显得很"合法"。已经有文献分析过，多边外交并不一定就等同于多边主义。[①]像伊拉克战争中的多国联军的动员与行动也是以多边形式进行的，但其本质却是单边主义的，希望以议题联盟的形式掩盖合法性的缺失。在制度外行动的议题联盟规避了制度限制，也极有可能违背现行国际法与国际规范。复次，议题联盟在丰富国际社会之利益主张的同时，可能加剧制度的复杂化与碎片化，反而导致国际共识与进程更加难以实现。[②] 若观察多哈进程以来世界贸易组织的发展便不难看出，全球自由贸易谈判进程的停滞与不同利益主张的议价联盟的滋长不无关联。

小　结

议题联盟的大量兴起与多重影响揭示了冷战后国际政治的变迁

---

① 史田一：《冷战后美国亚太多边外交中的同盟逻辑》，《当代亚太》2015 年第 2 期。

② Zelli Fariborz and Harro Van Asselt, "The Institutional Fragmentation of Global Environmental Governance: Causes, Consequences, and Responses", *Global Environmental Politics*, Vol. 13, No. 3, 2013, pp. 1 – 13; Robert O. Keohane and David G. Victor, "The Regime Complex for Climate Change", *Perspectives on Politics*, Vol. 9, No. 1, 2011, pp. 7 – 23; 李慧明：《全球气候治理制度碎片化时代的国际领导及中国的战略选择》，《当代亚太》2015 年第 4 期；庞中英：《效果不彰的多边主义和国际领导赤字——兼论中国在国际集体行动中的领导责任》，《世界经济与政治》2010 年第 6 期。

与复杂性。本章尝试从国际政治变迁与制度工具变迁两个维度，解释了冷战后议题联盟广泛兴起的根本动力。从国际政治变迁的角度来看，当今世界正在经历深刻的权力变迁，包括权力转移以及权力流散，这消除了军事上的集团对立，推动行为体多元化、议题多元化与利益分散化，导致单一领导模式越来越难以适用；全球化进程进一步提升全球相互依赖程度，促进了国家行为的"议题导向"，国家间关系日益超越传统敌友之间的明确界限，国家间互动频率上升；此外，非传统安全威胁等新兴挑战愈发突破原有的地理屏障、技术屏障与同盟屏障。从制度工具变迁角度来看，制度工具的效果不彰与共识难题为议题联盟的兴起提供了工具需求，效果不彰包括领导力不足、"搭便车"问题、滞后性问题，共识难题可能来自于利益分化、权责分布不均、规则制定不公、限制行动自由等方面。

本书认为，冷战后，议题联盟与制度工具的关系包括规避、补充、塑造与颠覆四种逻辑。议题联盟的扩散对国际政治的影响具有多重性，它是调适与变革国际秩序的工具选项，它可能便利集体行为的发起、提供公共产品与推动制度变迁；但是也有可能助长某些大国的单边主义行径、破坏联盟外国家的共同利益以及加剧国际制度碎片化等。

第 三 章

议题联盟与冷战后美国的对外战略

　　诸如加拿大、澳大利亚和部分欧盟成员国等中小国家在某些议题上成功运用议题联盟战略实现了自身的国家利益，乃至按照自身的偏好成功设置了国际议程。那么作为当今国际体系中的首强国家，美国是如何运用议题联盟战略维护自身的国家利益的？更加深入地讨论美国议题联盟行为的起源，一方面需要将美国在不同领域的议题联盟行为进行合并研究并讨论其行为轨迹、行为特征与行为方式，另一方面需要回答美国为什么比其他国家更加热衷于议题联盟行为，这个问题又具体分成了两个问题：第一个问题是议题联盟本身的组建方式与功能为何受到国际行为体的青睐？第二个问题是议题联盟这种合作形式为何特别容易受到美国这个霸权国的青睐，如果是其他国家成为霸权国是否会同样热衷组建议题联盟？解决这些问题，需要将议题联盟的特性放在美国作为霸权国的理性选择以及美国独特的行为渊源的框架中予以解答。

第一节　美国议题联盟行为的战略逻辑

　　前文提到，议题联盟能够一定程度上规避同盟困境与集体行为的困境、超越既有战略关系框架、提供合法性支持等功能优势，导致议题联盟成为许多国家对外政策工具的选项之一。但是美国相较于其他国家更加青睐于议题联盟，其原因为何？这要从美国作为霸权国的理性选择和美国独特的行为渊源来考虑。

一　霸权国家的理性选择

本书认为，霸权国家反复选择议题联盟作为政策工具的核心原因在于，选择议题联盟可以对其霸权战略进行某种"动态调适"，实现战术层面的利益最大化。霸权战略的设计是为了战略层面的利益最大化，但霸权战略框架不一定保证战术层面的利益最大化。冷战以后，美国历届政府针对各类议题、采取各种方式组建或参与议题联盟，其理性逻辑就是充分发挥议题联盟的功能性优势，在已有的霸权战略手段不便使用的情况下，实现特定议题的利益最大化。

按照美国学者伊肯伯里的说法，"二战"以来，美国通过关系和规则两种支配战略建立了全球霸权秩序。① 以关系为基础的支配是指首强国家通过与较弱的二等国家订立一系列双边协议来确立秩序，这些双边关系加在一起形成了"保护者—受保护者"的关系网络；以规则为基础的支配基于多边主义规则和制度，这些规则和制度可以在保护者与受保护者之间进行协商，首强国家享有一系列特别权利与豁免权。② 美国主导的霸权秩序推崇开放的市场、社会安全、多边主义、民主国家间的军事同盟关系、民主共同体、人权事业与美国的霸权领导。虽然伊肯伯里认为，即便在发生金融危机与权力变革的当下，美国的霸权战略也没有面临根本性的危机。③ 但是本书认

---

① ［美］约翰·伊肯伯里：《自由主义利维坦——美利坚世界秩序的起源、危机和转型》，第75页。

② ［美］约翰·伊肯伯里：《自由主义利维坦——美利坚世界秩序的起源、危机和转型》，第75—77页。

③ G. John Ikenberry, "The Future of Multilateralism: Governing the World in a Post-Hegemonic Era", *Japanese Journal of Political Science*, Vol. 16, No. 3, 2015, pp. 399 – 413; G. John Ikenberry, "The Illusion of Geopolitics: The Enduring Power of the Liberal Order", *Foreign Affairs*, Vol. 93, No. 3, 2014, pp. 80 – 90.

为，霸权战略手段可能在某些状况下不能充分保证特定议题的利益最大化，议题联盟可以成为霸权国突破霸权战略工具局限的政策选项。

第一，突破时效限制。全球霸权秩序的一系列制度与规则的安排始于"二战"结束。经过冷战期间的漫长建设，美国主导了以遏制苏联为核心的安全、政治、经贸等一系列秩序安排。然而冷战突然结束之后，一系列新兴的威胁与挑战超越了许多在冷战期间形成的制度安排，诸如前文提到的恐怖主义、大规模杀伤性武器的扩散、国际海盗、跨国犯罪、环境恶化、疾病传播、自然灾害、金融风险等。面对此类层出不穷的新挑战，传统的霸权战略工具不一定具有立刻解决问题的时效性，霸权手段的升级可能永远赶不上新兴威胁和挑战不断升级与扩散的脚步，使得全球霸权秩序面临的不确定性反而不断提高。所以，美国拥有强大的动力谋求利用特定的议题联盟快速有效地应对这些挑战。

第二，突破规则限制。在霸权战略逻辑下，美国谋求霸权秩序的制度安排，通过对各方行为的约束、降低交易成本、供给公共产品，霸权国的优势与领导得到制度成员的承认。制度规则一经建立，随着参与成员的逐渐增多、细节制定得越来越详细、容易达成的协议越来越少，国际制度变革的难度便开始越来越高，"搭便车"的现象越来越突出，国际制度逐渐呈现边际收益递减的状况，霸权国的行动自由还要受其限制。对美国来讲，完全按照美国意志打造全新制度的场景难以再度呈现，制度过剩的问题越来越严重。[1] 此外，随着美国在硬实力和软实力上的优势逐渐下降，越来越多的行为体在制度框架中的地位逐渐上升，国际制度内存在的声音越来越多，针对制度变革达成共识的难度也越来越大。在此背景下，议题联盟为

---

① Stewart Patrick, "Prix Fixe à la Carte: Avoiding False Multilateral Choices", *The Washington Quarterly*, Vol. 32, No. 4, 2009, pp. 77 – 95; 李巍：《东亚经济地区主义的终结？——制度过剩与经济整合的困境》,《当代亚太》2011 年第 4 期。

缓解美国的国际制度困境提供多种可能，它既有可能帮助美国拉拢部分国家在现有框架之外直接行动，还有可能成为美国引领一批先锋国家在国际制度内掀起改革的助推器，也有可能是美国抵制不利情形的一种工具选项。

第三，突破关系限制。"二战"结束以来，美国缔结了一个以美国为中心、以安全关系为基础的关系网络，其关系紧密程度由高至低依次包括正式盟友、非北约主要盟友、准盟友。冷战期间，这套关系网络的缔结与互动非常成功，由于存在明确的苏联威胁，并且绝大多数伙伴国家无法单独依靠自身实现安全，它们对美国的依赖程度非常高。然而这种情况正在逐渐发生变化。巴里·波森（Barry R. Posen）认为，"目前，美国从同盟关系中所获得的净收益已经远远少于冷战时期，与美国所付出的成本完全不对等"。[1] 同时，另一些盟友与伙伴的鲁莽行为给美国带来了许多麻烦，比如历届以色列政府、1998—1999 年的科索沃解放军、2008 年的格鲁吉亚政府、后复兴党时期的伊拉克历届政府，等等，它们的挑衅行为时常将美国"牵连"至美国不愿承担成本的地区冲突之中。[2] 包括北约在重大决策问题上的协商一致原则同样令美国十分不满，在美国看来，北约盟国的防务贡献与决策权限不成正比。当然，废除同盟与伙伴关系框架并不符合美国的霸权利益，相反，美国庞大的同盟与伙伴关系为不同类型的议题组建联盟提供了重要的潜在结盟对象。由此，议题联盟为美国提供了一个补充同盟机制的办法，美国可以邀请部分盟友与伙伴参与行动部署与提供合法性支持。

第四，突破任务目标。维护霸权地位是历届美国政府采取内外政策的核心，但是聚焦于哪些领域通过何种方式实现怎样的成效，不同政府的理解与偏好是不同的。例如，奥巴马政府期望通过双边

---

① ［美］巴里·波森：《克制：美国大战略的新基础》，曲丹译，社会科学文献出版社 2016 年版，第 54 页。
② ［美］巴里·波森：《克制：美国大战略的新基础》，第 56 页。

协调与多边主义的方式推动伊朗核问题的解决，推动了《伊朗核协议》的签署在其看来稳定了中东局势、推进了无核化进程、服务于战略收缩与东移的目标。特朗普政府上台后改变了对伊核问题的认知，迎合以色列与沙特等中东盟友的偏好，撕毁《伊朗核协议》并转向对伊极限施压。为了贯彻该政策思路并实现政策突破，特朗普政府使用了议题联盟的方式，包括提出"中东战略联盟"倡议与初步组建中东"护航联盟"，以突破政治上孤立、军事上威慑、安全上封锁伊朗的战术任务。由此，议题联盟为希望在某领域做出重要改变并在短期内彰显成效的领导人提供了一个政策工具。

二　美国议题联盟的行为渊源

接下来的一个问题是，如果当前的霸权国不是美国而是其他国家，它一定也会如美国一样如此热衷搞议题联盟吗？思考这个问题，我们会发现在理性选择层面之外，美国的行为渊源是其区别于他国热衷于议题联盟的另一重要原因。

从战略思维的角度来看，美国崇尚议题联盟的战略手段，直接反映了美国追求战略简洁、追求崇高使命、进行类属画线、善于规则外化、喜欢立竿见影等的战略思维。

第一，不同于同盟制度和多边主义制度追求对全球霸权秩序的长期支配，议题联盟是特定情势下针对特定议题解决具体任务的合作方式。美国战略家特别喜欢利用特定战略工具解决特定问题，并且将合作理念分解成明确的战略任务与行动步骤。由此，议题联盟充分展现了美国战略思维中的简洁性。美国人喜欢简洁明快的思维方式，将国家整体战略具体化为一项一项的任务。尤其当综合性机制难以立刻发挥效力时，美国的领导人喜欢单独就某一项议题展开联合行动，正所谓"头疼医头脚疼医脚"。例如，防扩散安全倡议将反扩散合作明确为：甄别扩散国家、扩散情报分享、国内立法支持、拦截规则制定、拦截演习与实践。再比如，关于全球海洋伙伴的重点目标，美国海军领导人总结为三个方面：情报搜集与共享、"全球舰队基地"（Global Fleet Stations）、多国海军联合协作。

第二，美国善于引领它心目中的志同道合者去塑造一个"美好世界"。在推动某项具体的任务时也喜欢召集一群志同道合的盟友，发布调门极高的宣言、口号，为不同成员分配工作任务，制定行动步骤并定期公布行动进展，极为重视阶段性进展的仪式感以及一呼百应的行动氛围。美国官方在描述防扩散安全倡议和全球海洋伙伴倡议时使用了大量颇具使命感的字眼，包括"共同的威胁""全球公域"、公共产品、"人类命运"等。议题联盟这个概念脱胎于战时联盟（Warfare Coalition）这个词组，率领一支多国联盟队伍完成某些其他人或者其他制度完成不了的任务，将极大满足美国领导世界完成重大任务的"使命感"。例如，美国时任海军作战部长迈克尔·马伦在阐述全球海洋伙伴倡议的原则时提出，"各国政府、海军以及海上力量参与符合它们共同利益的联盟行动，多数国家关心海盗、贩毒、贩卖人口和环境恶化。这些共同挑战是国家间可以彼此联结有效应对的领域……尽管全球海洋伙伴网络建设是一项长期的工程，但是必须要在短期内实现启动与突破"。①

第三，美国喜欢联合志同道合者的行为模式充分体现出美国战略思维中的"类属思维"。"类属思维使美国人喜欢跟志同道合者一起共事，并敌视志不同道不合者。所谓志同道合者，在美国人看来就是相信美国例外论，以美国为榜样分享美国价值观的国家，也就是从类属的角度来看跟美国属于同类的国家。"② 这一点在小布什政府发动反恐战争时体现得极为明显。小布什曾经声称，与美国共同反恐的就是美国的朋友，不同美国站在一起的就是美国的敌人。③ 根

---

① Mike Mullen, "Edited Remarks by Admiral Mike Mullen", RUSI Future Maritime Warfare Conference, London, December 13, 2005, http://www.navy.mil/navydata/cno/mullen/speeches/mullen051213.txt.

② 潘忠岐：《例外论与中美战略思维的差异性》，《美国研究》2017年第2期。

③ 魏宗雷：《布什这四年》，http://www.china.com.cn/chinese/2005/Jan/763505.htm，登录时间：2017年10月。

据这种"类属思维",美国喜欢就特定议题的不同立场为世界各国画线,甚至在自己的同盟体系内画线。在伊拉克战争前夕,德国与法国的反对立场就遭到了小布什政府的强烈不满;正是由于在伊拉克战争中对美国的鼎力支持,以波兰为代表的北约新成员迅速提升了与美国的战略关系,并借此从美国获得更多的援助与市场。于是,小布什与拉姆斯菲尔德根据各国在伊拉克问题上的不同立场,为欧洲画了一条线:一边是"老欧洲",另一边是"新欧洲"。

第四,美国的议题联盟行为揭示了美国的"外化思维"。"外化思维使美国例外论强调以自我为中心,积极主动地将美国模式复制到其他国家,通过把他国变成志同道合者,来塑造于己有利的形势。"① 在组建常态行动类联盟时,美国通常会先行建立一套基本的联盟行动框架,包括联盟骨干成员、行动宗旨与原则、行动规划与评估机制等内容。在基本框架搭建之后,逐渐将美国的行动标准扩展至国际社会的其他成员,最终通过这种标准"外化"的方式反过来按照美国的意愿,推动国际制度与规范的演进,实现联盟行动完全的合法化。以防扩散安全倡议为例,美国在 2003 年 6 月第一次召开联盟峰会时确立了 11 个创始国、发布了主席声明,随后美国逐渐将其制定的反扩散规则体系"外化",包括逐步纳入更多成员并最终容纳 105 个成员国,开展更多拦截演习与实践,通过与一些重要的方便旗国家签署双边登临协议拓展防扩散安全倡议的支持网络,将核心小组的规模从 11 国增加至 15 国;更加重要的是,美国通过在 G8 峰会、联合国机制在内的国际多边机制寻求反扩散网络支持,推动安理会于 2004 年 4 月 28 日通过了第 1540 号决议,呼应了美国对于当下大规模杀伤性武器扩散及其与恐怖分子结合的严重关切,禁止非国家行为体"制造、获取、拥有、开发、运输、转移或使用核生化武器及其运载工具,以及禁止企图从事上述任何活动、作为共

---

① 潘忠岐:《例外论与中美战略思维的差异性》,《美国研究》2017 年第 2 期。

犯参与这些活动、协助或资助这些活动的图谋"。① 在美国的推动下，一系列安理会决议提到了拦截手段的重要性，包括涉及伊朗核问题的第 1737 号决议、第 1747 号决议、第 1803 号决议和第 1929 号决议，以及涉及朝鲜核问题的第 1718 号决议和第 1874 号决议。国际海事组织于 2005 年 10 月重新修订了《制止危害海上航行违法行为公约》，并通过了该公约的《2005 年议定书》，禁止在海上运输大规模杀伤性武器及其相关材料、设备（核不扩散条约和国际原子能机构允许的情况下除外）；同时允许在取得船旗国同意的情况下，对疑似运输扩散材料的船只进行登临检查。2010 年 9 月 10 日，《制止与国际民用航空有关的非法行为的公约》（简称"北京公约"）宣布利用航空器运输大规模杀伤性武器及其相关材料属于违法犯罪行为，客观上支持了防扩散安全倡议打击空中大规模杀伤性武器扩散的安排。

第五，议题联盟还能够帮助美国领导人在某项任务中迅速收获初始成果。因为议题联盟的组建成本要比制度构建和改革低得多，只要美国决策层下定了决心，总能召集一些盟友进行联合行动。这反映了美国战略思维中的"结果导向"思维，一旦美国决定要做的事情，一定要在短期内看见成效。例如，从"小山号"事件爆发到小布什总统宣布建立防扩散安全倡议只有 6 个月的时间；2003 年 5 月的克拉科夫演讲之后，联盟各国在两个月内就规划了第一次多国联合拦截演习，5 个月内召开了 4 次会议，基本完成了框架构建，行动效率非常高。另外，如果因为某些因素导致议题联盟组建成本过高，美国无法短期内获得成效，那么该议题联盟倡议可能很容易被美国领导人自己否决或搁置，代之以新的政策工具。比如，美国海军作战部长迈克尔·马伦在 2005 年提出全球海洋伙伴倡议（即"千

---

① 《安理会第 1540（2004）号决议》，http：//www. un. org/ga/search/view_ doc. asp? Symbol = S/RES/1540% 20（2004）&referer = /english/&Lang = C，登录时间：2017 年 10 月。

舰海军"）没有迅速制定可行方案和实现国际动员时，美国官方在
2007 年出现了政策转向，迅速抛弃了这一设想。再比如，特朗普政
府在 2017 年提出与海合会六国、埃及和约旦建立安全与政治联
盟——"中东战略联盟"共同遏制伊朗地区影响力，由于各方立场
差异较大，美国未能迅速推动该联盟有实质性进展，特朗普政府迅
速搁置了该联盟的构建，转而从商业护航、海上威慑的角度打造中
东"护航联盟"，继续服务于美国遏制伊朗的目的。

　　从战略文化的角度来看，美国的议题联盟行为在更深层次上来
源于美国战略文化中的二元对立的世界观、例外主义的身份观与实
用主义的途径观。

　　首先，在世界观方面，美国人继承的是西方哲学中的理性主义
传统，认为自然界的事物之间有着明确的区隔界限，人与自然之间、
人与人之间、国家与国家之间存在着强烈的二元对立。受到古希腊
哲学的影响，西方哲学产生了强烈的"本质主义"倾向，建构了主
体与客体二元对立的理论。这种世界观经过黑格尔的发展发扬光大，
他认为世界是二元对立的，人与人的关系充分遵循彼此相互冲突的
原则。美国早期的历史学家也受到这种世界观的影响，认为美国边
疆的扩张史就是一部文明与野蛮的冲突史。塞缪尔·亨廷顿指出，
"从一开始，美国人就是按照一个不受欢迎的'他者'建构属于自
己的个人信条的。美国的对手常被称为自由的敌人。在独立时期，
美国人不能在文化上把他们同英国区分开来，就在政治上进行区
分……托马斯·杰斐逊将美国同旧欧洲大陆对立起来，称美国是
'自由的帝国'，欧洲旧世界则是暴政与压迫的代表"。[①] 在二元对立
的世界观指引之下，美国人特别喜欢区分善恶，划分共同体与"他
者"的身份区隔，注重寻找对手，甚至主动塑造对手。这构成美国
利用议题联盟将在该议题上有不同立场的国家进行划分，区分盟友

---

① Samuel P. Huntington, "The Erosion of American National Interest", *Foreign Affairs*, Vol. 76, No. 5, 1997, p. 30.

与"他者"的重要根源。

其次，在身份观上，美国坚信自己是例外的，具有崇高的使命感，可以为了正义的目的不受任何道德与法律的约束。美国"例外论"根植于美国从殖民地独立以来迥异于笼罩欧洲世界的封建割据、君主专制、王朝战争、社会革命等的历史经验，美国认为自己是一座"山巅之城"，享有比任何国家都要多的宗教自由和公民自由，认为自己的生活方式、道德水准、政治制度都优越于其他国家。美国"例外论"主张美国应有强烈的使命感去把美国优秀的制度、文明、宗教、理念传播到世界各地。为了正义使命的达成，美国可以通过自身的榜样力量，也可以通过单独或集体的干预手段实现目标。同时，美国"例外论"主张，在实现正义的过程中，美国的行为可以免受国际制度与规则的限制。比如美国在 2003 年 3 月绕过联合国安理会，召集多国联军进攻伊拉克；破坏自己主张的公海航行自由原则组建防扩散安全倡议进行公海拦截。因为美国是"例外"的，各项规则束缚美国手脚成为美国的一项战略禁忌，议题联盟无疑成为一个可以摆脱战略禁忌的工具。

再次，在实现目标的途径上，美国崇尚实用主义。实用主义同样植根于美国的早期历史。早期移民大多是清教徒，坚信"上帝选民"的标准不在于对宗教教义的机械理解与某些超自然的感召活动，而在于人们在此岸世界如何表现，最重要的指标便是人们掌握多少物质财富。同时，早期移民在西部边疆的开发过程中直面生活的艰辛，自然养成了急功近利的心态。作为指导战略途径与手段的思维方式，美国在战略目标的选择上具有强烈的功利性；在战略手段的选择上讲究灵活性；在战略方针上具有多变性；在战略伙伴的选择上具有针对性；在战略实施过程中善于及时作出妥协与调整。① 而在实用主义精神的指导下，美国比较善于把握时机，灵活选择特定议题的应对手段，适时发起或者参与议题联盟。

---

① 赵景芳：《美国战略文化研究》，时事出版社 2009 年版，第 94—96 页。

第二节　冷战后美国的议题联盟行为

美国长期以来就有组建"议题联盟"实现战略与战术意图的传统，包括"二战"期间缔结反法西斯统一战线。冷战结束之后，美国的议题联盟行为不仅在数量上增加，其联盟类型和议题领域也开始增加，成为其对外政策行为的一大突出特点（如表 3 - 1 所示）。

表 3 - 1　　　　　冷战后美国知名"议题联盟"行为与倡议

类型 时期	快速反应	常态行动	议价博弈
克林顿政府	干预索马里多国联军、干预海地多国联军、"沙漠之弧行动"美英联军		"渔业之友"（WTO 谈判）、阻滞集团（国际禁雷谈判）、"伞形集团"（气候变化谈判）
小布什政府	阿富汗战争多国联军、伊拉克战争多国联军	联合特遣舰队、防扩散安全倡议、区域海洋安全倡议、全球海洋伙伴倡议、亚太清洁发展与气候伙伴关系、主要经济体能源与气候论坛、全球甲烷倡议、主要经济体能源安全与气候变化会议、气候适应伙伴关系、削减短期污染气候与清洁空气联盟	"雄心之友"、联合提案集团（WTO 谈判）
奥巴马政府	利比亚战争多国联军、打击 ISIS 多国联军		"雄心壮志联盟"（气候变化谈判）
特朗普政府	美、英、法对叙利亚的联合空袭；联合 23 个西方国家驱逐俄罗斯外交官	中东战略联盟倡议、中东"护航联盟"、美日欧联合推动 WTO 改革、封锁中国 5G 标准的联盟倡议、"南海自由航行"联盟倡议	

资料来源：作者自制。

一 快速反应

针对重大危机迅速组建的联盟，以战时联盟与联合军事行动最为突出。反法西斯联盟是美国参加的一次比较典型的危机反应式联合作战行动。在冷战的铁幕落下之际，反法西斯联盟也正式宣告瓦解。冷战期间，美国在朝鲜战争和越南战争中分别组建了"联合国军"和反共联盟。"联合国军"在朝鲜战争的初期主要由美国、英国、澳大利亚、土耳其和菲律宾的军队组成，美军构成总兵力的绝大多数，英国派出了7000人的步兵旅，土耳其也派出了6000人的作战部队；在1950年中国人民志愿军入朝作战之后，加拿大、新西兰、法国、泰国、希腊、荷兰、比利时、卢森堡、哥伦比亚、埃塞俄比亚等国家也纷纷响应美国的号召派出作战部队，"联合国军"的兵力达到近30万人；印度、丹麦、意大利、挪威、瑞典5国还派出医疗与后勤部队从事战场救援，为"联合国军"提供后方保障。[①]越南战争中，除美国和南越以外，韩国、澳大利亚、新西兰、泰国、菲律宾也派出大量作战部队，前后超过40万人次；其中韩国从1965年至1973年总共出动32万人次，在1968年达到了5万人的峰值，是美国阵营中贡献最多的盟友。加拿大提供了价值超过25亿美元的战争物资，巴西也提供了部分医疗救援团队和战争物资。[②]

在冷战即将结束之际，伊拉克的萨达姆政权对科威特的入侵遭到了绝大多数海湾国家乃至整个国际社会的强烈谴责，威胁美国在中东的地缘政治利益、石油利益、盟友的安全（尤其是沙特阿拉伯），老布什政府迅速进行外交动员与军力部署，组建了包括英国、法国、德国、加拿大等部分传统盟国以及沙特阿拉伯、叙利亚、卡塔尔、阿联酋等中东友邦在内的反伊多国联盟，于1990年8月7日

---

① 齐伟：《美国与朝鲜战争中的联合国军研究》，硕士学位论文，山东师范大学，2011年，第23页。

② "Vietnam War Allied Troop Levels 1960 – 73", http://www. americanwarlibrary. com/vietnam/vwatl. htm.

发动"沙漠盾牌"行动，向海湾地区派驻大规模的军事力量。至1991年1月中旬，包括67万人、1800架战斗机、3500辆坦克在内的多国部队集结在海湾地区。① 在萨达姆拒绝执行安理会第678号决议之后，由美国领导的多国联军于1991年1月17日发起代号为"沙漠风暴"的武装行动，海湾战争正式爆发。此次多国联军的规模较为庞大，30多个国家参与了联合行动，近50多个国家提供了人力、物力与财力支持；盟友提供了超过20万人的作战部队、60多艘军舰、750架飞机和1200辆坦克，占整个联军人数和装备的三分之一；在610亿美元的全部军事开支中，盟友贡献了540亿美元，其中大部分由海湾国家承担，日本和德国也贡献良多。② 这次联军的成员范围很广，基本涵盖了美国传统盟国中的绝大多数以及除以色列以外的所有海湾大国，不仅扩大了联军的力量规模，方便联合军事部署、物资运输与情报交换，更加提升了海湾战争的合法性。③ 2月26日，萨达姆接受停火要求，各方在28日达成停战协议。美国在海湾战争中取得了全面胜利，不仅要归功于美军强大的现代化作战能力，更要归功于美国围绕多国联盟的组建与行动所做的一系列工作，包括盟军的召集、前方基地的部署、联盟内部的分工、对联盟外大国的争取以及为安理会授权做出的外交努力。

苏联解体后，美国首次组建的行动联盟是为了介入1992年索马里的人道主义危机。1991年初，索马里爆发内战，大约30万人在内战和饥荒中丧生。联合国通过积极的斡旋、武器禁运、派出军事观察员、与国际红十字会合作等方式介入危机，但收效甚微。④ 1992年

---

① 韩庆娜：《武力与霸权：冷战后美国对外军事行动》，人民出版社2014年版，第140页。

② 韩庆娜：《武力与霸权：冷战后美国对外军事行动》，148页。

③ Sarah E. Kreps, *Coalitions of Convenience：United States Military Interventions after the Cold War*, Oxford：Oxford University Press, 2011, p. 19.

④ 孙恪勤、李绍先：《索马里危机与国际社会的干预》，《世界经济与政治》1994年第7期。

11 月下旬，美国政府建议联合国授权一支多国部队介入危机，美国愿意提供地面部队并担任联军领导。12 月 3 日，安理会正式通过了向索马里派遣救援部队的第 794 号决议，美国、法国、英国、日本、加拿大、摩洛哥、土耳其等国家纷纷响应。12 月 9 日，联合国授权美国为首的多国部队在索马里开展"恢复希望"行动。美国先期部署三艘军舰和 1800 名海军陆战队士兵，并且逐步增援 26 万人；法国派遣 2000 名士兵；英国出动了大量运输机；日本提供了 2700 万美元的援助；加拿大派遣 900 名士兵参与行动；摩洛哥、土耳其、突尼斯、埃及、津巴布韦等国家也参与了联合干预行动。① "恢复希望"行动一度进展顺利，但是多国干预的性质却逐渐从人道主义救援、调解各派冲突转向"解除各派军阀武装、参与索马里政治结构的重建"。② 1993 年 5 月，联合国维和部队开始取代多国部队，军事指挥权从美国移交至联合国，美国兵力开始削减。10 月，震惊世界的"黑鹰坠落"事件重创美军，新上台的克林顿总统决定撤军，索马里局势开始转向联合国主导下的多方政治对话。在索马里的行动虎头蛇尾之后，克林顿政府又通过多国联军对海地进行干预。1991 年，海地军事强人拉乌尔·塞德拉斯（Raoul Cédras）发动政变，推翻了民选总统让·贝特朗·阿里斯蒂德（Jean-Bertrand Aristide）。联合国安理会在实行了石油、武器禁运与贸易禁令之后，于 1994 年 7 月授权各成员国成立一支多国部队，采取"一切必要的措施"，在海地恢复民主统治。③ 在美国的积极号召下，一支包括 20 多个国家、15 万人的多国部队旋即成立。9 月 18 日，在强大的联军压力之下，海地军方与美国达成《太子港协议》，军政府随即放弃权力，流亡在外的阿里斯蒂德回国任职，多国部队从 19 日开始和平进驻海地。在局势稳定之后，联合国派遣由 6000 名官兵组成的维和部队接管美国

---

① 李绍先、良福：《多国部队开进索马里》，《世界知识》1993 年第 1 期。

② 孙恪勤、李绍先：《索马里危机与国际社会的干预》，第 61 页。

③ http：//www.un.org/chinese/peace/issue/haiti.htm.

主导的多国部队，帮助海地维护社会治安、培训警察力量。1996 年
4 月，美国领导的多国部队全部撤出海地。

　　小布什政府时期，美国的联军行动达到了顶峰。2001 年"9·11"
事件爆发之后，美国迅速将本·拉登领导的基地组织和为其提供庇
护的阿富汗塔利班政权视作头号敌人。北约第一时间宣布启动《北
大西洋公约》第五条——集体防卫原则——对美国进行军事支援。
然而美国却拒绝了北约的支持，转而组建了一支以美国为首的、以
个别盟国为骨干、包括部分传统盟友与友好国家的反恐联盟。美国
国防部副部长保罗·沃尔福威茨（Paul Wolfowitz）指出，美国不依
靠北约机制，不单独依靠欧洲盟友，而是依靠全世界愿意向美国提
供支持的国家。① 小布什政府认为科索沃战争已经充分显露北约战时
指挥体制笨重不堪，北约成员集体协商机制不利于把握战机与维持
美国的行动自由。② 在安理会第 1368 号决议和第 1373 号决议的授权
下，美国组建了庞大的全球反恐联盟，于 10 月 7 日发起了代号为
"持久自由"的军事行动，对阿富汗塔利班分子的基地、训练营地展
开攻击，试图抓捕恐怖分子领导人，并遏制阿富汗境内的恐怖主义
行动。③ 参加第一波攻击行动的武装力量来自美国、英国以及阿富汗
境内的反塔利班武装联盟——北方联盟。2001 年 11 月，联合国安理
会建立了国际安全援助部队（International Security Assistance Force,
ISAF），一大批支持反恐战争并付诸行动的国家逐步参与进来，其主
要任务是保卫喀布尔及周边地区的安全，训练阿富汗国家安全力量，

---

① Nigel R. Thalakada, *Unipolarityand the Evolution of America's Cold War Alliances*, Basingstoke：Palgrave Macmillan, 2012, p. 31.

② Stewart Patrick, "'The Mission Determines the Coalition'：The United States and Multilateral Cooperation after 9/11", in Martin S. Indyk and Bruce Jones eds., *Cooperating for Peace and Security：Evolving Institutions and Arrangements in a Context of Changing US Security Policy*, Cambridge：Cambridge University Press, 2010, pp. 20 – 44.

③ The White House, "President Addresses Joint Session of Congress", September 20, 2001, https：//georgewbush-whitehouse. archives. gov/news/releases/2001/09/20010920 – 8. html.

帮助阿富汗重建政府机构，参加部分对塔利班分子的攻击行动。2003 年 8 月，北约从联合国安理会手中接过 ISAF 的指挥权。特别需要指出的是，在阿富汗的联军一直存在"持久自由行动"和 ISAF 两套相互独立但彼此支持的行动体系。① "持久自由行动"的骨干力量只有美国与英国，在具体战术行动中可能召集个别国家支持，比如加拿大、澳大利亚、法国、意大利、日本、丹麦为英美两国的攻击行动提供过从联合作战到外围警戒、情报分享、后勤保障、医疗救助等不同程度的支持。而在 2003 年 8 月之后，国际安全援助部队主要由北约发挥指挥与管理作用，参与的国家众多。此外，美国还在更广泛的意义上争取政治、外交和财力方面的支持②，使整个阿富汗战争行动形成一套从核心力量到外部支持都相对完善的复杂网络。

表 3 - 2 　　　　　　　**曾经参与 ISAF 的国家名单**

北约成员国	阿尔巴尼亚、比利时、保加利亚、加拿大、克罗地亚、捷克、丹麦、爱沙尼亚、法国、德国、希腊、匈牙利、冰岛、意大利、拉脱维亚、立陶宛、卢森堡、荷兰、挪威、波兰、葡萄牙、罗马尼亚、斯洛伐克、斯洛文尼亚、西班牙、土耳其、英国、美国
欧洲—大西洋伙伴委员会成员	**亚美尼亚、奥地利、阿塞拜疆、波斯尼亚和黑塞哥维那、芬兰、格鲁吉亚、爱尔兰、马其顿、黑山、瑞士、瑞典、乌克兰**
其他伙伴国	澳大利亚、巴林、萨尔瓦多、约旦、**马来西亚**、新西兰、**蒙古国**、新加坡、韩国、**汤加**、阿联酋

资料来源：http：//wwwstatemastercom/encyclopedia/International_ Security_ Assistance_ Force，登录时间：2016 年 7 月。黑体标示的国家不是美国的盟国。

　　小布什政府发起的另一支多国联军组建于 2003 年 3 月的伊拉克战争。由于长期的制裁与武器核查，美伊关系一直高度紧张。"9·11"事件后，小布什政府将恐怖主义、大规模杀伤性武器扩散以及"无赖

---

① 　Sten Rynning, "Coalitions, Institutions and Big Tents：The New Strategic Reality of Armed Intervention", *International Affairs*, Vol. 89, No. 1, 2013, pp. 53 - 68.

② 　阮宗泽：《反恐联盟及其面临的挑战》，《国际问题研究》2002 年第 3 期。

国家"视作美国国家安全的主要威胁。① 面对三种威胁联合的可能，小布什政府宣称不惜发动预防性战争。② 小布什总统在 2002 年的《国情咨文》中将伊拉克、伊朗、朝鲜并称为"邪恶轴心"，认为它们严重威胁美国安全。③ 在这种威胁观下，小布什政府宣称伊拉克拥有和发展大规模杀伤性武器，并且向恐怖分子提供支持④，对伊拉克发动"先发制人"的军事打击被提上日程。然而，国际社会在"倒萨"问题上出现了三个层次的分裂：美国与欧洲国家特别是与法国、德国、比利时、奥地利、卢森堡、希腊等国家的分裂；以西欧代表的"老欧洲"和以中东欧为代表的"新欧洲"之间的分裂；联合国安理会在武力"倒萨"合法性上的分裂。⑤ 同时，副总统切尼 2002年 3 月在中东地区的穿梭外交未能成功说服中东国家集体加入"倒萨"联盟，海湾六国之中只有科威特第一时间表态支持。美国在战前做了一系列工作，包括要求北约提供支持、积极争取联合国安理会的授权以及游说中东国家提供基地与协助。当这些工作纷纷无效之后，美国决意组建"倒萨"联盟。国务卿鲍威尔开战之前表示美国获得了 45 个国家的支持，其中 15 个国家因种种原因没有正式公开表态。⑥ 2003 年 3 月 19 日，美国发起了代号为"自由伊拉克"的空袭行动，伊拉克战争爆发。3 月 21 日公布的新闻稿显示，小布什

① The White House, "The National Security Strategy of the United States of America", September 2002, https: //www. state. gov/documents/organization/63562. pdf; The White House, "National Strategy to Combat Weapons of Mass Destruction", December 2002, https: //fas. org/irp/offdocs/nspd/nspd-17. html.

② 罗峰：《美国预防性战争的逻辑——基于伊拉克战争的考察》，《世界经济与政治》2010 年第 9 期。

③ The White House, "President Delivers State of the Union Address", January 29, 2002, https: //georgewbush-whitehouse. archives. gov/news/releases/2002/01/20020129 – 11. html.

④ 韩庆娜：《武力与霸权：冷战后美国对外军事行动》，第 176 页。

⑤ 赵伟明、孙德刚：《美国准联盟战略初探——以伊拉克统一战线为例》，《西亚非洲》2005 年第 5 期。

⑥ 赵伟明、孙德刚：《美国准联盟战略初探——以伊拉克统一战线为例》。

总统宣称有 48 个国家加入联盟，联盟成员"清楚萨达姆·侯赛因所持有的武器对世界的威胁以及他的政府对伊拉克人民的压迫"；27日，美国政府的新闻稿宣称，"倒萨"联盟有 49 个国家，汤加是最新加入的成员。① 为显示联盟的强大与合法性，美国政府指出"倒萨"联盟成员国"接近 12.3 亿人口，接近 22 万亿美元的 GDP，代表世界主要种族、宗教与族群，涵盖地球上所有的大洲"。② 联盟的贡献主要是在战争初期，在第一轮军事攻击中联军总共集结了 30 多万人的军队，美军出动了约 241000 人，英军出动 41000 人，澳大利亚出动 2000 人，波兰派遣了约 200 人的特种部队③，其他国家主要提供基地、后勤、情报、警戒等作战支持。整个伊拉克战争中，盟友事实上并未帮助美国分担太多的军事与财政成本，真正提供武装与后勤支持的国家只有 20 几个。在攻克巴格达之后，漫长的战后重建与政局动荡极大地消耗了美国的战略精力与资源，其他联盟成员纷纷退出，发动伊拉克战争已被公认为是美国一项严重的战略失误。

表 3-3　　　　　　　　2003 年"倒萨"联盟成员名单

阿富汗	爱沙尼亚	密克罗尼西亚	所罗门群岛	汤加
阿尔巴尼亚	埃塞俄比亚	蒙古国	菲律宾	土耳其
安哥拉	格鲁吉亚	荷兰	波兰	乌克兰
澳大利亚	洪都拉斯	尼加拉瓜	葡萄牙	帕劳
阿塞拜疆	匈牙利	西班牙	罗马尼亚	乌干达
保加利亚	冰岛	韩国	卢旺达	多米尼加

---

① The White House, "Who are the Current Coalition Members?" March 27, 2003, https://georgewbush-whitehouse.archives.gov/news/releases/2003/03/20030327-10.html.

② The White House, "Who are the Current Coalition Members?" March 27, 2003, https://georgewbush-whitehouse.archives.gov/news/releases/2003/03/20030327-10.html. 刘丰：《联合阵线与美国军事干涉》，《国际安全研究》2013 年第 6 期。

③ 韩庆娜：《武力与霸权：冷战后美国对外军事行动》，第 183 页。

续表

哥伦比亚	意大利	巴拿马	**新加坡**	立陶宛
哥斯达黎加	日本	萨尔瓦多	**厄立特里亚**	英国
捷克	科威特	**马绍尔群岛**	斯洛伐克	美国
丹麦	拉脱维亚	**乌兹别克斯坦**	**马其顿**	

资料来源：The White House，"Who Are the Current Coalition Members?" March 27，2003，https：//georgewbush-whitehousearchivesgov/news/releases/2003/03/20030327 - 10html，登录时间：2016 年 8 月。黑体标示的不是美国的盟国。

　　奥巴马政府上台后，也发动过两次多国联盟行动。第一次是 2011 年利比亚战争期间的"奥德赛黎明"行动。在"阿拉伯之春"和利比亚爆发反政府示威的背景下，卡扎菲政府于 2011 年 2 月份采取了一系列强硬手段镇压抗议示威，从而引发内战与人道主义危机。联合国安理会在 2 月 26 日通过了第 1970 号决议，对卡扎菲政府实行制裁、武器禁运等措施，对卡扎菲疑似犯下的反人类罪责移交国际刑事法院审判。3 月 17 日，安理会通过第 1973 号决议，授权成员国"采取一些必要措施"、在利比亚设立"禁飞区"。3 月 19 日，以美国、法国、英国为主导的多国联军对利比亚发动代号为"奥德赛黎明"的袭击行动，西方国家对利比亚的军事干预正式开始。"奥德赛黎明"作为整个战争的第一阶段持续到 3 月 31 日，多国联军以美、法、英为主力，并得到了西班牙、加拿大、意大利、比利时、丹麦、挪威、阿联酋和卡塔尔的支援；第二阶段从 4 月 1 日持续到 10 月 31 日，北约正式接管了多国联军，并发起了代号为"联合保护"的军事行动，联盟成员达到 19 个。[①] 之所以先成立多国联军再将其指挥权移交给北约，首要原因是美国的思路改变了。推翻卡扎菲政权符合美国一贯的地缘政治利益与意识形态主张，但是美国经

---

　　① 包括法国、英国、美国、意大利、加拿大、丹麦、荷兰、挪威、西班牙、瑞典、希腊、克罗地亚、比利时、罗马尼亚、保加利亚、土耳其、卡塔尔、约旦和阿联酋。

历阿富汗战争和伊拉克战争之后无力承担过多义务，再加上国内政治关于是否应当动武存在争议，导致美国既不愿意分摊太多军事成本，也不愿意承担过多的领导责任，主张在第一波袭击之后尽快移交北约指挥。另一个原因是欧洲国家之间也存在分歧。德国明确反对用武力手段解决利比亚危机，意大利起初也表示反对，众多中东欧国家不予表态。在力主武装干预的国家中也存在不同的声音，法国一直主张以意愿联盟的形式开展军事行动，英国以及众多北约国家力主在北约框架内展开行动。① 所以，先通过意愿联盟开展行动再争取北约的介入是潜在联盟成员之间的最大公约数。从联盟关系的角度看，利比亚战争开启了一种新的模式，即意愿联盟与传统的同盟机制（北约）之间的关系较为顺畅，而不像伊拉克战争中表现出来的相互冲突。正如北约秘书长拉斯穆森（Anders Fogh Rasmussen）所言，利比亚战争重新体现了北约机制的能力与价值。②

　　奥巴马政府发起的另一项意愿联盟是组织各国力量打击"伊斯兰国"（ISIS）的全球反恐联盟。2014 年 6 月以来，"伊斯兰国"异军突起，占领伊拉克和叙利亚的大片土地，广泛吸纳全球极端分子，制造了一系列恐怖主义袭击事件。奥巴马逐渐调整第一任期的反恐政策，以构建一个广泛的、综合的国际反恐联盟作为应对"伊斯兰国"挑战的重要方式。③ 2014 年 9 月 11 日，经过一系列的游说工作，美国与沙特、埃及、伊拉克、阿联酋、卡塔尔、巴林、约旦、科威特、黎巴嫩、阿曼 10 个阿拉伯国家发布联合公报，宣布共同打击"伊斯兰国"。9 月 19 日，美国国务院正式公布了全球反恐联盟

---

① 参见吴弦《欧盟国家利比亚军事干预解析》，《欧洲研究》2012 年第 2 期；李晨：《利比亚战争中美国与欧洲军事力量的运用》，《国际政治研究》2014 年第 1 期。

② Anders Fogh Rasmussen, "NATO After Libya: The Atlantic Alliance in Austere Times", *Foreign Affairs*, Vol. 90, No. 4, 2011, pp. 2 – 6.

③ The White House, "Statement by the President on ISIL", September 10, 2014, https://obamawhitehouse. archives. gov/the-press-office/2014/09/10/statement-president-isil-1.

的成员名单，包括50多个国家和地区组织，并且随着局势的发展，联盟成员不断增多。此次联盟行动有一系列突出特点。第一，此次反恐联盟不同于小布什时期的反恐联盟，强调综合采用军事、政治、经济、外交等手段①，并且谨慎使用武力，采取有限行动。鉴于之前的战略透支，奥巴马政府拒绝派遣地面部队。第二，联盟成员具有较大的包容性。此次联盟组建过程中，美国花费了较大的力气在阿拉伯国家间进行游说，强调它们在打击"伊斯兰国"中负有的职责，并且争取土耳其加入反恐联盟。第三，联盟内部具有层次性。联盟以美国为中心，核心层是联盟中的前线国家，即阿拉伯十国，承担恐怖袭击的风险并直接负责对恐怖分子展开一系列行动任务；紧密层是"联盟中处于辅助地位并承担部分军事作战和援助任务的国家"，以美国的部分北约盟国为代表；拓展层的成员在联盟体系中扮演行动的边缘性角色，恐怖主义对它们的威胁程度较低，它们的贡献也较为有限，比如日本、韩国、新西兰等国家。② 反恐联盟的建立取得了一定的成效，"伊斯兰国"的控制范围逐渐缩小，但是针对世界各地的恐怖主义袭击仍层出不穷。

表3-4　打击"伊斯兰国"的全球反恐联盟成员名单（2014年9月19日）

阿尔巴尼亚	**塞浦路斯**	爱尔兰	**马其顿**	韩国
阿盟	捷克	**伊拉克**	黑山	罗马尼亚
澳大利亚	丹麦	意大利	摩尔多瓦	**沙特阿拉伯**
奥地利	埃及	日本	摩洛哥	**塞尔维亚**
巴林	爱沙尼亚	约旦	北约	斯洛文尼亚

① Jack Keane and Danielle Pletka, "An American-Led Coalition Can Defeat ISIS", *The Wall Street Journal*, Aug. 24, 2014.

② 杨荣国、张新平：《奥巴马政府国际反恐联盟评析》，《和平与发展》2015年第2期。

续表

比利时	欧盟	科索沃	荷兰	斯洛伐克
保加利亚	**芬兰**	科威特	新西兰	西班牙
加拿大	法国	拉脱维亚	挪威	**瑞典**
克罗地亚	德国	黎巴嫩	**阿曼**	土耳其
卡塔尔	希腊	立陶宛	波兰	**乌克兰**
英国	匈牙利	卢森堡	葡萄牙	**阿联酋**

资料来源：Department of State, "Building International Support to Counter ISIL", September 19, 2014, 登录时间：2017 年 10 月。黑体标示的国家不是美国的盟国。

二　常态行动

成立于 1989 年的反洗钱金融行动特别工作组（Financial Action Task Force on Money Laundering, FATF）是美国建立议题联盟开展常态化合作与行动的早期尝试。特别工作组的组建思路，就是以美国的反洗钱工作标准为蓝本，建立全球性打击洗钱犯罪的标准并且联合其他国家的金融监管部门打击跨国洗钱犯罪、维护全球金融体系安全。自 20 世纪 70 年代以来，美国通过《银行保密法》《洗钱控制法》《阿农齐奥—怀利反洗钱法令》《禁止洗钱令》《2001 年美国爱国者法案》等法律文件，逐渐建立了反洗钱国内法律体系，构筑了以金融犯罪执法网络（Financial Crimes Enforcement Network, FinCEN）为核心的反洗钱情报监管机构，搭建了以财政部为首、多家政府机构协同治理的组织框架。① 为了将洗钱议题纳入全球议程，美国尝试过双边方式、G10 框架与联合国框架建立全球反洗钱监管体系，但都未成功。② 原有合作方式要么没有专门的反洗钱职能，要么难以达成反洗钱标准的共识。时任总统老布什决定在 1989 年 7 月的

---

① Bonnie Buchanan, "Money Laundering—a Global Obstacle", *Research in International Business and Finance*, Vol. 18, No. 1, 2004, pp. 115 – 127；叶涛：《美国反洗钱机制及其启示》，《经济研究参考》2006 年第 27 期。

② 王倩：《美国权力与全球反洗钱治理：以菲律宾为例》，硕士学位论文，上海外国语大学，2014 年。

G7 峰会上建立反洗钱金融行动特别工作组，以 G7 国家为骨干，包括欧共体成员国和其他国家，共 16 个创始成员。[①] 特别工作组最重要的效力在于其制定的反洗钱 40 项建议和反恐融资 9 项特别建议。只有接受了"40 + 9 项建议"，才能成为工作组的成员。根据这些标准，成员就反洗钱工作进行自我评估与相互评估，同时成立专家工作小组评估各国的反洗钱工作状况，对达不到标准的成员发出警告甚至终止成员资格，比如在 1999 年对奥地利金融机构的警告；对疑似存在洗钱问题的非成员国实行黑名单制度，提醒成员金融机构同黑名单国家的金融机构合作时可能存在的风险。[②] 目前，该组织有 37 个成员，并与欧亚反洗钱与反恐融资工作组在内的一系列地区金融监管工作组构成了密集的行动网络，共同打击跨国性的反洗钱犯罪行为。

表 3 - 5　　　　　反洗钱金融行动特别工作组成员名单

阿根廷	**欧洲委员会**	新西兰	**瑞典**
澳大利亚	意大利	挪威	**瑞士**
奥地利	日本	葡萄牙	土耳其
比利时	韩国	**俄罗斯**	英国
巴西	卢森堡	**新加坡**	美国
加拿大	**马来西亚**	**南非**	西班牙
中国	墨西哥	荷兰	**丹麦**

资料来源："FATF Members and Observers"，http：//wwwfatf-gafiorg/about/membersandobservers/，登录时间：2016 年 8 月。黑体标示的不是美国的盟国。

　　小布什政府构想与创建了一系列常态化行动的议题联盟，首先发起组建了多个联合特遣舰队（Combined Task Force，CTF），这是由多国舰队联合执行打击海盗、打击恐怖主义等任务以保障民用海事交通

[①] 参见 FATF 官方网站，http：//www. fatf-gafi. org/about/，登录时间：2017 年 1 月。
[②] 王倩：《美国权力与全球反洗钱治理：以菲律宾为例》，第 21—22 页。

与国际海洋通道安全的行动联盟，包括第 150 联合特遣舰队、第 151 联合特遣舰队、第 152 联合特遣舰队。第 150 联合特遣舰队成立于 2002 年 2 月，由 25 个成员国的海军舰艇组成，在巴林和非洲之角设立基地，主要活动区域覆盖红海、阿拉伯海、阿曼湾、亚丁湾、部分印度洋海域，负责对可疑船只进行监视、拦截、登船检查与扣押以打击恐怖主义与海盗活动。这些成员国既有美国的同盟国家，比如加拿大、丹麦、法国、日本、德国、英国、泰国，也有美国的非同盟伙伴，比如印度、马来西亚、新加坡等。2004 年 3 月，第 152 联合特遣舰队成立，由美国、英国、澳大利亚、意大利与众多海湾地区国家组成，该舰队在海湾地区从事海洋安全保障活动，部分参加了伊拉克战争中的"持久自由"行动。2006—2008 年，第 150 联合特遣舰队逐渐加强了对索马里海盗的打击，取得了不错的战果。第 150 联合舰队存续时间长达 6 年，随着索马里地区的海盗活动愈演愈烈，美国于 2009 年组建了第 151 联合特遣舰队专门从事反海盗行动。在此类联合行动中，联盟成员具有共同的原则与目标，并且彼此行动保持协同，但是指挥结构较为简单，舰队规模与构成可以随时调整；多数情况下，联合特遣舰队的指挥权每 3—6 个月在成员国之间轮换，但需要与美国中央美军司令部所辖的第五舰队保持协同。

　　小布什政府期间最突出的一项努力就是提出了"防扩散安全倡议"，组建全球反扩散联盟。长期以来，美国连同世界各国构筑了以《不扩散核武器条约》为核心的防扩散体系。然而冷战结束之后尤其是"9·11"事件之后，大规模杀伤性武器及其运载工具的进一步扩散迫使美国重新调整不扩散政策。小布什政府更是将恐怖主义、大规模杀伤性武器扩散和"无赖国家"的结合视作新阶段美国面临的最严重的威胁。2002 年 12 月，美国政府发布《抗击大规模杀伤性武器的国家战略》指出，针对上述威胁的严峻挑战，必须采取全面的战略手段，尤其突出将被动的"防扩散"（Non-Proliferation）政策转变为包括禁阻、威慑和防御等的"反扩散"措施（Counter-Proliferation），"而有效的拦截行动是美国对抗大规模杀伤性武器及其运载工具战略的重要组成部分"。① 就在这份报告发布的前两天，西班牙海军"纳瓦拉"号驱逐舰和辅助舰"帕蒂尼奥"号在阿拉伯海海域拦截了一艘开往也门的货轮——"小山号"，船内藏有 15 枚朝鲜制造的短程弹道导弹、23 个装载硝酸的集装箱和 1 架用于制造发动机的氧化器。② 西班牙海军将货轮移交美国政府，两国共同与也门政府进行交涉。由于没有禁止朝鲜向也门运送导弹的国际法规，并且美西两国在拦截、检查"小山号"货轮之后遭到国际舆论的广泛批评，两天之后美国政府决定放行货轮。在阿富汗战争的背景下，美国的安全形势极为严峻。此时爆发的"小山号"事件，无疑显示出反扩散政策在国际法与国际规则的框架之下受到限制，这成为美国组建反扩散联盟的导火索。2003 年 5 月 31 日，小布什总统访问波兰时提出"防扩散安全倡议"的构想，邀请各国结成反扩散联盟"依靠各自能力利用广泛的法律、外交、经济与军事等手段，禁止大规模杀伤性武器和导弹等相关设备与技术通过海洋、陆地与天空等途径进入或流出'疑似进行扩散'的国家"，③ 通过密切的外交、情报与执法行动的合作，在海上、陆地和天空对疑似运输大规模杀伤性武器及导弹的飞机、船只等运载工具进行跟踪、检查及拦截，旨在打击诸如朝鲜、伊朗、叙利亚、利比亚等敌对国家获取大规模杀伤性武器、技术及相关部件。④2003 年 6 月"防扩散安全倡议"在西班牙的马德里会议上正式确定，最初参加该联盟的 11 个成员国是美国及其重要盟国，包括澳大利亚、法国、德国、意大利、日本、荷兰、波兰、葡萄牙、西班牙、英国。此后包括俄罗斯在内的诸多国家陆

---

① The White House, "The National Security Strategy of the United States of America", September 11, 2002, https：//www. state. gov/documents/organization/63562. pdf.

② 刘宏松：《国际防扩散体系中的非正式机制》，上海人民出版社 2011 年版，第 75 页。

③ Wade Boese, "US Pushes Initiative to Block Shipments of Proliferation Security Initiative Missiles", *Arms Control Today*, Vol. 33, No. 6, 2003, p. 13.

④ 高颖、孙渤：《小议"全球反扩散联盟"》，《现代国际关系》2003 年第 8 期。

续加入"防扩散安全倡议",截至目前该联盟共有 105 个成员国。①
2003 年 9 月的巴黎第三次工作会议上达成了《拦截原则声明》,旨
在调动"所有与防扩散有关并且拥有能力与意愿阻止大规模杀伤性
武器在陆海空流通的国家",明确了拦截活动的对象、情报交换的程
序、法律层面的支持、具体拦截行动等内容。② 虽然没有秘书处这样
的协调机构,"防扩散安全倡议"仍然成立了行动专家小组(Opera-
tional Experts Group),其主要职能包括:协调相关的反扩散工作,提
供海关、执法、军事和其他安全专家与资源支持拦截演习,举办
"防扩散安全倡议"会议、研讨会并联合成员国家举办拦截演习,与
特定伙伴国家合作,提升它们打击大规模杀伤性武器扩散的能力。③
基本上,"防扩散安全倡议"每年都要举办行动专家小组会议、地区
性研讨会以及不同国家在不同地区主办的陆、海、空拦截演习。奥
巴马总统上任之后继承了这项联盟资产,他在 2009 年 4 月的布拉格
演讲中表示继续推动"防扩散安全倡议"作为一项持续性的国际反
扩散事业,并且将这项决定写进了 2002 年《国家安全战略报告》与
2006 年《四年防务评估报告》。总体来看,该联盟合作框架取得了
一定的成效,尽管联盟的官方文件与网站没有宣布拦截的次数,但
是美国海军少校杰森·莱勒(Jason S. Reller)的研究显示,从 2003
年至 2007 年就发起了超过 30 次的拦截行动。④ 同时,由于"防扩散
安全倡议"并没有对联盟成员的拦截行动作出硬性要求,并且"防
扩散安全倡议"的合法性尚存在争议,部分成员国家——尤其是亚

---

① "Proliferation Security Initiative Participants", http://www.state.gov/t/isn/c27732.htm.

② "Statement of Interdiction Principles", https://www.state.gov/t/isn/c27726.htm.

③ "Operational Experts Group", http://www.psi-online.info/Vertretung/psi/en/04 – Operational-Experts-Group/0 – operational-experts-group.html.

④ Jason S. Reller, "Think Globally, Act Locally—Global Maritime Partnership Initiative and the Necessity for Cooperation and Coalition", A Paper Submitted to the Faculty of the Naval War College, April 23, 2008, p.10.

洲国家——对"防扩散安全倡议"的实际支持程度并不高。

在反恐态势下，海上通道的安全引起小布什政府的极度关切，小布什政府试图效仿"防扩散安全倡议"的模式提出了区域海洋安全倡议。该倡议是由时任美国太平洋舰队总司令托马斯·法戈上将（Thomas B. Fargo）在2004年3月首先提出的。他认为缺失安全与治理的海洋（Unsecured or Ungoverned Seas）是东南亚地区恐怖主义、大规模杀伤性武器扩散、人口贩卖、走私、贩毒、海盗等跨国威胁与犯罪的温床。为此，美国积极构建区域海洋安全倡议，旨在号召有意愿的伙伴组建起一个常态性行动的联盟，对跨境海洋威胁进行识别、监察与拦截。[①] 区域海洋安全倡议包括五个机制，第一是针对海洋环境与安全状况建立情报分享机制；第二是建立快速完整的决策、指挥、合作机制；第三是培育成员国的海上拦截能力与合作；第四是确立成员国海岸、港口安全的防卫协定与统一程序；第五是建立各国相关海洋安全执法机关的合作机制。[②] 法戈上将声称，区域海洋安全倡议不是一个同盟条约，不会建立常备性海军，不挑战成员国家的主权，在国际法与各国法律框架内采取行动。[③] 作为小布什政府的一项行动计划，区域海洋安全倡议需要与广泛的潜在盟友进行沟通。但是在联盟发起阶段就遭到了马来西亚和印尼的反对，东盟在原则上表示欢迎但是拒绝在马六甲海峡等领域展开联合行动，再加上该计划的推动者法戈上将在2005年1月退伍离职，该项计划便宣告搁浅，其部分内容被另一项行动联盟——全球海洋伙伴倡议（Global Maritime Partnership Initiative，GMPI）——所取代。全球海

---

① "Regional Maritime Security Initiative", http：//www. globalsecurity. org/military/ops/rmsi. htm.

② 莫大华：《美国亚太区域海洋安全的"自愿联盟"——"防扩散安全倡议"、"区域海洋安全倡议"与"全球海洋伙伴倡议"之比较分析》，《国际关系学报》2010年第29期。

③ 莫大华：《美国亚太区域海洋安全的"自愿联盟"——"防扩散安全倡议"、"区域海洋安全倡议"与"全球海洋伙伴倡议"之比较分析》。

洋伙伴倡议最初的概念叫做"千舰海军",主导者是时任美国海军作战部部长迈克尔·马伦(Michael G Mullen),他于 2005 年 8 月 31 日在海军战争学院发表演讲时提议仿效"防扩散安全倡议",联合有意愿参与的各国海军作战部队、海岸警卫队、海洋执法力量以及跨国航运从业者结成一个海上行动联盟,共同打击恐怖主义、大规模杀伤性武器扩散、海盗、毒品运输等跨国性海洋威胁。[①] 2006 年全球海洋伙伴倡议正式提出,它包括海上力量的协调行动、海域感知(Maritime Domain Awareness)[②]、情报共享、港口共享、"全球舰队基地"计划等内容。[③]

　　按照美国的说法,全球海洋伙伴倡议的一大突出特点是"自由式伙伴合作"模式,不强调伙伴的正式身份,不像其他几项议题联盟那样罗列一份伙伴名单;同时伙伴可以自主行动,不必由美国完全主导,也不必要求所有行动都有美国参与。另一大特点是,全球海洋伙伴倡议不必重建一套关系网络与行动框架,而是争取整合已经存在的地区网络,比如北约在地中海发起的"积极努力"行动(Active Endeavor),美国中央司令部辖区的第 150 联合特遣舰队,以及正在几内亚湾和中南美洲建立的海洋安全活动等。但是较为棘手

---

① "Remarks as Delivered by Adm. Mike Mullen", Naval War College, Newport, R1, 31 August 2005, http：//www. navy. mil/navydata/cno/speeches/mullen050831. txt.

② 海域感知是指有效认知海域上事关美国国家安全、人员安全、经济与环境的所有信息。在全球海洋伙伴倡议的设想中,成员国之间就实现彼此的海域感知能力进行深度合作,不仅需要采用先进的技术手段,更需要彼此在海洋数据与信息的搜集、分享与分析上进行合作,甚至需要在政治或者法律上达成协议。参见 Chris Rahman, "The Global Maritime Partnership Initiative：Implications for the Royal Australian Navy", *Papers in Australian Maritime Affairs*, No. 24, 2008, p. 27.

③ Chris Rahman, "The Global Maritime Partnership Initiative：Implications for the Royal Australian Navy", *Papers in Australian Maritime Affairs*, No. 24, 2008, pp. 25 – 34; Jason S. Reller, "Think Globally, Act Locally-Global Maritime Partnership Initiative and the Necessity for Cooperation and Coalition", A Paper Submitted to the Faculty of the Naval War College, April 23, 2008; John G. Morgan and Charles W. Martoglio, "The 1000 Ship Navy：Global Maritime Network", *U. S. Naval Institute Proceedings*, Vol. 131, Iss. 11, 2005, pp. 14 – 18.

的问题是，美国如何让其他国家——尤其是亚洲国家——相信美国的这项倡议更多的是为了全球海洋安全而不是自身的国家安全与海权利益。① 当然，迈克尔·马伦的这一战略构想涉及的部门众多、难度较大，而且并未上升为美国政府层面的宏观战略设计；在奥巴马政府上台之后，美国的海军战略随即转向，反恐在海洋安全伙伴关系中的地位下降，在合作方式上由过去以情报共享为中心转向鼓励盟友承担防务成本、分担美国全球领导的负担和责任。②

奥巴马政府执政期间，美国对防扩散安全倡议的制度化做了一些努力，推动了诸如 TPP、TTIP 这类部分具有议题联盟特征的规则联合，但是奥巴马政府偏重于同盟机制与多边机制运作，常态行动型议题联盟在奥巴马执政期间并不明显。特朗普政府上台之后，利用议题联盟展开常态行动的案例增多，包括提出中东战略联盟倡议，成功组建中东"护航联盟"，推动美日欧在 WTO 改革议题上实现联合，号召盟友联合封锁中国 5G 标准，策动更多盟友推行"南海自由航行"、压缩中国的南海空间。

三 议价博弈

在议价博弈方面，美国的议题联盟行为则展现了与上述行为完全不同的图景。概括地说，美国在多边场合进行讨价还价的联盟行为并不如行动类议题联盟那样主动、频繁并把领袖地位作为参与联盟的前提。甚至有学者指出美国这样的大国在多边贸易谈判中根本没有必要加入任何联盟。③ 当然在现实中，美国在多边进程中也有参

---

① Desmond Low，"Global Maritime Partnership and the Prospects for Malacca Straits Security"，*Pointer*：*Journal of the Singapore Armed Forces*，Vol. 34，No. 2，2008，https：//www. mindef. gov. sg/imindef/publications/pointer/journals/2008/v34n2/feature4. html，登录时间：2017 年 1 月。

② 张愿：《试析美国海军战略的调整及其影响》，《现代国际关系》2012 年第 3 期。

③ Valeria Costantini，et al.，"Bargaining Coalitions in the WTO Agricultural Negotiations"，*The World Economy*，Vol. 30，No. 5，2007，pp. 863 – 891.

与议题联盟的行为，有时这种联合并不一定有明确的联盟名称，也有可能是动态的、临时的联合举动。

在当前 WTO 官方承认的联盟集团中，美国作为正式成员参加的有"雄心之友"（Friends of Ambition，NAMA）、"渔业之友"（Friends of Fish，FoFs）和地理标志保护谈判中的联合提案集团（Joint proposal in Intellectual Property）。[①]"雄心之友"是一群发达工业化国家在非农产品议题上组成的攻势集团，集团成员对非农产品的关税约束程度较高且平均关税率很低，希望通过大幅度的关税减让增加对其他成员的出口。[②]"雄心之友"的成员有 35 个，包括澳大利亚、奥地利、比利时、保加利亚、加拿大、塞浦路斯、捷克、丹麦、爱沙尼亚、欧盟、芬兰、法国、德国、希腊、匈牙利、爱尔兰、意大利、日本、拉脱维亚、立陶宛、卢森堡、马耳他、荷兰、新西兰、挪威、波兰、葡萄牙、罗马尼亚、斯洛伐克、斯洛文尼亚、西班牙、瑞典、瑞士、英国和美国。该集团成员一致同意采用瑞士公式原则削减关税，鼓励成员参加部门自由化协定，同意对发展中国家采取区别对待的方针；但是集团成员在自由化的方法、标准方面仍有较大差异，未能形成一致对外的共同立场，组织结构较为松散。

"渔业之友"是主张有效削减渔业贸易补贴的国家组成的议价联盟，由阿根廷、澳大利亚、智利、哥伦比亚、厄瓜多尔、冰岛、新西兰、挪威、巴基斯坦、秘鲁、美国组成。该组织始于 1999 年，澳大利亚、冰岛、新西兰、菲律宾和美国联合向 WTO 贸易与环境委员会提交的一份提案，要求将渔业补贴议题正式纳入世贸进程。[③]"渔

---

① "Groups in the negotiations"，https：//www. wto. org/english/tratop_ e/dda_ e/negotiating_ groups_ e. htm#grp026，登录时间：2017 年 9 月。

② 盛斌：《贸易、发展与 WTO：多哈回合谈判的现状与前景》，《世界经济》2006 年第 3 期。

③ 陈静娜、慕永通、殷文伟：《WTO 渔业补贴谈判探析》，《浙江海洋学院学报》（人文科学版）2007 年第 2 期；慕永通、杨林、张义龙：《WTO 渔业补贴谈判：主要提案立场及评析》，《世界经济与政治》2006 年第 2 期。

业之友"成员共同认为，由于海洋鱼类资源往往具有跨国共享的性质，渔业补贴破坏了各国在渔业生产与贸易方面的公平，容易引发过度捕捞等环境问题；主张超越 WTO《补贴与反补贴措施协议》（《SCM 协议》）的一般规定，制定独立的渔业补贴管理规则；采取"信号灯法"，将不同类型的补贴行为划入"红箱""黄箱"与"绿箱"，然后进行识别，以明晰各国渔业补贴的权责边界。① 与"渔业之友"对立的是日本、韩国、加拿大组成的保守集团，它们反对设立专门规范渔业补贴的多边贸易规则。一些发展中海洋国家组成的集团则突出强调"差别对待"。在美国的积极推动下，渔业补贴议题在 2002 年被纳入 WTO 进程，并在 2007 年由谈判规则委员会提交了一份文本草案，但是至今各方仍未就最终方案达成共识。值得注意的是，作为"渔业之友"的主要成员，美国与欧盟存在一些分歧，美国极力推动以"渔业之友"伙伴为主的少边谈判，欧盟更加主张多边谈判，并且明确给予发展中国家要求的差别待遇。

　　在 WTO 框架内，美国参与的另一项议价联盟是地理标志保护谈判中的联合提案集团。地理标志是"识别某一货物来源于某一成员领土或该领土内某一地区或地方的标志，该货物的特定质量、声誉或其他特性主要归因于其地理来源"。② 比如波尔多葡萄酒的品牌就得益于波尔多悠久的葡萄种植与葡萄酒酿造历史，在原产地制度的保护下，其他葡萄酒品牌不得使用波尔多这一地名进行注册。1995年生效的《与贸易有关的知识产权协定》（TRIPs）第二十三条和第二十四条提出了对葡萄酒和烈酒地理标志进行保护的规定，并且要求在 TRIPs 理事会内谈判建立关于葡萄酒地理标志通知和注册的多边制度。在接下来的谈判中，围绕地理标志的制度范围、注册制度的法律效力、制度效力的适用范围以及部分国家的特殊待遇等问题，

---

　　① 慕永通、杨林、张义龙：《WTO 渔业补贴谈判：主要提案立场及评析》。
　　② 《与贸易有关的知识产权协定》第二十二条，第 1 款，http://www.ipr.gov.cn/zhuanti/law/conventions/wto/trips.html，登录时间：2017 年 9 月。

形成了以美国为首的联合提案集团、以欧盟为首的联合集团以及中国香港集团。2002 年 10 月，美国与阿根廷、澳大利亚、加拿大、智利、哥伦比亚、哥斯达黎加、多米尼加、厄瓜多尔、萨尔瓦多、危地马拉、洪都拉斯、日本、纳米比亚、新西兰、菲律宾和中国台湾提交联合提案（TN/IP/W/5）；此后不断有国家和地区宣布加入这一集团并在 2011 年 3 月提交联合提案（TN/IP/W/10/Rev4），集团成员达到 20 个。该集团主要由移民国家（经济体）组成，在多种产品的文化渊源上与欧洲国家有着密切联系，并且存在大量与欧洲国家相同或近似的地名，主张地理标志制度不要扩展到葡萄酒与烈酒以外，尤其认为将农产品纳入地理标志保护实际上是一种变相的贸易保护主义；主张以自愿原则建立一个各成员就地理标志向 WTO 进行通告与注册的数据库，多边注册的效力仅仅是各方制定商标政策的一种参考。欧盟提案（IP/C/W/107/Rev1）则获得了印度、印度尼西亚、巴西、肯尼亚、毛里求斯、尼日利亚、斯里兰卡和土耳其的支持，主张将地理标志保护制度扩展至葡萄酒和烈酒范围之外，建立具有普遍法律效力的多边注册机制，适用于所有 WTO 成员；中国香港提案（TN/IP/W/8）则试图在上述两个方案中寻找交集，原则上同意扩大地理标志保护的范围，并关注由此可能带来的问题，认为符合规定的地理标志具有初步证据的效力，主张自愿参与该机制并且在机制内发挥效力。[①] 在漫长的谈判中，美国与欧盟的斗争左右了整个地理标志保护谈判进程的走向，至今该议题尚未实现突破。美国在地理标志的数量上对欧盟国家不具有优势，是地理标志保护谈判中较为消极的一方，这是美国与众多国家联合提案的重要背景。

除此以外，美国在农业议题等领域有更多灵活、随机的联合举措。比如在乌拉圭回合谈判中，美国成功利用凯恩斯集团向欧洲国家施压，要求后者降低农业补贴、削减农产品关税税率、开放农产

---

① 冯寿波：《试析地理标志国际谈判的现状与发展趋势——以美国、欧盟主张为例》，《知识产权法研究》2008 年第 2 期。

品市场。进入多哈回合之后，美国联合凯恩斯集团和二十国集团要求欧盟、日本大幅度削减农产品关税；但是在面临凯恩斯集团和二十国集团要求削减国内补贴时，美国又与欧盟、日本的立场趋近，形成了一种复杂的三角谈判局面。①

在全球气候变化谈判中，美国为了兼顾环境利益与经济利益，平衡国内的党派政治与利益集团的影响，应对欧盟以及广大发展中国家在多边气候谈判中施加的压力，捍卫自身的博弈能力与领导地位，在实践中与一些志同道合的国家组成了以"伞形集团"为代表的议价联盟，并且拥有一些潜在的、其他形式的联盟选项。"伞形集团"起源于 1992 年《联合国气候变化框架公约》通过之后形成的非欧盟发达国家集团（JUSSCANNZ），由日本、美国、瑞士、加拿大、澳大利亚、挪威和新西兰组成，冰岛与韩国也会偶尔加入其中。② 该集团的产生反映了工业化国家内部在减排问题上的分歧，最主要的焦点在于这些国家反对为发达工业化国家设定强制化的减排目标。在《京都议定书》谈判过程中，"伞形集团"正式形成，俄罗斯与乌克兰成为联盟新成员。"伞形集团"一直以来的基本立场包括：第一，不愿意作出大幅度的减排承诺，反对量化减排指标与制定明确的时间表；第二，主张灵活的减排方式，尤其突出排放贸易与清洁排放机制等市场原则；第三，反对发达国家与发展中国家在承担义务方面有区分的双轨制方案，坚持发展中国家同样应承担削减温室气体排放量的任务，要求它们做到"可衡量、可报告、可核实"；第四，主张区分普通发展中国家和发展中排放大国，突出中国、印度这样的排放大国所应承担的减排义务，分化长期以来形成的"77 国集团＋中国"。③

---

① 刘昌黎：《WTO 谈判破裂的原因与最后成功的关键》，《世界贸易组织动态与研究》2008 年第 10 期。

② 牟初夫、王礼茂：《气候谈判集团的演化过程与演变趋势分析》，《工程研究——跨学科视野中的工程》2015 年第 3 期。

③ 参见王常召《国际气候谈判中伞形集团的立场分析及中国的对策研究》，硕士学位论文，吉林大学，2016 年。

"伞形集团"如今既包括发达国家也包括转轨国家，内部存在利益分歧，因而是众多议价联盟中较为松散的一个国家集团，联盟组合与强度一直在发生变化。在欧盟的利诱与妥协之下，包括日本、加拿大、俄罗斯、澳大利亚一度加入并批准了《京都议定书》；而美国在克林顿政府签署《京都议定书》之后，不但没有在国会通过，而且在小布什政府期间单边退出了《京都议定书》，"伞形集团"一度出现内部分裂。但是后京都时代，在讨论《京都议定书》第二阶段减排方案时，欧盟所主张的减排方案令加拿大、俄罗斯、澳大利亚纷纷退出《京都议定书》，来自广大发展中国家越来越大的外交压力使美国与其他"伞形集团"成员重新面临巨大的外部压力。另外，"伞形集团"主张对现有国际气候框架体制与谈判路径进行修正，重新争夺国际碳政治博弈中的话语权与领导权，美国甚至主张抛弃《京都议定书》框架，重新签署一个全新而且全面的全球气候变化条约。[①] 奥巴马政府上台之后，美国积极调整国内能源结构，意欲重拾多边气候谈判的领导地位，气候变化议题在美国外交战略中的地位明显上升。美国 2013 年 6 月发布了授权总统通过行政手段推动气候变革与外交的《总统气候行动计划》，标志着美国气候变化政策"从被动走向主动、从分散走向集中，从模糊走向清晰"。[②] 在接下来的多边外交中，美国体现了高度的灵活性与协调能力。一方面将中国、印度视作重要的争取对象，共同作为经济大国、排放大国，联合主张"自下而上、自愿承诺"的减排模式，削弱欧盟单独主导气候治理议程设置的领导能力。另一方面，在巴黎气候大会的尾声高调加入"雄心壮志联盟"（High Ambition Coalition），影响了巴黎气候大会的走向。该联盟于 2015 年 7 月，在巴黎气候峰会之前的准备会议期间，由欧盟和 15 个国家的外长在非正式接触中推动产生。

---

① 高小升：《伞形集团国家在后京都气候谈判中的立场评析》，《国际论坛》2010年第 4 期。

② 杜莉：《美国气候变化政策调整的原因、影响及对策分析》，《中国软科学》2014 年第 4 期。

2015 年 12 月 8 日，在巴黎气候大会进行期间，欧盟与 79 个非洲、加勒比和太平洋国家的代表签署协议，按照一定标准建立碳排放汇报机制，欧盟向这些国家提供 475 亿欧元，旨在共同推动建立一个"具有雄心的、可持续的、具有法律效力的"气候协议，并且每五年进行一次强有力的评估。① 美国气候变化谈判特使托德·斯特恩（Todd Stern）将这个国家集团命名为"雄心壮志联盟"，并在 12 月 9 日宣布加入这一联盟。在美国的推动下，超过 100 多个国家宣称是该联盟的成员，并在 9 日晚上召开记者发布会，马绍尔群岛外长、欧盟气候变化谈判专员、美国气候变化谈判特使、"最不发达国家集团"代表与来自哥伦比亚、墨西哥、德国、冈比亚的谈判代表共同出席，宣布"雄心壮志联盟"旨在推动建立具有法律约束力的巴黎气候协议，希望将全球气温升高幅度上限设定为 1.5 摄氏度，在全球变暖问题上设置与科学意见相一致的长期目标，引入每五年一次的审查机制，创建统一的跟踪各国减排进程的核查系统。② 事实上，美国在温控上限与资金支持方面的目标并未达到"雄心壮志联盟"所宣称的高度，在该集团活动的前几个月也并未表示加入，但是美国却抓住了最后的时机加入该联盟并占领了道义制高点，将一个原本由小范围国家代表在餐厅、咖啡馆私下会谈的团体打造成了志在达成最终协议的"进取性联盟"，对中国、印度、巴西等新兴大国施加了巨大的压力。

除了领导或参与多边框架内的议价联盟之外，在美国处于不利地位或持不满立场之时，也会在既有多边框架之外建立或参与伙伴关系与行动类联盟倡议。比如小布什执政以来，美国在联合国气候

① Mat McGrat，"COP21：US Joins 'High Ambition Coalition' for Climate Deal"，BBC News，http：//www.bbc.com/news/science-environment-35057282. 孙莹：《巴黎大会突现百余国家的新集团，中国不在其中》，http：//finance.ifeng.com/a/20151211/14119514_0.shtml，登录时间：2017 年 6 月。

② 石毅：《巴黎气候大会至收官阶段，美欧与 79 小国结成"雄心"联盟》，澎湃新闻，http：//www.thepaper.cn/newsDetail_forward_1407195，登录时间：2017 年 9 月。

变化框架之外建立或参与的伙伴计划与联盟实践包括亚太清洁发展与气候伙伴关系（Asia-Pacific Partnership on Clean Development and Climate，APP）、主要经济体能源与气候论坛（Major Economies Forum on Energy and Climate，MEF）、全球甲烷倡议（Global Methane Initiative，GMI）、主要经济体能源安全与气候变化会议（Major Economies Meetings on Energy Security and Climate Change，MEM）、气候适应伙伴关系（Climate Adaptation Partnership，CAP）、削减短期污染气候与清洁空气联盟（Climate and Clean Air Coalition to Reduce Short-Lived Climate Pollutants，CCAC）。①

　　而在关于人类安全的两大多边谈判——《国际刑事法院罗马规约》谈判与国际禁雷谈判——之中，议价联盟成为美国阻挠多边进程、缓解不利局面的工具选项，但都未能阻止最终协议的达成。1998 年 6 月，围绕建立国际刑事法院的多边谈判在罗马拉开序幕，国际社会谋求建立一个国际机制，能够对犯下种族屠杀罪、反人类罪、战争罪、侵略罪等严重危害人类安全罪行的个人进行司法审判。在谈判中，由大多数欧盟国家、英联邦国家、众多非洲和加勒比国家组成的志同道合联盟占据了主动，主张建立一个强有力的、拥有独立裁决权的国际刑事法院。超过 1000 个非政府组织联合组成了支持国际刑事法院非政府组织联盟（简称"NGO 联盟"），支持志同道合联盟的立场，成员包括国际法学家委员会（International Commission of Jurists）等知名国际非政府组织。起初支持建立国际刑事法院的美国在国内保守派势力的影响下立场趋于保守，与俄罗斯、中国、英国形成了规限型国家集团（Restrictive States），担心国际刑事法院的权限过大会影响本国的权威与自由，削弱联合国安理会的影响力；主张限制国际刑事法院的效力；认为国际刑事法院的经费仅由缔约

---

　　① 李慧明：《秩序转型、霸权式微与全球气候政治：全球气候治理制度碎片化与领导缺失的根源?》，《南京政治学院学报》2014 年第 6 期；李昕蕾：《全球气候治理领导权格局的变迁与中国的战略选择》，《山东大学学报》（哲学社会科学版）2017 年第 1 期。

方支付；当涉及国家安全信息时，保留成员的自主定义权，从而将此类事务豁免于国际刑事法院的审查；设定较高门槛的触发机制；确保其司法权限受制于安理会的管理。① 美国尤其担心关于战争罪责的严格审查会限制美军的行动自由。与之相比，印度、尼日利亚和墨西哥等国立场更加保守，它们担心国际刑事法院将会干涉它们的内政。面对各方分歧，在志同道合联盟与 NGO 联盟的支持下，大会筹备委员会主席——加拿大著名律师菲利普·施尔基（Philippe Kirsch）发挥了重要的协调与领导作用，一方面，他积极寻求美国作出妥协，并且在他的影响之下，韩国提出了"国家同意机制"意欲拉拢美国，新加坡也提出了安理会可以在 12 个月内推迟或搁置国际刑事法院审判的妥协方案；另一方面，他提出设立强力的、独立检察官方案，并且加快谈判进度，推动一揽子协议的达成，在 7 月 5 日连夜在加拿大驻罗马大使馆召集 30 个关键谈判代表进行紧急磋商，并拟定决议草案。② 此时，美国的回旋空间已经不大，在一个压倒性大联盟的施压之下，英国早已经改变立场站到美国的对立面，美国未能与立场相近的国家有效地联合进行反击。更重要的是，在志同道合联盟与 NGO 联盟的舆论控制下，美国以往从事国际法律事业的经验与知识也没有发挥作用，道德优越感也消失殆尽。最终于 1998 年 7 月 17 日，在 120 个国家支持、21 个国家弃权、7 个国家（美国、以色列、中国、也门、卡塔尔、利比亚与伊拉克）反对的情况之下，《国际刑事法院罗马规约》获得通过，并在 2002 年 7 月 1 日生效。

　　类似的场景同样发生在渥太华国际禁雷谈判之中。早在 1980

---

① Fen Osler Hampsonand Holly Reid，"Coalition Diversity and Normative Legitimacy in Human Security Negotiations"，*International Negotiation*，Vol. 8，No. 1，2003，pp. 7 - 42.

② Fen Osler Hampson and Holly Reid，"Coalition Diversity and Normative Legitimacy in Human Security Negotiations"，*International Negotiation*，Vol. 8，No. 1，2003，pp. 7 - 42.

年，国际社会通过联合国《特定常规武器公约》第二议定书——即《禁止或限制使用地雷（水雷）、诱杀装置和其他装置的议定书》，开启了对滥用地雷行为进行遏制的努力。冷战结束之后，为了建立具有法律效力的遵约机制和确保其广泛的适用范围，在加拿大、美国、欧盟和众多国际 NGO 的倡议之下，三十国代表在 1995 年 7 月齐聚罗马，就达成国际禁雷协议①的问题展开前期讨论。经过 1995 年 9 月和 1996 年 4 月两次《特定常规武器公约》审议大会，谈判成员在明确禁止地雷生产与部署方面的分歧愈发凸显，而美国的立场逐渐向后倒退，谈判陷入僵局。在此背景下，加拿大、多数欧盟国家、"国际禁雷运动"组织以及包括国际红十字会、联合国儿童基金会、联合国人道主义事业部等众多非国家行为体联合宣布建立"志同道合集团"，号召各方成为推动国际禁雷事业的先锋者，呼吁各方在联合国裁军会议框架之外达成新的禁雷协议。②

为此，一个新的缔造国际禁雷公约的"渥太华进程"在 1996 年 10 月拉开序幕，74 个国家和众多非政府组织参加了会议。尽管美国参加了会议，但是局势对美国逐渐不利。由于担心禁雷谈判失控，美国强烈主张禁雷谈判应当在联合国裁军会议框架内进行；同时，美国希望在"灵巧"地雷③的使用上得到全面豁免，并且有权在朝鲜半岛继续部署"迟钝地雷"④。在最终敲定文本的奥斯陆会议期间，美国还提出了"退出条款"和"延迟条款"，前者指任何国家在面临武装冲突时可以短暂退出公约，后者要求给予美国 9 年的准备期。美国拉来了日本、澳大利亚、西班牙、厄瓜多尔和波兰的支持，但是遭到了参会的 NGO 联盟的强烈反对。尽管加拿大与德国做了许多工作，但由于美国坚持享有豁免权的立场，念念不忘将地雷

---

① 此处禁止的地雷特指反步兵地雷。
② 刘宏松：《为什么冷战后国际制度的形成不如美国所愿》，《世界经济与政治》2013 年第 8 期。
③ "灵巧"地雷（Smart Mines）指可以自主引爆或失效的地雷。
④ "迟钝"地雷（Dumb Mines）指无法自主引爆或失效的地雷。

主要生产商、出口商和地雷使用国家拉回到裁军会议当中，结果响应者寥寥，《渥太华禁雷公约》仍然得以签订。纵观整个渥太华进程谈判，加拿大、欧洲与国际红十字会、"国际禁雷运动"组织发挥了重要的领导作用，尤其在发起了大规模的"进取性联盟"之后，直接变更了谈判框架——原本裁军会议谈判的决议需要一致通过，而奥斯陆决议只需要三分之二多数通过——致使美国没有了一票否决权；也让原本与美国同样持保留态度的俄罗斯、中国、巴基斯坦和印度等国提前退出了奥斯陆会议，间接导致美国未能成功组建足以影响议程的议价联盟。

第三节　美国议题联盟行为的特点

本书的开篇已经论述了议题联盟所普遍具有的一系列特点，包括非正式性、灵活性、排他性和议题导向，在梳理世界政治中的议题联盟现象的过程中这些特点得到了充分的体现。然而作为当今世界的首强国家，美国的议题联盟行为除了具有各国普遍具有的共性之外，还呈现了一系列独有的特点。

一　美国对外行为的"新常态"

在议题联盟战略的选择与实施方面，美国区别于其他国家的特征之一便是此种手段已经成为冷战后美国对外行为的一种"新常态"。具体地说，检视冷战后美国历届政府的对外行为，基本都能找到议题联盟的"影子"；美国议题联盟行为的类型涵盖了快速反应、常态行动与议价博弈这三种；涉及的领域包括军事行动、地缘政治、反恐、防扩散、打击经济犯罪、环境治理、人类安全等方方面面，甚至在太空、民主政治等方面还提出了一些尚未正式实施的联盟构想；同时，美国是众多议题联盟的发起国与领导国。与之相比，其他国家往往难以在如此广泛的领域内采取行动，各个中小国家的议题联盟行为往往集中在特定领导人的执政期间，更常见于在议价联盟而非行动联盟中发挥领导作用，而且一般关注与切身利益相关的个别议题。

特定的战略行为源自特定的战略环境，以战略行为体的战略利益为动力，并且需要符合行为体的战略地位与战略能力。当今国家间互动的频次加快，全球性挑战层出不穷，所有国际社会成员都会在不同层次上面临全球与区域的公共性挑战以及国际社会成员的互动关系带来的挑战，那么议题联盟现象为何更能在美国的对外行为中成为一种"新常态"？本书认为，美国"有限霸权"的身份是关键原因。"霸权"基于力量差异与国际认同。"有限霸权"是指美国作为当今综合国力世界第一的超级大国，曾经建立起了同盟体系与多边制度为支撑的霸权制度，获得了部分国家的追随与大多数国家的默认，在国际秩序的塑造与主导上享有全球的优势与特权地位。但是这种优势与特权是有限的，从地缘政治的角度看，美国的优势与特权在北美、欧洲、中东的部分地区和东亚的海洋地区达到顶点并向其他外围地区逐渐衰减；在关系网络上，美国的控制力在传统盟国身上达到顶点，并依次经由准盟友、战略伙伴向其他国家逐渐衰减；在议题领域上，从传统安全议题到经贸议题、非传统安全议题再到一系列由其他盟友和中小国家积极纳入全球议程的新兴议题，美国的优势也在整体上逐级递减；从霸权制度的演变上，也会经历同其他制度一样的边际效应递减的规律。① 从"有限霸权"的身份看，美国的利益所涉及的议题数量要远远多于其他国家，美国的优势又能够使美国比其他国家更有机会笼络到志同道合的追随者或者合作者；同时，美国在安全上构筑起来的关系体系并不能覆盖到国际社会的方方面面，甚至不同议题需要构筑或适应不同的关系体系；而且，美国追求的具体利益与体系领导之间不时存在张力，比如发

---

① 刘世强：《霸权依赖与领导国家权势衰落的逻辑》，《世界经济与政治》2012年第5期。

动伊拉克战争事实上冲击了联合国安理会制度乃至美国一直引以为傲的道义优势，再比如退出《京都议定书》降低了美国的经济成本，却是以阶段性放弃气候治理领导者身份为代价的；在一些不具优势的领域，议题联盟成为美国避免孤立窘境或者遮掩单边主义的一种手段。

二　小布什政府的"偏爱"

到目前为止，在冷战后的历届政府中，小布什政府对议题联盟最为青睐，国内外绝大多数关于该问题的研究都集中在小布什政府时期。确实，小布什政府在执政期间发起和参与了一系列议题联盟，包括阿富汗战争中的反恐联盟、伊拉克战争中的"倒萨"联盟、"防扩散安全倡议"、联合特遣舰队、区域海洋安全倡议、全球海洋伙伴倡议、气候变化谈判中的"伞形集团"、亚太清洁发展与气候伙伴关系、主要经济体能源与气候论坛、主要经济体能源安全与气候变化会议、全球甲烷倡议、削减短期污染气候与清洁空气联盟、气候适应伙伴关系、WTO 非农产品谈判中的"雄心之友"、WTO 渔业补贴谈判中的"渔业之友"、WTO 地理标志保护谈判中的"联合提案集团"，等等。

议题联盟在小布什任期内集中涌现出于以下几个原因。第一是美国遭遇了前所未有的恐怖主义袭击。我们可以发现，美国组建的多个议题联盟都围绕着反恐议题或者打着反恐的旗号。反恐议题在"9·11"事件之前并未成为国际社会和美国优先关切的议题。长期以来，美国的安全战略规划、制度构建与战略手段均不是以反恐为第一目标，因此当恐怖主义的威胁突然降临之时，美国面临的安全威胁超出了美国常规的战略准备。第二，小布什政府的团队充斥着浓厚的新保守主义的理念。新保守主义外交理念是由威廉·克里斯托尔（William Kristol）和罗伯特·卡根（Robert Kagan）正式提出的，他们认为里根时代对"仁慈霸权"的追求闪现着美国在军事力量与道德感召上的荣光，如今应当继续这种霸权战略，战胜一切战略上和意识形态上的敌人。① 概括而言，新保守主义有一系列原则主张：首先，美国是一个具有独特气质的国家并且对这个世界至关重要。美国特殊的地理环境、资本主义经济体制、民主政府形式、超强的军事力量以及高尚的道德，综合塑造了一种独特的世界秩序。②其次，政治体制与意识形态影响国家的外交政策，美国应当积极推进对外部世界的民主演变与干预。同时，技术的进步、市场的繁荣不能保证和平的自动实现，美国应当果敢地使用自身的力量，塑造其他大国的行为，击败任何敌人的挑战。再次，国际法和国际机制在公正与效率上值得怀疑。为了正义和国家利益，美国可以免受国际法和国际机制对自身行为的限制。新保守主义的理念为绕过国际机制、自行组建议题联盟提供了思想动力，尤其在小布什政府发动伊拉克战争与提出"防扩散安全倡议"等措施上体现得淋漓尽致，这种联盟行动，形式上是多边的，其内核却是美国的单边主义。小布什政府偏爱议题联盟的第三点原因与美国当时的地位和心态也有关系。经过克林顿总统的八年任期，美国的国力达到了冷战结束以来的高峰，当小布什接手美国的领导地位之后，美国事实上对需要长期坚持的同盟建设与多边制度建设存在一种不耐烦心理，并且相信拉姆斯菲尔德提出的"任务决定盟友"这一理念，即便是就具体议题组建特定的联盟，美国也心怀自信能够找到志同道合的国家。

三　擅长领导行动类联盟

综合来看，美国在组建行动类联盟的过程中往往采取主动态势并担当领导；而在议价博弈类联盟实践中多呈现守势，领导的程度相对较弱。其中，前者的逻辑比较好理解，因为行动类联盟多涉及比较重大、突发的安全性危机与挑战，往往事关美国的核心利益与

① William Kristol and Robert Kagan, "Toward a Neo-Reaganite Foreign Policy", *Foreign Affairs*, Vol. 75, No. 4, 1996, pp. 18 – 32.

② ［美］罗伯特·卡根：《美国缔造的世界》，刘若楠译，社会科学文献出版社2013 年版，第一章。

重要利益，美国不惜动用重要的战略资源组建相关的联盟，并且亲自领导这些联盟达到明确的战略目的。问题的关键在于后者，即美国在议价博弈的场合所展现出来的领导力、积极性以及整体表现与前者有着重要的区别。

事实上，议价联盟的实施者乃至领导者大多是国际体系当中的中小国家，众多学者专门研究了这类国家如何利用议价联盟弥补实力缺陷、阻挠不利进程、实现于己有利的议题甚至设置多边议程，最终达成满足自身偏好的多边协议。① 虽然中国学者贺平指出，议题联盟"只是弱者的武器"这种说法是一种误解，"诸如美国这类大国也时常与非同盟国家组建某种形式的'意愿联盟'"②，但是应当进一步指出的是大国和小国有不同的联盟需求。本书认为，在多边场合的议价博弈中，组建或参与联盟是中小国家的"刚需"。比如，正是由于联合国安理会五大常任理事国制度的存在，才形成了四国集团、"团结谋共识"集团（United for Consensus）、非洲联盟、L69 集团，它们围绕安理会改革问题展开联盟互动。③ IMF 体制中的比例投票制也导致发展中国家处于不利的地位，这种结构也是形成 24 国集团的重要背景。包括在 GATT/WTO 框架内长期存在的四巨头协调（Quad，美国、欧盟、

① Amrita Narlikar, *International Trade and Developing Countries*: *Bargaining Coalitions in the GATT and WTO*, New York: Routledge, 2003; Richard A. Higgott and Andrew Fenton Cooper, "Middle Power Leadership and Coalition Building: Australia, the Cairns Group, and the Uruguay Round of Trade Negotiations", *International Organization*, Vol. 44, No. 4, 1990, pp. 589 – 632.

② 贺平：《探析全球治理中的"意愿联盟"》，《复旦国际关系评论》2016 年第 2 期。

③ 四国集团是 2004 年由日本、德国、印度和巴西组成的议价联盟，主张联合国安理会理事国扩大到 25 个，包括 6 个新增常任理事国、4 个非常任理事国；"团结谋共识"集团由意大利、韩国、巴基斯坦在 2005 年成立，反对增加联合国安理会常任理事国席位；非盟要求非洲地区至少获得两个常任理事国席位，非盟可以选择其代表，所有理事国都应是拥有否决权的常任理事国；L69 集团由印度、巴西、尼日利亚、南非等 20 个国家在 2007 年组建，由印度牵头，主张增加安理会常任理事国与非常任理事国席位、增加发展中国家的代表权。参见毛瑞鹏《争论焦点和集团重组——政府间谈判阶段的安理会改革》，《国际展望》2017 年第 1 期。

加拿大和日本）和"绿屋会议"制度确保了少数国家对多边制度的结构性支配，新的议程与协议草案往往产生于若干小范围国家的协商谈判，或者霸权国凭借其超强的影响力单方面发布新议程与新草案。①对霸权国来说，组建议价联盟的动力没有中小国家那么强烈，而且存在不少案例显示美国利用议价联盟往往是为了阻挠议程的推进而非达成协议。霸权国的支持与参与对于一项多边协议总是显得不可替代，而这种不可替代性对于单个中小国家而言总是望尘莫及。为此，当多边进程与协议不合心意时，美国往往选择单方面拒绝或退出，比如美国未批准《联合国海洋法公约》，拒绝《国际刑事法院罗马规约》《渥太华禁雷公约》，退出《京都议定书》。

四　在传统盟友与伙伴网络中"照单点菜"

2001 年 7 月 31 日，《纽约时报》的一篇文章引述了理查德·哈斯关于小布什政府外交风格的谈话，他表示："你们将会发现本届政府推崇'照单点菜式'（à la carte multilateralism）的多边主义……我们将在审视每项（国际）协议之后再做出决定（是否参与），并不奢求全面的（多边主义）方式。"② 此后，"照单点菜式"的说法不胫而走，成为对美国外交风格的一种形象比喻。众多美国学者提出，美国应当优先挑选符合美国偏好、包含小范围成员、采取非正式形式、实现有限目标的多边进程，无论是在现有多边体制内还是多边体制外。③

----

① 余锋：《"绿屋会议"：WTO 走出合法性危机的一道坎》，《北方法学》2010 年第 2 期；翁里、唐卓然：《绿屋会议改革研究——构建 WTO 决策机制中的"埃俄罗斯之风"与"忒弥斯之秤"》，《时代法学》2013 年第 6 期。

② Thom Shanker, "White House Says the U. S. Is Not a Loner, Just Choosy", *New York Times*, July 31, 2001.

③ Richard N. Haass, "The Age of Nonpolarity", *Foreign Affairs*, Vol. 87, No. 3, 2008, pp. 44 – 56; Stewart Patrick, "Prix Fixe à la Carte: Avoiding False Multilateral Choices", *The Washington Quarterly*, Vol. 32, No. 4, 2009, pp. 77 – 95; Stewart Patrick, "Multilateralism à la Carte: The New World of Global Governance", *Valdai Papers*, No. 22, 2015.

当然，议题联盟本身就是一种高度选择性的合作方式，其他国家在实践议题联盟行为时也不免带有"点菜"的痕迹。但是，本书在这里提出关于"照单点菜"的另一种理解，即美国不仅倾向于对参与哪些多边进程进行筛选，而且在发起一项议题联盟时，也会在自身的同盟与战略伙伴体系中选择适合参与的国家作为特定联盟的成员。美国无论与其北约盟友、非北约主要盟友、准盟友还是战略伙伴，均以安全协议为关系基础。[①] 拥有这项战略资产，美国会有更大的余地在各种议题联盟实践中寻找它在安全体系中的伙伴来充当新联盟的骨干成员。由于美国的盟友与战略伙伴数量很多，在某些关键盟国拒绝参加新联盟时，美国可以在其他愿意参加的国家中进行选择。而且，在类型各异的议题联盟中，联盟议题越接近传统安全，议题联盟的骨干成员更有可能是美国的传统盟国，比如"防扩散安全倡议"的首批 11 个成员中，除美国外的 10 个国家全部是美国的军事盟国。能够在自身固有的盟友与伙伴中选择合适的成员参加特定议题的联盟，这往往是其他国家所不能比拟的。

此外，美国在三种类型的议题联盟实践中展现了三种不同的运作方式。

快速反应型议题联盟主要采用"自上而下"的运作方式，即美国居于联盟架构的最高端，联盟成员的组成、行动步骤与方案、行动的原则等问题都按照美国的意愿加以实现。一般在快速反应型联盟行动中，美国掌握最高指挥权力，核心行动任务仅仅由美国和少数几个关键盟友来完成，其他盟友负责联盟行动所需的各项资源，外围盟友的参与主要是为了提升联盟行动的合法性。在此类联盟中，美国的战略决心越强大，联盟强度越高，联盟形态越呈现单边主义色彩。以伊拉克战争为例，美国组建的多国联军统一接受美军中央

---

① Daniel S. Hamilton, "The American Way of Partnership", *European Strategic Partnerships Observatory Working Paper*, No. 6, June 2014；陈永：《中美倡导的伙伴关系比较研究：演变过程与概念界定》，《国际政治研究》2016 年第 5 期。

司令部司令汤米·弗兰克斯将军的领导；美国和其他国家的地面部队接受联军地面部队司令部（Coalition Forces Land Component Command，CFLCC）的领导，该司令部包括两支美国兵团级单位——陆军第五军团和海军陆战队第一远征军，后者指挥包括英国第一装甲师在内的部分联军部队；同时，来自英国、澳大利亚和波兰的特种部队接受联军特种作战司令部（Coalition Forces Special Operations Component Command，CFSOCC）的领导。

常态行动型联盟则采用"从中心到外围"的运作方式，美国和少数几个盟友先行确立联盟行动框架并成为联盟结构的中心，确立联盟行动的宗旨、原则，再吸引更多的成员加入进来，逐渐将这套行动标准推广至全球。在这个过程中，联盟初始框架的形成格外重要，美国需要拥有强大的战略决心和得到关键盟友的支持，并且注重争取不属于美国同盟体系内的相关大国。以防扩散安全倡议为例，在发生"小山号"事件之后，小布什政府在2003年5月宣布打造防扩散安全倡议的构想，邀请各国结成反扩散联盟，通过密切的外交、情报与执法行动合作，在海上、陆地、天空对疑似运输大规模杀伤性武器及导弹的飞机、船只等运载工具进行跟踪、检查及拦截。① 在美国的积极动员下，11个国家于2003年6月召开马德里会议宣布成立防扩散安全倡议并成为创始国。此后经美国与各方努力，联盟发布《拦截原则声明》、不断扩容联盟成员、成立行动专家小组、开展拦截演习、施行拦截举措，到2017年9月联盟发展为105个成员国，并至少在2003年至2007年发起了超过30次拦截行动。②

议价博弈型联盟主要采用"自下而上"的运作方式。在多边谈判中，美国小范围地联合志同道合国家组成议价联盟确立共同立场，通过与其他国家或议价联盟的博弈和妥协向其他国家和议价联盟施

---

① 高颖、孙渤：《小议"全球反扩散联盟"》，《现代国际关系》2003年第8期。

② Jason S. Reller, "Think Globally, Act Locally-Global Maritime Partnership Initiative and the Necessity for Cooperation and Coalition", A Paper Submitted to the Faculty of the Naval War College, April 23, 2008, p. 10.

加压力，实现影响谈判进程与协议内容的目的。此种行为方式不同于美国身居多边组织的理事会或者管理机构由上至下决定会议议程、谈判目标与协议草案的方式。例如在巴黎气候大会期间，美国认为由欧盟和部分小岛屿国家倡议组建的"雄心联盟"（Ambition Coalition）力图向其他谈判国家施加压力，主张推动巴黎气候大会制定正式的文本协议，将全球气温上升幅度限定为 1.5 摄氏度，制定清晰的减排路径，引入每五年一次的审查机制。[①] 美国还提议将"雄心联盟"改名为"雄心壮志联盟"并联合其他联盟主要成员召开新闻发布会公布联盟主张，极大地影响了巴黎气候大会的谈判进程和《巴黎协定》草案文本的内容。

小　结

本书经过梳理发现，频繁使用议题联盟并不是小布什政府的"专利"，尤其是冷战结束以来，美国在众多关心的领域发起或者组建了议题联盟，包括"自上而下""从中心到外围""自下而上"三种联盟运作模式。议题联盟本身的功能与特征确实在某些方面相对于同盟机制与多边机制有优势，包括克服同盟困境与集体行动困境提高行动效率、超越传统战略关系框架拓展合作空间、呈现"多边主义"的假象带来合法性效应。但是这些优势同样可以为其他国家所用，为什么大部分国家没有像美国那样发起如此多、类型各异的议题联盟？本书认为，从理性选择的层面来看，美国频繁使用议题联盟是实现对战略时效、规则束缚、关系框架和任务目标的快速突破，从而在不破坏霸权战略的前提下对部分霸权战略支柱进行"动态调适"以实现特定议题的利益最大化；此外，从美国特有的行为

---

① 孙莹：《巴黎大会突现百余国家的新集团，中国不在其中》，http://news.ifeng.com/a/20151210/46613383_0.shtml，登录时间：2017 年 10 月。

渊源来看，美国崇尚议题联盟的战略手段直接反映了美国崇尚战略简洁、追求崇高使命、进行类属划分、善于规则外化、喜欢立竿见影等战略思维，在更深层次上来源于美国战略文化中二元对立的世界观、例外主义的身份观与实用主义的途径观。

第 四 章

快速反应型联盟与美国的军事干预

　　尽管时常被冠之以"单边主义"之名，但仔细观察美国的海外军事行动记录，不难发现美国在动用武力时很少真正地单枪匹马、形单影只。冷战结束之后，美国发动、参与了一系列大规模的对外战争，包括海湾战争、科索沃战争、阿富汗战争、伊拉克战争和利比亚战争。其中除了科索沃战争是以北约机制为决策、指挥框架以外，其余的军事行动均是以多国联盟的形式开展。本章力图以阿富汗战争和伊拉克战争中的多国联盟为案例，探究美国在军事干预议题中利用多国联盟实现其战略、战术目的之缘由、方式与规律。本书选择这两个案例的理由是：一方面，二者都发生在小布什政府任内，二者所处的国际环境与背景较为相似，都是在危机形势发生以后组建并不断调整，并且二者的成立存在一定的关联，具有较大的可比性；另一方面，阿富汗战争中的反恐联盟相比于伊拉克战争中的多国联盟，在联盟的组建与运行方面相对更为成功，因此二者具有一定的差异性，通过比较分析更能揭示美国多国联军行为中的奥秘。

第一节　阿富汗战争中的反恐联盟

一　反恐联盟的起源

　　美国通过多国联军发起阿富汗反恐战争的主要缘由是"9·11"

恐怖袭击事件的突然性、反恐任务的艰巨性导致美国设想的反恐行动方案与北约等制度工具的功能产生了张力。

2001 年的"9·11"恐怖袭击事件，不仅导致象征美国权势地位的世贸中心大楼坍塌、五角大楼局部损毁、2977 人遇难，带来高达 2000 亿美元的直接经济损失①；更加重要的是，当时美国以冷战的胜利者自居，其国力与地位正值巅峰状态，而此次事件给美国朝野带来巨大的心理冲击，使"二战"结束以来"美国本土坚不可摧"的信念瞬间成为泡影。在这场灾难发生的时刻，美国上下都不清楚他们遭遇了什么样的敌人，不清楚美国是否很快就会遭受第二波恐怖袭击。不论是为了维护美国的国家安全，还是为了稳定美国的民心，美国的决策者都要以最快的速度、不惜一切代价展开调查与行动，给美国民众一个交代。很快，国务卿鲍威尔宣布，基地组织及向其提供庇护的阿富汗塔利班政权是此次事件的刽子手，美国无疑要立刻动用武力，向屠杀美国平民的敌人开战。时任美国中央司令部总司令汤米·弗兰克斯将军（Tommy Franks）提出的"用六个月集结六万常规部队"的计划遭到最高决策层的否决，国防部长拉姆斯菲尔德怒吼道："我现在就要把部队派过去!"②

在国际社会与传统盟友的一片同情与支持之下，关于要不要采取联合行动、如何采取联合行动，美国的决策层内部有着不同的声音，决策理念从战前到战时逐渐发生变化，从军事进攻与军事防御、政治因素、战后重建等方面亦对反恐联盟的构成有着不同角度的需求。美国国务院从一开始就希望组建一个广泛的国际反恐联盟，国务卿鲍威尔在 9 月 12 日就同联合国秘书长、北约秘书长和欧洲理事会主席通了电话，并且表示希望争取"友好伊斯兰国家"的积极支

①　《联合国报告称 911 令美国经济损失 2000 亿美元》，http：//www. chinanews. com/2001 – 11 – 16/26/139178. html，登录时间：2017 年 9 月。

②　"If France Wants to Succeed against Islamic State, It Should Study the U. S. Invasion of Afghanistan"，*Los Angeles Times*，http：//www. latimes. com/opinion/op-ed/la-oe-1123 – carr-afghanistan-invasion-france-20151123 – story. html.

持，与沙特领导人和阿拉伯联盟主席也进行了直接沟通；9 月 13 日，鲍威尔表示，美国要组建一个包括联合国、北约、欧盟、非盟和伊斯兰国家组织在内的反恐联盟。国家安全事务助理赖斯认为，美国需要一些关键盟友为反恐作战、情报和经费提供支持，主要包括英国、澳大利亚、法国、加拿大和德国。然而，拉姆斯菲尔德则警告说，联盟可能会影响美军行动的自主性和效率，这反映出美国军方希望限制反恐联盟的规模，对盟友进行高度的筛选，并且不希望将美国的军事决策与行动部署透露给太多的国家。① 从实际的行动来看，美国的阿富汗作战行动是一个从单边走向多边的过程。美军在阿富汗的初期行动真的可谓是"单枪匹马"。9 月 26 日，中情局特别行动组作为第一波先头力量进入阿富汗，策应他们的只有阿富汗境内的反塔利班势力——北方联盟。两周之后，美国第 555 和第 595 特种作战分队进入阿富汗，他们与北方联盟、中情局特别行动组在美国空中力量的掩护下夺取了一系列重要城市。直到 10 月 7 日，美国政府和英国政府才正式宣布对塔利班和基地组织发起代号为"持久自由行动"的大规模联合军事行动。至 11 月，联合国根据第 1386 号决议成立的国际安全援助部队进驻阿富汗，最初加入的有十多个国家，它们负责保卫喀布尔的安全、帮助训练阿富汗新政府的警察和防卫力量。直到 2002 年 3 月份的"巨蟒行动"，美国才与英国、挪威、加拿大、德国、澳大利亚、新西兰等国家的军队以及新成立的阿富汗国防军共同发动大规模的联合作战行动。在美国和盟友摧枯拉朽的联合进攻之下，塔利班政权迅速垮台，阿富汗战争随即转入战略防御与战后重建阶段。但是接下来战略防御与战后重建的持续时长、伤亡代价和经济损失大大超过了美国最初的估计，阿富汗这片土地再次显现出"帝国坟场"这一"魔咒"，美国不得不越来

---

① Sarah E. Kreps, *Coalitions of Convenience*：*United States Military Interventions after the Cold War*, Oxford：Oxford University Press, 2011, p. 95；［美］鲍勃·伍德沃德：《布什的战争》，孙康琦等译，上海译文出版社 2003 年版，第 54 页。

越倚重反恐联盟分担战争成本。于是，2003 年 8 月，北约开始领导国际安全援助部队的军事活动。2006 年 10 月，北约指挥的部队将活动区域覆盖到阿富汗全境，先后近 50 个国家和组织参加了联合行动。

　　总而言之，美国在行动初期和军事进攻方面侧重单边行动与小多边行动。采取此类行动模式主要有以下几个方面的考虑。首先，美国本土所遭遇的大规模袭击严重冲击了美国的国家安全和国内的民心安定，美国决策者需要快速做出决断，跳过冗长细致的集结、部署过程，避开多边机制对美军行动的迟滞。换句话说，美国的反应时限（Time Horizon）是非常短的。① 在美国急切的心态之下，其他国家即便愿意帮助美国分担早期进攻任务，也未必能够以同样的速度实现如此快速的军事动员与军力投送。其次，此次美国所面对的敌人——塔利班政权和基地组织——一个并不算是国富兵强的军政力量，另一个是并不拥有固定占领区域、治理人口和行政体系的恐怖组织，再加上阿富汗复杂的地形地势，所以美国在战争伊始并未打算复制海湾战争时派出大量地面部队的做法，而是更青睐小规模的特种山地作战；更加重要的是，美国事先对战略防御、平叛行动和战后重建的成本估计严重不足，这导致美国在战略进攻阶段并未指望反恐联盟能够为美国的军事攻击任务贡献多少力量。再次，此时的美国对多边机制染指美军行动并不放心。尽管美国极力争取联合国的支持，但是并不以联合国授权作为其动武的前提，也不愿联合国对美军行动指手画脚；美国对于北约的角色也并没有寄予过高的期待，沃尔福威茨不同意将联军的指挥权让给北约，小布什总统也担心北约烦琐的指挥决策机制会使美国的行动延误。② 但是，美

　　① Sarah E. Kreps, *Coalitions of Convenience: United States Military Interventions after the Cold War*, pp. 111 – 113.

　　② Stewart Patrick, " 'The Mission Determines the Coalition': The United States and Multilateral Cooperation after 9/11", in Martin S. Indyk and Bruce Jones eds., *Cooperating for Peace and Security: Evolving Institutions and Arrangements in a Context of Changing US Security Policy*, Cambridge: Cambridge University Press, 2010, pp. 20 – 44.

国并非单纯从军事进攻角度来考虑反恐联盟。在政治上，美国以冷战的胜利者自居，它需要营造一个"一呼百应"的局面体现自身的领导力与合法性；在全球战略上，美国小布什政府逐渐将恐怖主义、大规模杀伤性武器的扩散和"无赖国家"视作国家安全的主要威胁，[①] 美国需要一个广泛的反恐联盟将反恐议题提升到国际议程的突出位置，配合美国在全球展开相关的布局；更加直接的因素是，随着阿富汗战争的发展，美国的战争成本越来越高，不得不将目光投向盟友希望它们分担战争成本。于是，美国仍然有步骤地推进国际反恐联盟的动员。

二 反恐联盟的动员

值得注意的是，小布什政府刚刚上台不久，美国便在反导问题、气候变化、国际禁雷运动等方面表现出浓厚的单边主义色彩，与很多国家的关系都很紧张。"9·11"事件爆发后，美国为了使反恐战争获得有力的支持，迫切需要展开有效的国际动员；美国在这次动员中的一大成功之处，就是不仅组织了一个支持美国的反恐联盟，而且争取了包括中国、俄罗斯等国在内的更广泛的国际社会的支持。

第一，美国诉诸政治与外交手段，将反恐事业打造成为当前国际社会最为迫切的公益事业。"9·11"事件发生之后，美国利用联合国以及其他一些国际多边场合，广泛宣传恐怖主义对当今国际社会的威胁，谴责恐怖分子惨无人道的杀戮行径，积极推动国际机制通过反恐决议与宣言，为美国的反恐战争争取舆论、政治与法理支持。为此，美国甚至主动补交了拖欠联合国的 82 亿美元的会费，积极推动联合国第 1368 号决议和第 1373 号决议的通过。[②] 其中，第

---

① The White House, "The National Security Strategy of the United States of America", March 2006, https://georgewbush-whitehouse. archives. gov/nsc/nss/2006/; The White House, "President Delivers State of the Union Address", January 2002, https://georgew-bush-whitehouse. archives. gov/news/releases/2002/01/20020129 – 11. html.

② 阮宗泽：《反恐联盟及其面临的挑战》，《国际问题研究》2002 年第 3 期。

1368 号决议规定，各成员国"决心采取一切手段打击恐怖主义行为对国际和平与安全所造成的威胁"。① 第 1373 号决议禁止所有国家支持、包庇恐怖分子与恐怖行为，设置安全理事会委员会展开核查，对违法行为有权进行制裁。② 为了进一步在多边场合宣传反恐事业，美国总统布什在国家处于战争状态之际仍然于 10 月 21 日赴上海参加 APEC 领导人峰会，借机改善中美关系，推动与会各国进一步提高对反恐事业的关注与支持。东道国中国也灵活地在 APEC 会议中设置了反恐议程，推动会议通过了《APEC 领导人反恐声明》，APEC 会议的历史上还是第一次涉及安全议题。此外，布什总统还在 11 月 10 日参加联合国大会并发表演讲，正式呼吁各国加入国际反恐联盟，并要求联合国在打击恐怖主义方面发挥积极作用。

第二，美国与一些关键性的潜在盟友和潜在大国进行沟通与协作，拉拢它们加入或者支持美国的反恐战争。在"9·11"事件发生后，美国首先想到的便是英国，日后也证明英国是美国推行反恐战争中最为坚定、有力的盟友。在事件发生后的第一时间，布莱尔便取消了原定在布莱顿劳工联合会议上的演讲，返回伦敦召开内阁会议，当晚同德国总理施罗德、法国总统希拉克、法国总理若斯潘、俄罗斯总统普京进行了电话沟通，并向英国民众发表电视讲话，痛斥"袭击者的罪恶将永远钉在耻辱柱上"，表示"恐怖主义挑战的不仅是美国，更是整个文明世界"，英国人民将与美国人民"肩并肩"共同打击恐怖分子。③ 第二天，布什总统同布莱尔首相通了电话。20 日布莱尔便飞赴华盛顿与布什进行了会谈，布什向布莱尔通报了美国的初步行动计划。布莱尔表示，英国不仅坚定支持美国的反恐行动，而且愿意在组建国际反恐联盟中发挥重要作用。当布什

---

① http：//www. un. org/zh/sc/documents/resolutions/01/s1368. htm.

② http：//www. un. org/zh/sc/documents/resolutions/01/s1373. htm.

③ "Blair Calls for World Fight Against Terror", *The Guardian*, 12 September 2001, https：//www. theguardian. com/politics/2001/sep/12/uk. september11.

总统在国会参众两院联席会议上讲话时，布莱尔就在他的身旁。①
"从9月11日到11月21日的70天中，他（布莱尔）为建立国际反
恐联盟而奔赴于美国、中东、俄罗斯和欧洲各国之间，飞行60多
次，行程7万多公里，与外国领导人进行了65次会晤，与外国领导
人通了40多次电话，成为西方国家领导人中最活跃的一个。"② 除了
英国以外，小布什总统、鲍威尔国务卿展开了密集的电话外交和外
交会面，同各国领导人交流美国的立场，呼吁各国加入或支持美国
的反恐联盟计划。12日，与小布什总统通电话的有英国、加拿大、
法国、德国、中国、俄罗斯的领导人，与鲍威尔国务卿通电话的有
联合国、北约、欧盟、沙特、阿盟的领导人；13日，小布什总统与
日本、意大利、北约、沙特、俄罗斯、中国的领导人通了电话，鲍
威尔国务卿向媒体公布他向巴基斯坦提交的合作领域清单；14日，
鲍威尔同印度、葡萄牙、沙特、摩洛哥、突尼斯、日本的外交官进
行了会谈；17日，鲍威尔国务卿与也门总统和希腊外长进行了交
谈；18日，小布什会见了联合国秘书长、巴西总统、加拿大总理、
法国总统，鲍威尔会见了韩国外长。副国务卿阿米蒂奇、助理国务
卿伊丽莎白·琼斯（A Elizabeth Jones）和反恐协调官弗朗西斯·泰
勒（Francis Taylor）奔赴莫斯科讨论阿富汗作战问题。围绕反恐联
盟问题的通话、会见与出访持续了数月之久，通过最初这几日的沟
通记录，我们大体可以分析出美国联盟动员的亲疏远近与基本思路：
首先要获得传统盟国的支持，比如英国、加拿大、法国、德国等国
家；同时也要同俄罗斯、中国这样的大国沟通，尽管这两个国家难
以称得上是反恐联盟中的一员，但是两国的支持无论在政治上还是
在前沿地区提供便利等方面都非常重要，尤其是美国多次同俄罗斯

---

① "Blair Visit Strengthens the 'Special Relationship'", *The Telegraph*, 22 September
2001, http：//www. telegraph. co. uk/news/worldnews/northamerica/usa/1341310/Blair-vis-
it-strengthens-the-special-relationship. html.

② 张振安：《英国在阿富汗有点尴尬有点急》，《瞭望新闻周刊》2001 年第
49 期。

磋商，为日后美国在中亚地区的军事驻扎与部署提供便利了条件；
同巴基斯坦以及上述记录没有提到的乌兹别克斯坦、塔吉克斯坦等
国家进行磋商，这些国家直接为日后美军的军事驻扎与军事策应提
供了帮助；同伊斯兰国家进行沟通，一方面是出于宗教因素，美国
要向它们说明美国反对的是极端主义而不是伊斯兰教，另一方面是
由于沙特、阿曼、科威特等国家驻扎了准备入阿作战的美军，美国
有必要同该地区的传统友邦进行沟通；同时，通过与广大中亚、西
亚国家的磋商，最终美国获得了 27 个国家授予美国飞越领空、着陆
与过境的权利。① 此外，美国竭尽所能与众多国家磋商，希望它们能
够在政治上支持美国，在财政上帮助美国分担战争成本，在情报工
作方面分享恐怖分子的组织与活动的重要信息。

表 4 - 1　　　　　2001 年 9 月 11 日至 9 月 18 日的高层外交

时间	高层电话沟通与会晤
12 日	小布什总统与英国、加拿大、法国、德国、中国、俄罗斯的领导人通话；鲍威尔国务卿同联合国、北约、欧盟、沙特、阿盟的领导人通话
13 日	小布什总统与日本、意大利、北约、沙特、俄罗斯、中国的领导人通话
14 日	鲍威尔国务卿同印度、葡萄牙、沙特、摩洛哥、突尼斯、日本的外交官进行会谈
17 日	鲍威尔国务卿与也门总统和希腊外长进行了交谈
18 日	小布什总统会见联合国秘书长、巴西总统、加拿大总理、法国总统；鲍威尔国务卿会见了韩国外长

资料来源：US Department of State, "The United States and The Global Coalition against Terrorism, September 2001 – December 2003", https：//2001 – 2009stategov/r/pa/ho/pubs/fs/5889htm，登录时间：2016 年 6 月。

第三，适时激活美国的同盟机制。尽管美国在一开始拒绝了北

---

　　① 　U. S. Department of State, "The United States and The Global Coalition against Terrorism, September 2001 – December 2003", https：//2001 – 2009. state. gov/r/pa/ho/pubs/fs/5889. htm.

约启动联盟条约机制指挥阿富汗战争的提议，但是仍然在 10 月 4 日向北约提出了八项特别援助要求；北约从 10 月中旬出动预警机到美国上空进行巡逻。① 2001 年 12 月，北约成员国国防部长会议在布鲁塞尔召开，会议认为北约应根据反恐需要提升应对各种形式的恐怖主义袭击的能力，成员国应具备在北约领土之外进行部署与行动的能力，愿意为美国的阿富汗战争提供军事援助。随着战事的发展，阿富汗维稳与重建任务日渐繁重，塔利班势力不断制造袭击事件，再加上复杂的宗教与部落冲突使得卡尔扎伊新政府迟迟难以掌控阿富汗全境的安全局势。2003 年 3 月，伊拉克战争爆发之后，北约在美国决策者心目中的地位骤然上升，美国正式要求北约协助负责阿富汗的维和与反恐行动，推动北约接掌国际安全援助部队的指挥权。北约与国际安全援助部队最初的任务是维和、训练阿富汗新政府的警察和军队、打击毒品种植与交易、推进战后重建，活动区域集中在已经攻克的喀布尔附近地区。② 2006 年 10 月之后，北约指挥的军队开始在阿富汗较为危险的南部和东部活动，军队伤亡数字逐渐上升。2009 年美国增兵 3 万人之后，美军和北约指挥的部队开始进行联合特种作战。一些盟国也通过反恐的契机提升自身的国际地位。比如德国通过主办讨论阿富汗未来政府的波恩会议扩大了影响，日本通过参与反恐行动中的后勤保障等活动修改了国内法案，趁机推动所谓的"日本国家正常化"。总之，在阿富汗战争中，随着美国的负担越来越重，美国对同盟机制的依赖程度呈现了由低到高的过程。

　　第四，为壮大联盟，美国同一些国家进行利益交易。为了争取巴基斯坦、印度这两个南亚国家的支持，小布什总统于 9 月 23 日宣布取消对这两个违规进行核试验国家的制裁，恢复对这两个国家的

---

① 高华：《透视新北约——从军事联盟走向安全—政治联盟》，第 277 页。
② 高华：《透视新北约——从军事联盟走向安全—政治联盟》，第 280 页；许洁明、余学波：《北约介入阿富汗战争前景浅析》，《西亚北非》2011 年第 1 期。

军售和经济援助。巴基斯坦表示切断对阿富汗塔利班政权的支持，向巴基斯坦—阿富汗边境派驻部队，为美军提供军事基地，授权北约部队利用巴基斯坦作为军事部署的中转站，并且在后来为美军无人机对塔利班、基地组织的空袭提供帮助。① 印度也表态支持美国的反恐行动，为美国提供关于本·拉登和他在阿富汗训练营的情报，并为美军提供空军基地、港口、后勤支持与医疗协助。② 同时，为了配合反恐斗争，美国政府加大了相关的对外军事与经济援助，特别是针对反恐斗争的前线国家和联盟国家，从而支援阿富汗战争前线、推动受援国内部的反恐态势、争取受援国支援美国的全球反恐斗争。③ 据统计，自 2003 年以来，美国在联盟援助这个项目上平均每年花费 15 亿美元，到 2015 年累计花费 17532 亿美元。④ 其中，巴基斯坦在此类援助中收益最多，并且被免除了 370 亿美元的债务。此外，东欧和中亚国家也是美国此类援助的重点，美国希望这些国家能够成为其全球反恐战争中的重要伙伴。2004 年，时任助理国务卿琼斯对美国在此地区的援助项目做出分析，认为美国的对外军事援助、国际军事教育和训练、维持和平行动等项目有力地支援了联盟成员的反恐行动，同时也加强了北约投身反恐行动的能力建设。⑤

三 反恐联盟的运行

关于反恐联盟的运行主要考虑联盟的组织方式、联盟成员的贡献以及与制度工具的关系。

---

① A. S. M. Ali Ashraf, *The Politics of Coalition Burden-Sharing*: *The Case of the War in Afghanistan*, Ph. D. Dissertation, University of Pittsburgh, 2011, p. 3.

② 《美国取消制裁后印度为何低调反应》，http://www.people.com.cn/GB/guoji/24/20010925/569565.html，登录时间：2017 年 9 月。

③ Traviss Cassidy, "How Foreign Aid Affects Terrorism: Studying the Channel of Social Spending", *Issues in Political Economy*, Vol. 19, 2010, pp. 69 – 95.

④ Amy Belasco, "The Cost of Iraq, Afghanistan, and Other Global War on Terror Operations Since 9/11", *Congressional Research Service Report*, December 8, 2014.

⑤ 周琪：《新世纪以来的美国对外援助》，《世界经济与政治》2013 年第 9 期。

关于联盟的组织方式，首先从整体上看，反恐联盟体系是一个自上而下的结构，美国处于整个反恐联盟的最高领导地位，其他国家基本服从美国的部署与安排。这种安排能够充分贯彻美国意志，避开繁冗的决策机制，快速开展军事行动，这也是美国在战争初期拒绝启动北约机制的重要原因。其次，在整个反恐战争中，基本按照单边—小多边—多边方式行动。战争以美国特种部队进入阿富汗开始。在夺取一系列城市之后，美国开始与英国、挪威、加拿大、德国、澳大利亚、新西兰联合开展"持久自由"军事行动。在攻陷喀布尔之后，波恩会议决定成立国际安全援助部队，美国给这支部队的任务最初是保卫喀布尔的安全，主要在形势较为稳定的西部和北部开展活动，随后逐步发展为维和、维稳和战后重建的重要力量，从此阿富汗反恐联盟以"持久自由行动"和国际安全援助部队行动两种任务形式开展活动。2003 年 8 月，北约开始接管国际安全援助部队，该部队的活动范围逐渐扩大，至 2006 年 10 月，活动范围遍及阿富汗全境，并且开始从事烈度较高的平叛行动，部队人数扩充到 36000 人。再次，反恐联盟管理的强制性有限，联盟成员保持了较大的自主性，比如德国虽然决定向阿富汗北部的昆都士地区（Kunduz）派遣一支 4900 人的部队，但是严格限制自身在平叛任务中的作用；巴基斯坦虽然切断了与阿富汗塔利班政权的外交关系，但是仍然私下同塔利班的一些附属组织保持接触。①

整体而言，联盟成员能够为美国提供的支持包括三个方面：外交支持、军事支持、维稳与重建。外交支持不仅包括在政治上表态支持美国打击基地组织与阿富汗塔利班政权，也包括主持或参与一系列促进联盟组建和行动的国际会议，出面协调联盟内部的关系或者是帮助美国争取国际社会的支持，表现出对履行联盟义务的决心，以及认同美国关于全球恐怖主义威胁的认知并且支持美国围绕反恐

---

① A. S. M. Ali Ashraf, *The Politics of Coalition Burden-Sharing：The Case of the War in Afghanistan*, pp. 2 – 3.

对各项全球与地区事务做出的安排。军事支持主要是指出动作战部队分担军事打击的作战任务，或者为美军提供基地、后勤保障，向美军开放领空，允许美军过境。维稳与重建涉及的内容较为丰富，包括派出部队参与战后的安保、维和，帮助训练新政府的警察与军队，向阿富汗提供军事与经济援助等。多数联盟成员在外交层面给予美国强有力的支持，在它们的推动下，联合国、北约和国际社会召开多次会议商讨打击恐怖主义的原则与方案。但是坦率地讲，反恐联盟的物质贡献比重低于海湾战争。海湾战争中，美军出动 69.7 万人，占联军总数的 72.9%；① 全部军费开支达 610 亿美元，盟友承担了其中的 540 亿美元②，也就是说美国实际负担的开支占联军总数的 11.5%。在阿富汗战争中，尽管拉姆斯菲尔德曾在 2002 年 2 月表示，当时部署在阿富汗战场的外国军队有 6000 人，美国军队有 5000 人，③ 然而，到 2011 年联军准备撤军之时，联军总兵力为 132 万人，其中美军人数为 9 万人，占比 6.8%。④ 截止到 2017 年 8 月，美军阵亡 2403 人，占联军总阵亡人数的 6.79%。⑤ 在财政开支方面，据美国国家战略和国际研究中心战略主席考兹曼（Anthony Cordesman）的估计，截止到 2017 年美军为阿富汗战争花费约 8410 亿美元；⑥ 占联军总开支的绝大多数，大大超过了海湾战争。综合来看，在美国的反恐联盟中，英国的贡献最大，无论是在外交上帮助

---

① "Gulf War Coalition Forces: Countries Compared", http://www. nationmaster. com/country-info/stats/Military/Gulf-War-Coalition-Forces，登录时间：2017 年 9 月。

② 韩庆娜：《武力与霸权：冷战后美国对外军事行动》，第 148 页。

③ U. S. Department of Defense, "Rumsfeld Praises Coalition Contributions in Anti- Terror War", February 26, 2002, http://archive. defense. gov/news/newsarticle. aspx? id = 43905.

④ http://www. nato. int/isaf/placemats _ archive/2011 – 03 – 04 – ISAF-Placemat. pdf.

⑤ http://www. icasualties. org/oef/.

⑥ "The Financial Cost of 16 Years in Afghanistan", http://money. cnn. com/2017/08/21/news/economy/war-costs-afghanistan/index. html.

美国进行国际动员，还是在军队派遣与费用承担等方面；排在第二梯队的有澳大利亚、加拿大、法国、德国、意大利、荷兰、新西兰、挪威、波兰、罗马尼亚、西班牙、瑞典、土耳其、巴基斯坦、乌兹别克斯坦、塔吉克斯坦，其中的北约国家或者是出兵数量较多或者是参与了攻击性行动，巴基斯坦、乌兹别克斯坦和塔吉克斯坦等国家提供了重要的后方基地；其他联盟成员便处于反恐联盟的第三梯队。联盟成员的不同表现受到一系列因素的影响，包括对美国的依赖程度、对恐怖主义威胁的认知、自身的军事能力、国内决策部门的权限等。

表4－2 **阿富汗反恐战争联盟成员层级**

第一梯队	美国、英国
第二梯队	澳大利亚、加拿大、法国、德国、意大利、荷兰、新西兰、挪威、波兰、罗马尼亚、西班牙、瑞典、土耳其、巴基斯坦、乌兹别克斯坦、塔吉克斯坦
第三梯队	其他联盟成员

资料来源：作者自制。

反恐联盟与联合国、北约两大制度工具的关系基本上是相互调适的，反恐联盟充分利用这两大机制并进行补充与塑造。

在联合国方面，美国充分动员日后的联盟成员和主要大国，争取联合国通过了一系列打击恐怖主义的决议，利用联合国出面组建的国际安全援助部队加入到美国的反恐作战之中。与此同时并未让自己的手脚被联合国束缚住，从一开始并未以联合国安理会对军事打击阿富汗塔利班政权和基地组织进行明确的授权为行动前提，而是以《联合国宪章》第51条关于单独和集体自卫权为理由开启反恐行动，并且规避了一系列联合国关于使用武力的原则与限制。[①]

---

① 黄瑶：《美国在阿富汗反恐军事行动的合法性问题探析》，《武汉大学学报》（社会科学版）2002年第5期。

关于北约，反恐联盟自始至终与之存在张力，但是美国基本上比较成功地对其进行调适并加以利用。尽管北约支持美国的军事行动，美国一开始却不太关注北约的作用，把北约晾在了一边。随着战事的发展，战争成本大大超过美国预期之后，美国同意北约接过国际安全援助部队的指挥权，同美国指挥的"持久自由行动"体系共同在阿富汗开展军事行动。然而反恐联盟与北约的分歧持续加深，争论的焦点集中在阿富汗战争的战略规划、权责分工、指挥权限等方面。① 国际安全援助部队的任务从一开始就限定为维稳为主，并在局势相对稳定的阿富汗北部、西部地区活动，并且这种规划曾经得到美国的同意。但是在美军的伤亡人数不断增加之后，美国希望并敦促北约领导的国际安全援助部队向阿富汗局势动荡的其他地区进军并分担一部分进攻与平叛任务，而北约中的众多盟国明显对美国的要求存有异议。

比较微妙的一点是，一些北约中的重要盟友——比如英国、法国、德国、加拿大等——同时参与了"持久自由行动"与国际安全援助部队，但是以德国为代表的一些北约国家，向国际安全援助部队提供了大量的军力与财力支持，却在"持久自由行动"中表现得极为谨慎；部分美军也参与了北约领导的国际安全援助部队，该建制下的美军积极活跃在其他成员国不愿进入的阿富汗东部省份。在2006年11月底召开的北约里加峰会上，负责阿富汗东部与南部省份作战的美国、英国、加拿大、荷兰等国家就曾提出，当这些国家的军队在遇到危机时应当得到广大盟军部队的支援，但是该主张并未得到积极的回应。为此，美国一方面推动国际安全援助部队的活动范围扩展至阿富汗全境并承担反叛乱任务，另一方面推动国际安全援助部队与"持久自由行动"的机制整合。时任北约盟军最高总司令的詹姆斯·琼斯（James Jones）在2005年开始设计一套协调机

---

① Sten Rynning, "Coalitions, Institutions and Big Tents: The New Strategic Reality of Armed Intervention", *International Affairs*, Vol. 89, No. 1, 2013, pp. 53 – 68.

制，希望北约驻阿富汗总指挥任命他的副手兼任"持久自由行动"的指挥工作。这项机制在 2008 年进一步升级，戴维·麦基尔南（David McKiernan）将军同时被任命为北约国际安全援助部队和"持久自由行动"的最高指挥官；2009 年，美国进一步对两个机制进行整合，决定以后的国际安全援助部队指挥官由美军四星上将担任，将"持久自由行动"划归联合行动指挥部指挥，指挥官由一名美军三星中将担任。[①] 此外，阿富汗战争促使美国加快了推进北约转型的步伐，赋予北约打击恐怖主义、大规模杀伤性武器的扩散和"流氓国家"的战略使命，推动北约东扩，精简北约军事指挥机构，建立北约快速反应部队，促进北约在防区外开展军事活动。新版北约战略概念出台，以"新能力""新伙伴"应对"新威胁"。[②]

在阿富汗战争进入僵持阶段之后，塔利班势力卷土重来，到 2008 年重新控制阿富汗大片国土，制造的袭击事件数量大幅度攀升，联军在阿富汗未能实现局势的根本扭转，士兵阵亡数字却不断增加。奥巴马政府上台后，提出新的反恐战略，将阿富汗和巴基斯坦的恐怖分子作为一个整体进行打击，并动员联盟成员增兵阿富汗，并且特别要求北约盟国在打击塔利班和基地组织势力、培训阿富汗军队和警察方面承担更多的责任，同时制订了自 2011 年 7 月开始撤军的计划。但是北约已经在其报告中显现出对阿富汗前景的悲观态度，各国对联军的支持也日渐消极。法国总统萨科齐在 2012 年 1 月表示，法国要求提前一年撤出驻阿法军。[③] 奥朗德在竞选期间也曾向选民承诺，他要在当选之后率先撤出驻阿法军。2014 年，反恐联军

---

① Sten Rynning, "Coalitions, Institutions and Big Tents: The New Strategic Reality of Armed Intervention", *International Affairs*, Vol. 89, No. 1, 2013, pp. 53 – 68.

② 阮宗泽：《北约的战略转型及其挑战》，《国际问题研究》2003 年第 2 期；张健：《北约新战略概念解析》，《现代国际关系》2010 年第 12 期。

③ "France will Speed up Troop Withdrawal from Afghanistan by one Year", *The Washington Post*, January 27, 2012, https://www.washingtonpost.com/world/europe/france-will-speed-up-troop-withdrawal-from-afghanistan-by-one-year/2012/01/27/gIQAhc49VQstory.html? utmterm = . ec7b382215cd.

陆续从阿富汗撤离。12 月 28 日，北约正式终止了国际安全援助部队的任务，将安全保障的职责移交阿富汗政府；同日发起"坚定支持行动"（Operation Resolute Support），接管尚未撤出阿富汗的联军部队。尽管有庞大的联盟分担行动成本，阿富汗战争还是极大地消耗了美国的战略资源。比之更甚的是，小布什政府以多国联军的方式发动了另一场使美国付出极大代价的军事行动——伊拉克战争。

第二节　伊拉克战争中的多国联盟

一　多国联盟的起源

美国通过多国联盟这种形式发起伊拉克战争的主要缘由是美国坚决要求使用武力推翻伊拉克萨达姆政权的行动方案与北约、联合国等机制成员的意愿产生了巨大张力。

海湾战争之后，美国率领多国联军结束了伊拉克对科威特的入侵，但是没有选择推翻萨达姆政权，避免了多国联军可能出现的分裂，也在客观上防止伊朗在这一地区一家独大。美英两国确立了对伊拉克进行武器核查、军事恫吓与制裁的政策，在北纬 36 度以北地区设"安全区"，在北纬 32 度以南设立"禁飞区"，多次对伊拉克发动空中与导弹袭击。[①] 萨达姆政权对美国的行为极度不满，发表了一系列反美言论，对武器核查的态度几经反复，导致美伊关系高度紧张。关于小布什政府发动伊拉克战争的动机，一直以来众说纷纭，包括控制石油、控制中东、推广民主、打击恐怖主义与防止大规模杀伤性武器的扩散等；[②] 也有从美国国内的新保守主义思潮、军工复合体的推动、情报分析失准、执政小集团思维等方面分析美国决策

---

① 安维华：《国际反伊拉克军事联盟的离析与重组》，《国际政治研究》2003 年第 3 期。

② 刘建飞：《伊拉克战争与美国的霸权战略》，《当代世界》2003 年第 5 期；李东燕：《从美国国家利益角度看伊拉克战争》，《国际经济评论》2003 年第 5—6 期。

失误的。① 探究美国的动机与决策并不是本书的论证任务，但是分析美国开战的决心对本书论题非常重要，因为这种决心是组建多国联盟的首要动力。

概括而言，本书认为"9·11"事件大大提升了美国对伊拉克动武的决心。"9·11"事件一方面冲击了美国的战略心理，令美国的安全感变得极为脆弱；另一方面改变了美国的威胁认知，即恐怖主义、大规模杀伤性武器的扩散和"流氓国家"是美国的首要威胁；同时令美国的决策变得急促而短视，布什总统在 2002 年西点军校演讲中就曾提道："如果等到威胁全部坐实以后再出手，那就来不及了。"② 在这样的背景下，美国认为伊拉克具有这三种威胁结合的特征并且应对这种威胁正变得迫在眉睫。③ 美国宣布了萨达姆政权的三大罪状：萨达姆的独裁政权是邪恶的，对内镇压什叶派人士和库尔德人，对外侵略科威特；萨达姆政权和恐怖主义组织有染；萨达姆政权正在发展大规模杀伤性武器。在高估威胁的同时，美国又低估了行动成本，因为海湾战争时期多国联军的行动非常顺利，同时伊拉克已经被制裁了 10 年，美国乐观地认为取得战争胜利并没有太大的难度。因此，美国决意发动推翻萨达姆独裁政权的战争，无论遭遇什么样的外交阻力。

但是事实上，美国的战争诉求遭遇到了前所未有的阻力，无论在同盟伙伴层面、美欧关系层面还是在全球层面。德国是最早公开反对

① Mark Phythian, "The Perfect Intelligence Failure? U. S. Pre-War Intelligence on Iraqi Weapons of Mass Destruction", *Politics & Policy*, Vol. 34, No. 2, 2006, pp. 400 – 424；薛晨：《社会心理、错误知觉与美国安全观的转变及实践——以九一一事件和伊拉克战争为例》，《世界经济与政治》2006 年第 12 期；韩召颖、宋晓丽：《美国发动伊拉克战争决策探析——小集团思维理论的视角》，《外交评论》2013 年第 2 期；安惠侯：《伊拉克战争与国际政治》，《国际问题研究》2003 年第 3 期。

② Sarah E. Kreps, *Coalitions of Convenience：United States Military Interventions after the Cold War*, p. 128.

③ 罗峰：《美国预防性战争的逻辑——基于伊拉克战争的考察》，《世界经济与政治》2010 年第 9 期。

对伊拉克动武的美国西方盟国。2002 年 2 月，德国外长发表演讲，反对将反恐战争扩大到伊拉克。8 月 3 日，正在参加连任竞选的德国总理施罗德在汉诺威表示，如果北约攻打伊拉克，"德国不会提供一分钱的援助，那种不出人但出钱的'支票外交'已经一去不复返了"。①施罗德之后还表示，即便美国获得了联合国授权，德国也不会参加对伊拉克的军事行动。当 9 月施罗德再次胜选之后，小布什总统不顾外交礼仪拒绝发去贺电。法国则延续了长期以来对美国伊拉克政策的不满，在获悉美国准备动武的消息之后，法国领导人对众多中东欧国家政府进行游说，警告他们不要随意支持对伊动武。2003 年 1 月 22 日，德国和法国首脑在庆祝《爱丽舍宫条约》签订 40 周年之际，发表声明呼吁和平解决伊拉克问题。拉姆斯菲尔德反对德法两国发表的声明，并且指责他们只能代表所谓的"老欧洲"，不能代表中东欧地区的"新欧洲"。这一言论不仅显示出美国与德法两国矛盾的公开化，而且意味着美国开始以对伊动武问题在欧洲国家画线，进一步加剧了欧洲的分裂。1 月 30 日，欧盟外交事务高级专员索拉纳指出，美国如果对伊拉克发动预防性战争，将违反国际法的相关规定。② 同一天，欧洲议会通过决议，反对美国采取单边主义的军事行动。2 月 10 日，法国、德国、比利时宣布反对北约在战争打响后向土耳其提供军事支持的"默认程序"。③ 此外，包括加拿大、比利时、奥地利、卢森堡、希腊等北约国家也都公开反对美国立场。于是，美国希望获取欧洲和北约支持对伊动武的基础不复存在。

在联合国层面，美国的动武要求也四处碰壁。以沃尔福威茨为代表的保守派人士主张美国直接绕开联合国，鲍威尔国务卿和英国首相布莱尔还是说服布什总统，争取获得联合国的战争授权。联合国安理会于 2002 年 11 月 8 日通过第 1441 号决议，强调这是

---

① 安维华：《国际反伊拉克军事联盟的离析与重组》，《国际政治研究》2003 年第 3 期。

② 安维华：《国际反伊拉克军事联盟的离析与重组》。

③ 安维华：《国际反伊拉克军事联盟的离析与重组》。

伊拉克履行核查义务的"最后机会"：限伊拉克 7 天内接受决议，30 天内就其发展大规模杀伤性武器的情况提交全面的报告，联合国核查人员在 45 天内恢复工作并在 60 天内向安理会报告；如果伊拉克实质性违反决议，将面临严重后果，安理会将根据核查报告考虑下一步行动。① 这份决议相当于给萨达姆政权下达了一项最后通牒，但还不是对美国动武的授权，美英两国仍然需要联合国安理会通过一份授权决议。安理会核查小组在接下来提交的数份核查报告中均未找到伊拉克违规的证据。于是，美国一方坐不住了。2 月 24 日，美国、英国、西班牙提交新的决议草案，要求获得安理会授权。美国本以为可以拿到安理会 9 票以上的赞成票，并向俄、法、中施压，要求它们不要投否决票。但是外交局面却出乎美国的预料，原本保持中立的 6 个国家立场没有明显转变，俄、法、中三国的反对却越来越强烈。② 于是，美国获得联合国动武授权的希望也就此破灭。

在获取北约和联合国支持无望的情况下，美国转而寄希望于一个广泛的国际"倒萨"联盟来打破政治上的不利局面。2003 年 3 月 18 日，鲍威尔宣称美国领导的"倒萨"联盟已经有 45 个国家，其中有 30 个国家公开支持美国进军伊拉克③，另有 15 个国家不希望公开它们的名字，但是会提供诸如开放领空、开放基地这类的支持。④

---

① 《联合国安理会就伊拉克问题通过第 1441 号决议》，http：//www. fm-prc. gov. cn/ce/cept/chn/zt/ylkwt/t96264. htm，登录时间：2017 年 9 月 1 日。

② 陶文钊：《从伊拉克战争看美国的单边主义》，《国际观察》2004 年第 1 期。

③ 最早的 30 个国家为：阿富汗、阿尔巴尼亚、澳大利亚、阿塞拜疆、哥伦比亚、捷克共和国、丹麦、萨尔瓦多、厄立特里亚、爱沙尼亚、埃塞俄比亚、格鲁吉亚、匈牙利、冰岛、意大利、日本、韩国、拉脱维亚、立陶宛、马其顿、荷兰、尼加拉瓜、菲律宾、波兰、罗马尼亚、斯洛伐克、西班牙、土耳其、英国、乌兹别克斯坦。"Powell：30 Nations in Coalition"，Fox News，March 18，2003，http：//www. foxnews. com/story/2003/03/18/powell-30 - nations-in-coalition. html.

④ "US Names 'Coalition of the Willing'"，BBC News，March 18，2003，http：//news. bbc. co. uk/2/hi/americas/2862343. stm.

3月19日，布什总统在椭圆形办公室发表的电视讲话中指出，"超过35个国家提供至关重要的支持——从提供海军和空军基地到提供情报与后勤支援，以及派出作战单位"。①3月20日，美国及其领导的多国联军向伊拉克发动代号为"震慑"（Shock and Awe）的空袭，伊拉克战争正式打响，此时美国宣布公开支持美国的国家已经超过40个。27日，美国政府正式发了一个新闻稿，公开了包含49个成员的联盟名单。如此大费周章地计较联盟成员的数量，凸显了此次美国在政治上的窘迫。美国"倒萨"联盟的组建与反恐联盟有着显著的区别，此次联盟的首要目的是彰显美国对伊动武的合法性，缓解美国在政治上的压力；反恐联盟组建时，美国在联盟动员与行动初期还在纠结，到底是大联盟更好还是小联盟更好，此次美国展现出的立场无疑是——希望联盟成员的数量越多越好，至于每个联盟成员贡献多少却不怎么在意。

二　多国联盟的动员

伊拉克多国联军的组建是美国在面临巨大争议与反对的情形下，对一部分愿意支持美国立场与行为的国家进行号召与动员的过程。当多国联盟的名单陆续公布之后，外界很快发现联盟成员的名单具有一系列特点。

第一是美国此次格外重视联盟成员名单，不断公布最新的联盟成员数量，目的就是让这份名单看起来显得规模庞大，显示美国仍有众多国家支持。尤其在3月27日的白宫新闻公告上特意指出联盟成员加起来有多少人口，有多少国民生产总值，包含多少人种、种族和宗教，来自不同的大洲，仿佛生怕别人不知道美国的战争行为还是有支持者的，美国并没有被全世界孤立。

第二是联盟缺少了许多重要盟国，却多了许多小国、穷国，像

---

① The White House, "President Bush Addresses the Nation", March 19, 2003, https://georgewbush-whitehouse.archives.gov/news/releases/2003/03/20030319-17.html.

德国、法国、加拿大、比利时、卢森堡、奥地利、希腊等美国北约盟国没有参加，中东地区重要的盟友与伙伴——以色列、沙特、埃及等国家也没有名列其中，重要的反恐盟友巴基斯坦也没有参加；而像所罗门群岛、密克罗尼西亚、马绍尔群岛、汤加、帕劳等太平洋岛国，以及非洲的乌干达、卢旺达、厄立特里亚，还有中南美洲的多米尼加、萨尔瓦多、巴拿马、洪都拉斯等国家却名列其中。

第三，联盟名单乌龙频出，显得虚虚实实。鲍威尔最早曾表示，有15个国家愿意提供实质性支持，但不愿意被列在名单之上，有文献认为是一些中东伊斯兰国家在暗中提供支持。[①] 在最早的30国名单上确实没有一个阿拉伯国家，包括准备为美国提供基地与后勤支持的沙特、卡塔尔、科威特和巴林都没有被列入，并且在最终的49国名单中只有科威特；而且在1月23日，土耳其、沙特、叙利亚、埃及、约旦和伊朗6国外长召开紧急会议并签署《联合宣言》，反对在该地区再次进行一场战争，认为伊拉克危机应当得到和平解决；此次联盟中被美国倚重的土耳其在战争前也在原本的立场上后退，仅仅同意为美国开放领空、提供基地，土耳其军队只从事人道主义服务与任务，拒绝美军从土耳其境内进入伊拉克北部摩苏尔和基尔库克，反对美国支援伊拉克北部的库尔德人——这意味着美国开辟第二通道的计划破灭。据美国媒体报道，曾经被国务院列在名单上的保加利亚没有出现在30国大名单之中，而是被替换成了爱尔兰，因为保加利亚不愿意公开自己的立场。[②] 但是在27日的联盟名单中，保加利亚又赫然在列。

最为尴尬的是，围绕联盟名单出现两次比较大的乌龙事件。一个是乌克兰事件。乌克兰是美国声称的联盟成员，但是2003年4月，乌克兰外交部表示从未向美国提出过加入多国联盟的申请。乌

---

① 赵伟明、孙德刚：《美国准联盟战略初探——以伊拉克统一战线为例》。

② "Powell：30 Nations in Coalition", Fox News, March 18, 2003, http：// www. foxnews. com/story/2003/03/18/powell-30 - nations-in-coalition. html.

克兰外交部新闻局局长卢布基夫斯基表示，乌克兰对联盟的贡献仅仅是反对大规模杀伤性武器的扩散，"从提供人道主义救援的立场出发，我们是联盟成员"，然而他又称乌克兰加入的联盟不是指美国领导的"倒萨"联盟（有学者也称为"反伊"联盟，为区别20世纪90年代伊拉克战争中的多国部队，本书称此次组建的多国联盟为"倒萨"联盟）。① 另一个是哥斯达黎加事件。2004年9月，哥斯达黎加要求美国把它从"倒萨"联盟名单中删除，因为哥斯达黎加宪法法院判定，此份联盟名单违反了哥斯达黎加和平主义的原则。政府发言人汤姆·凯西（Tom Casey）指出，哥斯达黎加的联盟成员身份只是为了表达自身对大规模杀伤性武器的反对，但是它没有向该地区派过一兵一卒，也没有为伊拉克重建援助过一分钱。②

可以说，"倒萨"联盟是一个"拼凑"痕迹极为明显的多国联盟，并且不断地"丢盔卸甲"。为了动员与维持联盟，美国耗费了不少战略精力。

第一，美国试图寻找合适的开战理由，将美国塑造成向全球提供公共产品的形象，寻求军事行动的支持者。美国在这方面的努力是一贯的，无论出于多么自私的心理，美国都要为其海外用兵行为贴上"公益"的标签。这一次美国同样给出了三个似乎与全球安全密切相关的理由：萨达姆独裁政权的邪恶本质、萨达姆政权与恐怖组织的关联、萨达姆政权发展大规模杀伤性武器的迹象。并且在多种场合兜售美国伊拉克政策的理念。但是美国此次的舆论造势并不成功，表现在三个方面：理由不充分、操之过急、放弃了安理会授权。关于开战理由方面，本来世界各国的政治体制就存在差别，将政权体制作为开战理由之一很难获得非西方体制国家的认同，尤其

---

① 《乌否认向美提出加入"反伊"联盟的申请》，2003年4月1日，http://www.people.com.cn/GB/guoji/209/10482/10487/20030401/960414.html，登录时间：2017年9月。

② "Costa Rica Asks to be taken Off U. S. List of Iraq Coalition Partners", *Los Angeles Times*, September 10, 2004, http://articles.latimes.com/2004/sep/10/world/fg-rica10.

是中东地区广大的伊斯兰国家；而且美国在开战前未能找到有力证据证明伊拉克威胁地区与全球安全，一直到战争结束，美国军方与联合国核查人员都未能找到伊拉克支持恐怖主义、发展大规模杀伤性武器的证据。同时，美国急于打响伊拉克战争，进而急于推动安理会通过授权决议，并且拒绝了核查小组完成核查任务的要求。时任联合国首席武器核查官的汉斯·布利克斯（Hans Blix）在3月提出核查还需要进行几个月，但是小布什总统却对伊拉克配合武器核查与销毁的状况并不满意，认为"外交工作已经失败"。美国在2月24日提出授权动武的决议草案，3月中旬便放弃了最终的投票。换句话说，美国放弃了长达数月的时间窗口进行最后的外交动员。

美国的考虑可能主要包括：（1）4月以后，伊拉克进入夏季，并且一直持续到11月；其中4—5月风沙极大，6—9月平均最高气温将超过40摄氏度，昼夜温差极大。换句话说，从军事行动的角度考虑，3月中旬是对伊动手的最后时间窗口。（2）继续核查下去，如果再没有证据浮现的话，对美国可能更加不利。（3）美国在安理会的外交说服已经感到强大的阻力，决议草案极有可能无法通过，如果草案进入投票环节却没有通过，美国在政治上就更加被动，不如索性放弃。在这里，本书认为，尽管美国从一开始决意打击伊拉克的念头就是错误的①，美国仍有机会改变被动的局面，那就是把核查小组的核查工作和授权草案的讨论工作尽量拖到半年以后，利用这半年的时间积极做法国与德国的工作，也积极做俄罗斯和中国的工作，其中前者的工作最为重要。因为并没有迹象显示德法两国领导人坚信伊拉克没有大规模杀伤性武器，或者对伊拉克抱有格外的同情，更没有削弱北大西洋同盟关系的倾向。德法两国最为关切的并不是萨达姆政权的命运，而是担心美国在冷战结束之后肆意使用

---

①　错误的理由是，伊拉克违反国际法的证据不充分，导致对其动武的合法性不足；美国对关键盟友的反对态度以及对这种反对的后果估计不足；美国对安理会授权难度估计不足；对推翻萨达姆政权之后的伊拉克安全形势估计不足；对伊拉克人民欢迎民主政治的情形过度乐观。

武力谋求单极霸权，担心美国用"宗主国"的心态处理与盟国之间的关系。[①] 如果美国对这两个盟国降低姿态，耐心说服，虽然不一定赢得它们的最终支持，但至少能够缓解它们对美国的疑虑，争取瓦解德、法、俄三国形成对美"软制衡"的合作关系，[②] 或者借此争取到北约层面的支持。但是美国并没有这样做，而是走到了许多国家的对立面，显现出浓厚的单边主义色彩。

第二，美国在争取关键盟友和关键大国方面遇到了麻烦，同属盎格鲁—撒克逊国家的加拿大此次也表达了反对意见，令美国极为被动。美国的做法是，除了倚重英国等部分传统盟国出面充当主要旗手之外，拉拢一批新兴伙伴和对美国依赖度较高的中小国家，加入到"倒萨"联盟中来。

继续强调"美英特殊关系"在"倒萨"战争中的突出作用。布什与布莱尔一直以来保持着亲密、良好的关系，布莱尔领导的英国政府也一直支持美国的伊拉克政策。布什于2002年4月与布莱尔在克劳德福德会见时就曾经展开了秘密谈话，向其透露美国准备动手的计划，布莱尔对此表示支持，并希望在处理伊拉克问题的同时推进巴以和谈进程、组建最为广泛的多国联盟、确保联合国在每一个进程中都发挥重要作用。[③]

除了英国之外，西班牙、澳大利亚、荷兰、意大利等国家也是美国比较倚重的传统盟国，小布什政府也与它们进行了沟通并获得了它们的支持。2003年1月29日，以英国为首的8个欧洲国家——英国、意大利、西班牙、葡萄牙、波兰、匈牙利、丹麦、捷克——发表联合声明，宣布伊拉克政权威胁世界和平，支持美国武力解除

---

① 参见孙恪勤《试析当前德美战略矛盾》，《欧洲研究》2003年第2期。

② Robert A. Pape, "Soft Balancing against the United States", *International Security*, Vol. 30, No. 1, 2005, pp. 7 – 45.

③ Nigel R. Thalakada, *Unipolarityand the Evolution of America's Cold War Alliances*, Basingstoke：Palgrave Macmillan, 2012, p. 44；赵怀普：《"布莱尔外交"评析》，《国际论坛》2008年第3期。

伊拉克武装。3 月 16 日的亚速尔群岛峰会显示了主战国家的团结与决心，美国、英国、西班牙、葡萄牙四国领导人共同商讨当前的伊拉克局势，向萨达姆政权发出战争威胁，并表示不惜在没有安理会授权的情况下也要发动军事打击。

　　第三，中东欧国家成为美国动员的重点。1994 年，捷克、匈牙利和波兰成为北约新成员；进入 21 世纪之后，斯洛伐克、保加利亚、罗马尼亚、斯洛文尼亚、爱沙尼亚、立陶宛、拉脱维亚等国纷纷成为北约东扩的考察对象。这些国家在冷战结束之后，迫切需要在经济上进行体制改革并与外界接触，在安全上获得新的支持与保障，进而积极寻求加入欧盟、北约，提升与美国的双边关系。对这些国家而言，参加美国主导的多国联盟是加强与美国关系的重要机会。果不其然，波兰的表现最为抢眼，在第一波对伊攻击行动中就派出了 200 人的部队参加作战，包括特种部队、海军陆战突击队、后勤保障舰队和防化部队；并在战后维稳区域派驻 2400 人的地面部队，成为整个联盟中兵力贡献排名第三的国家。捷克也派出了三防部队，匈牙利派出工程部队，罗马尼亚派出了山地轻型火炮部队。在伊拉克战争中表现积极的众多中东欧国家很快在美国的支持下纷纷加入北约。

　　与美国关系紧密的一系列中小国家纷纷被纳入美国主导的"倒萨"联盟，包括 5 个太平洋岛屿国家（密克罗尼西亚、马绍尔群岛、帕劳、汤加、所罗门群岛），6 个中南美洲国家（哥伦比亚、哥斯达黎加、多米尼加、萨尔瓦多、洪都拉斯、尼加拉瓜）以及 6 个非洲国家（阿尔及利亚、安哥拉、厄立特里亚、埃塞俄比亚、卢旺达、乌干达），以及诸如蒙古国、阿塞拜疆这样的亚洲中小国家。这些国家在"倒萨"战争中的实质贡献非常有限，主要是为美国提供政治支持。由于德国和法国这样的"老欧洲"国家缺席"倒萨"联盟，拉拢众多中小国家事实上是美国掩盖老盟友缺席、无安理会授权窘境的手段，可以说是一种补救、迂回策略。本书认为，如果美国能获得德国和法国的支持，这两个国家的联盟贡献与背书功能远远大于几十个小国"拼凑"起来的联盟集团。

　　第四，美国通过利益交易与威胁动员和维持"倒萨"联盟。对于许多中小国家来说，是否表态支持甚至参与美国组织的联盟行动，主要考虑的往往不是它们在该议题上有多大的利益关联或者该议题本身的是非曲直，而是看美国为了它们的支持能够让渡多少政治与经济利益。美国也深知这一点，并且用一系列手段"收买"一些国家的支持，包括政治支持、经济与军事援助、贸易与投资、伊拉克重建项目合同、部署军事基地、继续履行同原伊拉克政府的债务关系等；如果某些国家表现出反对态度，美国会威胁终止这些利益输送，迫使相关国家支持美国的行动计划。① 在海湾战争爆发之前，安理会非常任理事国也门曾经在安理会授权决议的投票中投出反对票，结果美国在 3 天之后便终止了对也门的援助计划。在此次伊拉克危机发生之后，一些国家通过支持伊拉克战争趁机提升与美国的双边关系以缓解自身的地缘政治压力，比如与俄罗斯关系紧张的波罗的海国家和中东欧国家。正处在高度对抗状态的厄立特里亚和埃塞俄比亚都担心美国站在对方一边，美国于是同时与双方接触，给予支持与安抚，把它们共同纳入联盟之中。乌克兰库奇马政府有意支持美国换取美国停止对国内反对派的支持，美国也一度降低了批评乌克兰政府的调门。支持美国的 5 个太平洋岛国全都严重依赖美国的经济援助与贸易，比如密克罗尼西亚每年接受美国 1 亿美元的经济援助，这个数额约占其政府每年财政预算的 57%；密克罗尼西亚、马绍尔群岛和帕劳这 3 个国家没有自己的主权货币，国内经济活动全部使用美元结算；密克罗尼西亚和马绍尔群岛建有美军基地，相关配套设施每年都为它们带来大量收入；汤加出口贸易的三分之一是与美国进行的，半数人口常年居住在美国、澳大利亚、新西兰；

---

① Randall Newnham, "'Coalition of the Bribed and Bullied?' U. S. Economic Linkage and the Iraq War Coalition", *International Studies Perspectives*, Vol. 9, No. 2, 2010, pp. 183 – 200.

汤加与所罗门群岛国内长期处于动荡的状态，也需要继续获取美国的援助与支持。① 在美国的呼吁之下，这些太平洋岛国考虑到对美国的依赖，担心拒绝加入"倒萨"联盟可能会招致美国的报复。除了这5个太平洋岛国之外，联盟成员中的大量国家都是美国援助的受援国，包括喀麦隆、阿富汗、土耳其、格鲁吉亚、菲律宾、埃塞俄比亚和乌兹别克斯坦。美国原本打算要向土耳其提供60亿美元的援助和240亿美元的贷款，换取土耳其同意其开辟进入伊拉克的第二通道，结果遭到土耳其国会的否决。但是因为同意美国使用基地、飞越领空，并提供人道主义救援，土耳其仍然从美国获得了10亿美元的援助和85亿美元的贷款。② 美国也通过提升对罗马尼亚、保加利亚的投资作为它们加入联盟的奖励，并且表示承认他们的市场经济地位。美国还于2007年在罗马尼亚修建了军事基地，这是第一个在原华约国家修建的军事基地，大大提升了双边关系。同时，美国也不时运用手中的资源对一些态度摇摆的国家进行"敲打"。美国官员曾在不同场合对墨西哥、智利等国家发出警告，声称如果它们采取反战立场将遭到美国的报复。③

三　多国联盟的运行

"倒萨"多国联盟的组织体系与反恐联盟类似，也是以美国为领导、自上而下组建并运行的。入侵伊拉克的各国军队统一接受美军中央司令部司令汤米·弗兰克斯将军的领导，各国军队仍保留具体

---

① Anders Wivel and Kajsa Ji Noe Oest, "Security, Profit or Shadow of the Past? Explaining the Security Strategies of Microstates", *Cambridge Review of International Affairs*, Vol. 23, No. 3, 2010, pp. 429 – 453.

② Patricia Weitsman, "With a Little Help from Our Friends? The Costs of Coalition Warfare", http://origins.osu.edu/article/little-help-our-friends-costs-coalition-warfare.

③ Randall Newnham, "'Coalition of the Bribed and Bullied?' U. S. Economic Linkage and the Iraq War Coalition", *International Studies Perspectives*, Vol. 9, No. 2, 2010, pp. 183 – 200.

作战行动的指挥权。[①] 3 月 20 日战斗打响之后，美国、英国、澳大利亚、波兰首先展开了大规模作战行动，大约包括美军 248000 人，英军 45000 人，澳军 2188 人，波兰派出了 194 人的特种部队，丹麦也派遣两艘军舰支援美军。美军作为联军主力对伊拉克发动空袭并且派遣地面部队由南向北攻向巴格达，其他联军部队以两种形式予以支援：一种是传统作战，比如英军进攻南部城市巴士拉及其附近区域；另一种是特种作战，联合特种作战司令部建立了 3 个特遣队，分别部署在伊拉克北部、西部和南部海岸地区展开活动。第一波进攻之后，西班牙士兵进入伊拉克南部从事人道主义救援。[②] 此后，从 3 月底至 4 月初，大量的联盟成员国的军队进入伊拉克，包括阿尔巴尼亚、捷克、多米尼加、萨尔瓦多、韩国、乌克兰、蒙古国，它们做出的贡献相对较少，没有参与大规模军事进攻，主要从事的是后勤保障、情报搜集、巡逻警戒、人道救援、防范生化袭击等任务。多国联军在军事进攻阶段势如破竹，于 4 月 9 日占领巴格达，到 4 月底控制了伊拉克大部分地区。5 月 1 日，小布什总统宣布伊拉克战争的主要战斗任务结束，伊拉克战争随即转入战略防御与战后重建阶段。5 月初，布什政府任命前外交官保罗·布雷默（Paul Bremer）为总统特使，担任监督伊拉克战后重建的最高文职行政长官。6 月 4 日，美国成立多国联合特遣部队（Combined Joint Task Force-7，CJTF-7），代替联军地面部队司令部成为指挥前线所有部队的战略、行动、战术指挥中心。[③] 除了负责安全事务外，多国联合特遣部队司令部担起了保障伊拉克临时管理委员会（Iraqi Governing Council，IGC）、联军驻伊拉克临时权力机构（Coalition Provisional Authority，CPA）安全的重任。此后为了方便管理，司令部将伊拉克划分为六大防区：联军北部防区、联军北部中央防区、联军巴格达防区、联军西

---

① Stephen A. Carney, *Allied Participation in Operation Iraqi Freedom*, Washington, D. C. : United States Army Center of Military History, 2011, p. 6.

② Stephen A. Carney, *Allied Participation in Operation Iraqi Freedom*, p. 9.

③ Stephen A. Carney, *Allied Participation in Operation Iraqi Freedom*, p. 12.

部防区、联军中南部防区、联军东南部防区。2004 年末，联军北部防区再被划分为东北部防区和西北部防区。这些防区大部分都是由美军负责，其中，联军中南部防区由波兰负责，联军东南部防区由英国负责。至此，联军的组织体系已经基本搭建完成并有序运转。

此次美国领导的联盟行动中，盟友的整体贡献是比较低的，美国独自承担了大部分的行动成本。在早期的军事进攻阶段，美国出动的兵力是整个联军的 82.6%，其余提供作战部队的只有英国、澳大利亚和波兰。这个比例大致维持了一段时间，友军兵力在 2004 年 2 月达到 17.3% 的峰值之后开始下降，至 2007 年 5 月下降至 7.5%。① 整个联盟规模在进入防御与重建阶段之后开始缩小，从 2004 年开始，各联盟成员大规模削减驻军，从 2004 年至 2006 年，先后有 16 个国家退出了多国联盟。造成这种局面的主要原因，首先是入侵伊拉克本身不具有合法性，世界各地的反战情绪逐渐高涨，各国纷纷爆发反战运动，多国联盟所面临的政治氛围越来越不利。其次，各国都没有料到在萨达姆倒台之后，伊拉克的抵抗势力此起彼伏，攻击联军的力量包括萨达姆的支持者、什叶派穆斯林、其他国家和地区的穆斯林、潜入伊拉克的恐怖组织。② 为此，联盟成员的伤亡数字不断攀升，从 2003 年至 2017 年 8 月，联军死亡人数已达 4845 人，其中英国死亡 180 人，意大利死亡 33 人，波兰死亡 23 人。③ 再次，联盟国家纷纷遭遇恐怖主义袭击，安全形势堪忧。2004 年 3 月 11 日，西班牙马德里火车站发生连环恐怖袭击事件，造成 200 多人死亡，1500 多人受伤；2005 年 7 月 7 日，伦敦发生连环恐怖袭击事件，造成 52 人死亡，700 多人受伤。此后，各个联盟成员国家接连发生多起恐怖袭击事件，反恐形势骤然恶化。复次，在上述背景下，各联盟成员内部的反战声音越来越大，越来越多的大选

---

① Daniel F. Baltrusaitis, *Friends Indeed? Coalition Burden Sharing and the War in Iraq*, Ph. D. Dissertation, Georgetown University, 2008, p. 12.

② 陶文钊：《从伊拉克战争看美国的单边主义》，《国际观察》2004 年第 1 期。

③ http：//icasualties. org/Iraq/index. aspx.

候选人以反战为旗号赢得大选，外交政策也随即改弦更张。于是，美国不得不面对伊拉克日益恶化的局势，并且独自承担越来越多的责任。截止到 2017 年 8 月，美军在伊拉克死亡人数已达 4524 人，占整个联军阵亡比例的 93.4%。[①] 据美国官方公布的数据，截止到 2014 年，美国为伊拉克战争支付的费用达到 8150 亿美元；[②] 如果考虑到贷款利息、人员抚恤等综合性因素，美国为伊拉克战争付出的金钱可能超过了 22 万亿美元。[③]

　　除了在物质上付出代价之外，美国与制度工具的对抗性关系使美国在政治上和行动上同样付出巨大的代价。在争取安理会授权无望之后，美国利用多国联盟对联合国制度实现了"规避"，不让联合国安理会制度管束美国动武的决心与行为。在缺乏合法性的情形下，通过自己拉来的一众盟友为自己在政治上背书，显示了美国的霸权心理：既然联合国不能为其行为背书，那么当某种事情非做不可时，美国可以创立另一种方式为其行为赋予合法性。面对北约，美国也没有体现出对同盟制度的尊重。由于无法获得德国、法国的支持，美国也就没有获得北约对入侵行动的支持，美国也从没有把获得北约层面的支持作为行动的前提。但是必须指出的是，联盟行动并非完全没有联合国和北约的介入，尤其是随着战后平叛与重建的任务越来越重，美国开始考虑利用联合国和北约分担行动成本。2003 年 10 月 16 日，联合国安理会通过了第 1511 号决议，授权组成一支由美国领导的多国部队并向其提供援助，协助维持伊拉克的安全与稳定；加强联合国在伊拉克人道救援与重建方面的作用；呼吁各国和国际金融机构加入到伊拉克重建进程中。决议还规定美国至少每 6 个月向安理会报告多国部队的工作情况。由于美国之前的做法不得

---

① http：//icasualties. org/Iraq/index. aspx.

② Amy Belasco，"The Cost of Iraq, Afghanistan and Other Global War on Terror Operations Since 9/11"，*Congressional Research Service*，December 8，2014.

③ "Iraq War：190，000 Lives，$ 2. 2 Trillion"，March 14，2013，https：//news. brown. edu/articles/2013/03/warcosts.

人心，此时响应联合国号召的国家并不太多，而且美国不愿放弃在伊拉克的主导地位，联合国对伊拉克重建的参与有限。2007 年 8 月 10 日，安理会通过美英提出的第 1770 号决议，进一步扩大对伊拉克重建的支持力度，但是并没有从根本上扭转美国在伊拉克"撤不得、留不得、打不赢"的困局。① 关于北约方面，由于德法两国对战争合法性的严重质疑，所以北约没有正式参战，北约理事会也没有讨论伊拉克事务。但是北约毕竟还是一个以美国为主要成员的同盟机制，众多北约成员国也已经自发地追随美国参战，所以北约也不可能完全不理会美国的要求。因此，北约在伊拉克战争中做出了一系列战术性、防御性和技术性的贡献。首先是北约帮助土耳其防范可能来自伊拉克的报复措施；同意在波兰负责的防区内提供防务支援；2004 年之后，在美国的敦促下，北约帮助伊拉克新政府培训其安全部队，为此北约要求各成员国向伊拉克派驻教官、捐赠军事设施、提供培训经费。②

随着联合国和北约对伊拉克事务的介入，"倒萨"联盟成员国逐步加快了撤军的脚步，"倒萨"联盟也逐渐解体。奥巴马在 2010 年 8 月宣布伊拉克战争结束。此时只剩下英国军队和美国军队驻留伊拉克，它们也准备在一年以后有序撤离。此时的伊拉克并未获得安宁，而是笼罩在伊斯兰极端主义与恐怖主义的阴影之中。

第三节　联合军事干预：比较与分析

一　两次联盟行动的比较

从国际战略的角度看，两次联军行动既有共性，也有区别。从

---

① 刘宗义：《美国的伊拉克困局及伊拉克战争的遗产》，《外交评论》2007 年第 4 期。

② Renée De Nevers，"NATO's International Security Role in the Terrorist Era"，*International Security*，Vol. 31，No. 4，2007，pp. 34 – 66.

共性上讲，两次联军行动的时间比较接近，在国际背景和美国政策背景上基本相同：美国在冷战后的国力与威望达到顶点，一个具有"牛仔"风格的共和党总统带领具有强烈新保守主义色彩的领导团队上台执政，对国际机制、多边主义、同盟框架等制度性安排与规范缺少敬畏与尊重。两次联盟行动都是美国主导的自上而下的联合行动，美国充分发挥了指挥与领导作用，没有让其他制度干涉美军的行动部署，也没有让北约主导战争的进程。从过程来看，美国都以打击敌对势力作为联军的初期目标，把民主国家构建作为联军行动的长远目标，但是都没有料到敌对政权被推翻之后发生了反抗与暴乱，没有料到维和行动持续时间如此之长，没有料到民主国家建构的结果如此失败。从后果来看，两次联军行动都对美国的战略资源造成了极大的消耗，动摇了美国权势的基础，共同加剧了美国霸权的相对衰落。

两次联军行动也有一些差别，核心差别在于反恐联盟的动员要比"倒萨"联盟的动员更加成功。具体来说，第一，在两次战争的议题属性上，打击基地组织和阿富汗塔利班政权具有较高的公益性质，因为恐怖主义势力、阿富汗的毒品生产等因素的确令世界上的大多数国家认同反恐战争的必要性，其他国家能够接受美国的联军行动是在为全球提供公共产品；而打击伊拉克萨达姆政权明显带有美国的私欲，美国关于动武的理由无法说服国际社会支持。

第二，在联盟成员的动员路径上，两次联军行动有着较大差别。在反恐联盟的动员中，美国从它的核心盟友到其他伙伴国家都进行了成功的动员；而在伊拉克问题上，因为德国、法国这两个核心盟友以及部分北约盟国拒绝支持，美国除了动员英国以外，只能在美国伙伴关系网络的外围地带拉拢一堆中小国家加入联盟，这种由外向内的动员模式尽管在表面上弥补了一些缺失，但是这些中小国家加在一起的能力与分量也比不上少数几个核心盟友的支持。显然，小布什政府高估了一份"密密麻麻"的联盟名单在政治上的影响。

第三，北约没有主导两次联军行动的原因有着巨大的差异。阿富汗战争期间，北约主动要求启动联盟条约参与阿富汗战争，但是美国出于维护自身行动自由的目的，担心北约的多边决策机制延误战机，怀疑部分盟友的能力不足，主动拒绝了北约的指挥；但是在伊拉克问题上，由于法国和德国强烈反对美国的战争行径，北约拒绝启动联盟共同防卫机制援助美国，因此美国是在被动形势下无法让北约全力支持美国的战争部署。

第四，美国在动员"倒萨"联盟的过程中付出了更大的成本，因为当联盟议题的公益属性比较低，而美国的私欲属性比较高时，美国自然要通过交易而不是威望来拉拢成员的加入与支持。

第五，以上几点内容也决定了两次联盟贡献的差异。显然，美国在阿富汗战场上得到的联盟支持大大高于在伊拉克战场上得到的帮助。

二　多国联盟的经验教训

美国的这两次多国联军行动，为政界和学界理解国际政治与国际合作提供了很多有益的素材。我们发现，在军事干预中，多国联盟相比于正式的同盟机制，在联盟的组建、成员的选择等方面具有很大的灵活性，有利于主导国家意志的贯彻，在必要时可以突破一些制度与规范的束缚，能够及时调整前线的作战部署。但是我们发现，多国联盟的缺点也无法回避。第一，由于它是在没有常规制度的情况下临时搭建起来的，要发挥有效的作用必须有强有力的领导国家进行规划与管理，否则容易政出多门、各行其是；第二，多国联盟适用于短期内实现某个有限目标，不太适用于长期的、综合性的战略目标；第三，各成员国进入或退出联盟有着较大的自由，因此成员国的联盟政策比较容易受到国内政治的影响；第四，过度依赖多国联盟有可能让联盟领导国家降低对传统同盟制度和多边治理机制的评价，进而在战略上付出代价。

美国在两次联盟行动中积累的一些经验和教训也具有一定的普遍性意义。首先，如果联盟议题的公益属性比较低，那么联盟发起国就需要使用更多利益交换的手段拉拢其他国家。这种情况下，联盟发起国就需要仔细考虑这种利益输送换取联盟成员的方式是否能够得到足够的回报。其次，希望组建多国联盟的国家一定要重视传统盟友的意见。即便多国联盟的组建是围绕特定议题寻找议题攸关方和志同道合者，传统盟国可能对此议题不关心或者对此议题的处理方式有不同意见，但是它们的意见对于多国联盟意义重大。比如美国在考虑推翻萨达姆政权时，争取传统盟友——尤其是英、法、德——支持美国的行动格外重要。如果美国没有获得传统盟国的支持，在动员其他国家加入联盟时可能要付出更高的外交成本，而且其他国家无论在能力上还是在政治上都不如这几大传统盟国具有重要地位。再次，成功组建一支多国联盟不仅需要对潜在成员进行动员，也需要向该议题的利益攸关方进行动员，争取国际社会对联盟的支持；在联盟运行的过程中，多国联盟也应与既有的制度框架处理好关系，否则可能增加行动的成本。

小　结

美国在阿富汗战争与伊拉克战争中均组建了一支多国联盟进行军事干预。在反恐战争中，美国获得了广泛的国际支持，并且使用多种动员方法组建了一支广泛的国际反恐联盟，帮助美国分担了一部分行动成本；在伊拉克问题上，美国没有获取联合国授权，也没有获得部分传统盟友的支持，所以美国主要是出于政治原因而非军事原因组建了"倒萨"联盟，为动员与维持"倒萨"联盟付出了较大的成本。这种差异的主要原因是，在两次战争的议题属性上，打击基地组织和阿富汗塔利班政权具有较高的公益性质，而伊拉克战争主要是出于美国的私欲，因而美国需要拿出更多的资源交换一些国家对伊拉克战争的支持。在反恐联盟的动员中，美国从它的核心盟友到其他伙伴国家都进行了成功的动员；而在伊拉克问题上，因为德国、法国这两个核心盟友以及部分北约盟国拒绝支持，美国不得不从外围拉拢了一堆中小国家加入联盟，以弥补合法性的缺失。从联盟组建的结果来看，"倒萨"联盟未能有效地帮助美国减少战争支出，反而破坏了美国与许多传统盟友的关系。通过对两次多国联盟的分析，我们发现了多国联盟这种行动方式的优缺点。如果希望成功地组建一支多国联盟实现军事领域的目标，必须要保证行动缘由的正当性，领导联盟的能力与艺术，限定联盟的任务与规模，同时需要处理好多国联盟与传统盟友和多边治理机制之间的关系。

第 五 章

常态行动型联盟与美国的规范塑造

除了发起议题联盟应对突发性危机以外，美国还频频利用议题联盟开展常态化的联合行动，包括反洗钱金融行动特别工作组、"防扩散安全倡议"、区域海洋安全倡议、全球海洋伙伴倡议、联合特遣舰队，等等。议题联盟可以规避国际制度与规范对行为的限制，弥补现有制度工具在处理某类问题时存在的缺陷；其非正式性的组织特性能够以较低的成本打开合作局面，保证联合行动的机动、灵活。本章试图探讨美国发起的"防扩散安全倡议"和全球海洋伙伴倡议，探究美国利用议题联盟开展常态性联合行动的缘由、方式与规律。本章选取的这个两大议题联盟，其组建方式存在较大的相似性，但是联盟组建的成果却有着较大差异。除了试图揭示美国发起此类议题联盟的一般性规律之外，本章也期望解释为什么两份雄心勃勃的联盟计划收获了不同的结果。

第一节 美国与"防扩散安全倡议"

一 "防扩散安全倡议"的起源

"防扩散安全倡议"起源于新形势下美国面临大规模杀伤性武器威胁的升级与既有制度工具的功能与限制之间的张力。

长期以来，学者们关于美国"防扩散安全倡议"的叙述都要从2002 年 12 月 9 日的"小山号"事件讲起，人们普遍认为该事件是美国提出该倡议的直接诱因。① 当时，西班牙海军在阿拉伯海拦截并检查了"小山号"货轮，发现了隐藏在水泥袋下的 15 枚朝鲜制造的配备常规弹头的"飞毛腿"导弹、23 个装载硝酸（助推燃料）的集装箱和 85 桶化学制剂。② 在这一拦截检查过程中，西班牙政府一直与美国政府保持密切沟通，后者接管了货轮并同也门政府进行严正交涉。由于"小山号"货轮没有悬挂国旗，西班牙海军对该船只的拦截、登船检查合乎国际法的规定，但是现有的国际法律框架不能允许美西两国长期扣留"小山号"，也不能因也门和朝鲜之间的武器交易就对它们进行制裁。同时，美国当时正在进行阿富汗反恐战争，并正在酝酿部署伊拉克战争，在法律限制和战略形势的双重考虑之下，美国放弃了对"小山号"的进一步扣留，也没有对也门和朝鲜就此事件进行制裁。时任小布什政府新闻发言人的阿里·弗莱舍（Ari Fleischer）对此事件发表评论称：

> 当前国际法中没有禁止也门从朝鲜接手导弹的条款。我们有权对其拦截与检查，但是没有权力对其扣留……在这件事情上，美国认为全世界都应当吸取一个教训，目前缺少强力打击导弹扩散的国际条约……需要反思的一点是，我们是否应当在外交层面重新考虑建立打击导弹扩散的国际管理体制，至少我们和我们的友邦以及其他一些国家将会这样去做。③

---

① 刘宏松：《国际防扩散体系中的非正式机制》，上海人民出版社 2011 年版，第 75 页；Amitai Etzioni, "Tomorrow's Institution Today：The Promise of the Proliferation Security Initiative", *Foreign Affairs*, Vol. 88, No. 3, 2009, pp. 7－11.

② "Sailing on, the Ship with a Hold Full of Scud Missiles", *The Guardian*, https：//www. theguardian. com/world/2002/dec/12/yemen. northkorea.

③ The White House Press Secretary, "Press Briefing by Ari Fleischer", December 11, 2002, http：//www. presidency. ucsb. edu/ws/index. php? pid＝47463.

　　然而，从"小山号"事件的爆发到 2003 年 5 月 31 日美国总统布什在波兰克拉科夫宣布发起"防扩散安全倡议"，前后只有半年多的时间。并且从"防扩散安全倡议"日后充分有序的构建与发展来看，此项反扩散事务的议题联盟不是简单的危机反应，而是一次有计划、有预谋的长期战略部署，旨在实现多项局部性与全局性的战略目的。① 从局部来讲，"防扩散安全倡议"早期明显针对的是朝鲜，美国国内的强硬派势力希望借此加强对朝鲜的施压，美国政府也能够以此增加对朝谈判的筹码。更重要的是，美国希望借助"防扩散安全倡议"突破长期以来制约美国霸权利益的两大束缚：一个是美国在当前国际法律框架内，无法在国际空间自由拦阻疑似破坏美国利益的各类交通工具；另一个是当前的不扩散体制存在诸多无法充分发挥防扩散效力的制度漏洞。

　　从近代以来，海洋航行自由和海洋执法自由往往是海洋霸权国同时追求的两大目标。荷兰最早成为海上霸权国，也最早支持海洋航行自由。自从 1608 年荷兰学者格劳秀斯发表《海洋自由论》以来，公海航行自由逐渐成为广为认同的国际规范。1958 年《日内瓦公海公约》第 2 条规定了公海对所有国家开放的原则。1982 年《联合国海洋法公约》第 87 条进一步规定了公海自由原则，包括航行自由、飞越自由、铺设海底电缆和管道的自由、建造国际法所容许的人工岛屿和其他设施的自由、捕鱼自由、科学研究的自由。

　　美国长期以来支持航行自由原则，然而在这一原则之下，当前国际法律框架授予美国的海上拦截权限是很小的。第一，《联合国海洋法公约》第 110 条关于登临管辖权限的条款规定，可以在公海进行登临检查的状况只包括海盗行为、奴隶贩卖、进行未经许可的广播、没有国籍这四种情况，并不包括运输大规模杀伤性武器。第二，《联合国海洋法公约》第 17 条规定了无害通过权，第 19 条列举了 12

---

　　①　参见杨明杰等《"防扩散安全倡议"评估》，《现代国际关系》2003 年第 10 期。

种非无害通过的情形，运输大规模杀伤性武器同样不在其中；第 23 条规定，"外国核动力船舶和载运核物质或其他本质上危险或有毒物质的船舶"在"持有国际协定为这种船舶所规定的证书并遵守国际协定所规定的特别预防措施"的情况下仍然享有无害通过权。① 第三，《联合国海洋法公约》规定了船旗国管辖权限，第 96 条规定"由一国所有或经营并专用于政府非商业性服务的船舶，在公海上应有不受船旗国以外任何其他国家管辖的完全豁免权"。② 上述规定限制了美国及其盟国对大规模杀伤性武器运输进行拦截与扣留的权限，这也是"小山号"事件最终不了了之的法律原因。

另外，海洋霸权国出于自身利益或者出于维持海洋秩序的目的，往往限制、打击某些海上航行与活动，其中不乏超越当前国际法律框架的海上拦截与封锁行动。③ 比如英国在 18 世纪末开始打击海上奴隶运输并推动禁止海上贩奴成为正式的国际准则。再比如，古巴导弹危机发生之后，美国单方面宣布对古巴进行海上封锁，禁止运载进攻性武器的船只驶入古巴。在前殖民地罗得西亚单方面宣布独立之后，英国也曾经根据联合国安理会第 211 号决议于 1966 年对其进行海上封锁，禁止各国船只向罗得西亚运输石油。英美两国也曾根据联合国安理会第 661 号决议和第 665 号决议发起过针对伊拉克的海上禁运与拦截检查。美国的一次失败的拦截活动发生在克林顿政府时期。1993 年 7 月下旬，美国根据掌握的情报怀疑中国货轮"银河号"即将运载前体硫二甘醇和亚硫酰氯到伊朗。美国随即进行跟踪、监视和袭扰，逼迫"银河号"在沙特达曼港接受登船检查，结果一无所获。④ 在明知没有国际法支持的情况下强行拦截检查却查

① 《联合国海洋法公约（1982 年）》，http：//www. un. org/zh/law/sea/los/.

② 《联合国海洋法公约（1982 年）》，http：//www. un. org/zh/law/sea/los/.

③ James Cotton，"The Proliferation Security Initiative and North Korea：Legality and Limitations of a Coalition Strategy"，*Security Dialogue*，2005，Vol. 36，No. 2，pp. 193 − 211.

④ 邵津：《"银河号"事件的国际法问题》，《中外法学》1993 年第 6 期。

无实据，克林顿政府不仅在道义上颜面无光，其情报工作的准确性也遭到普遍怀疑。在余下的任期内，克林顿政府明显降低了海上拦截行动的调门。① 直到小布什上台，美国政府才再度重视对大规模杀伤性武器运输的海上拦截。需要指出的是，尽管大规模杀伤性武器及其相关设施扩散的主要运输途径是在公海上，但是国际空域同样是其实现扩散的潜在运输途径。国际社会在民用航空方面制定的规则也极大地限制了美国在公海拦截运载大规模杀伤性武器飞行器的权力。《联合国海洋法公约》第87条规定了公海飞越自由的内容，在公海上空拦截民用航空器只限于海盗航空器和无国籍民用航空器；1947年生效的《国际民用航空公约》（《芝加哥公约》）第3条之分条规定，"缔约各国承认，每一国家必须避免对飞行中的民用航空器使用武器，如要拦截，必须不危及航空器内人员的生命和航空器的安全"②；《国际民用航空公约》第4条规定"缔约各国同意不将民用航空器用于和本公约的宗旨不相符的任何目的"，但是这一表述比较笼统，没有直接说明哪些情形下民用航空器可以被合法拦截；1963年《关于在航空器内的犯罪和其他某些行为的公约》（《东京公约》）和1970年《关于制止非法劫持航空器的公约》（《海牙公约》）出于打击非法劫持等行为的考虑，为国家在公海上拦截民用航空器提供了一定的权限，但是综合而言，国际航空法律当中没有明确授权美国可以在公海上拦截运载大规模杀伤性武器及其相关设施的飞行器。

此外，国际不扩散体系的构建存在许多不足与漏洞，无法制止全部的扩散行为。在"防扩散安全倡议"出现之前，国际社会已经就禁止或者限制大规模杀伤性武器的扩散达成了一系列双边与多边的国际协议，形成了以《核不扩散条约》《禁止生物武器公约》《禁止化学武器公约》为基石，数十个防扩散机制为支撑的不扩散体系，

---

① Andrew C. Winner, "The Proliferation Security Initiative: The New Face of Interdiction", *The Washington Quarterly*, Vol. 28, No. 2, 2005, pp. 129 – 143.

② 《国际民用航空公约》，1944年12月7日，http://www.caac.gov.cn/XXGK/XXGK/GJGY/201510/P020151103354121925630.pdf.

其中比较重要的机制包括国际原子能机构、《反导条约》《美苏削减战略武器条约》《美苏第二阶段削减战略武器条约》、桑戈委员会、核供应国集团、导弹及其技术控制机制、澳大利亚集团、瓦森纳安排、防止弹道导弹扩散国际行为准则，等等。防止大规模杀伤性武器扩散的思路有两个维度，一个维度是从"供给—需求"角度出发，供给端的防扩散努力是指限制甚至禁止某项大规模杀伤性武器及其相关技术与部件的横向与纵向扩散，需求端的防扩散努力是指降低国际行为体的安全忧虑从而降低诉诸大规模杀伤性武器实现国家安全的战略诉求①；另一个维度是从"事前—事后"角度出发，事前努力是通过各项防扩散机制的构建与安全状况的改善提前预防大规模杀伤性武器扩散的发生、削减大规模杀伤性武器的绝对数量，事后努力是指对已经发生的大规模杀伤性武器扩散行为给予打击与惩罚。当前的不扩散机制取得了很大的成绩，包括在法律层面上完全禁止了生物武器和化学武器；限制了核武器的大规模扩散；较长时间内阻止了核不扩散体系内部的横向扩散与体系外扩散；抑制了苏联解体之后核武器扩散的风险；并且使核不扩散体系逐步扩展，不断建构更加全面的限制、禁止核试验的多边协议，核不扩散体系的成员国越来越多。

　　同时，不扩散体系的内在缺陷也很多，它在根源上无法消除主权国家在维护国家安全与维护国际安全时的利益佯谬②，在具体内容安排上存在普遍性不够、有效性不足、道义性不高、公正性有限、操作性不强、组织性不佳等诸多弊病。③在这些制度缺陷之中，"防

---

　　①　Chaim Braun and Christopher F. Chyba, "Proliferation Rings: New Challenges to the Nuclear Nonproliferation Regime", *International Security*, Vol. 29, No. 2, 2004, pp. 5 – 49.

　　②　沈丁立：《核扩散与国际安全》，《世界经济与政治》2008 年第 2 期。

　　③　普遍性不足是指一些"关键"国家没有加入不扩散体系；有效性不足是指不扩散体系的成员国权责模糊，尤其对核大国的裁军以及各国和平利用核能缺少明确的"时间表"和"路线图"，对事实上拥核的国家难以界定其身份地位；道义性不高是指没有全面禁止核武器，有核国家和无核国家存在权责不平等的问题；操作性不强是指核裁军与核能的和平利用缺少强制性监督手段，对核扩散的现象难以清晰制定应对方案；组织性不佳是指许多不扩散事务缺少强有力的国际机制加以监督和执行。参见张贵洪《国际核不扩散体系面临的挑战及发展趋势——兼评〈不扩散核武器条约〉2010 年审议会议前景》，《国际观察》2009 年第 6 期。

扩散安全倡议"试图加以弥补的内容主要有以下几个方面：第一，国际社会的无政府状态导致安全的稀缺与国家的自助行为。多数不扩散协议在本质上都是自愿接受与加入的国际规范，主权国家可以选择加入也可以选择退出。对于退出或者拒不加入不扩散协议的国家，在大多数情况下，国际社会应对起来还是非常棘手的。① 进而，大规模杀伤性武器的扩散在很大程度上是难以避免的，传统的防范机制不能有效吓阻决意获得大规模杀伤性武器的国家。② 第二，现有的不扩散体制没有关注无核国家之间的核扩散活动。③ 限制核武器及其运载工具从有核国家扩散至无核国家，以及限制无核国家发展非民用核设施及相关技术，是目前核不扩散体制关注的焦点。但是，有一些没有被承认为有核国家的发展中国家事实上拥有与核武器相关的设施、技术以及运载工具——比如伊朗、朝鲜、利比亚，这些国家与巴基斯坦的"导弹之父"卡迪尔汗关系密切，这些事实上拥有核武器技术的国家极有可能将核技术扩散至其他无核国家。第三，大规模杀伤性武器扩散是由多个环节构成的，包括自主研发、武器输出、跨国运输、技术盗取、武器流入等过程。对于大部分扩散环节的管制，国际社会进行了多项努力，但是在"防扩散安全倡议"出现之前，国际社会恰恰对于大规模杀伤性武器的跨国运输这一环节缺少禁阻与管制手段。

　　在"防扩散安全倡议"出现之前，美国如果要在国际海域或者国际空域实现对疑似运输大规模杀伤性武器的交通工具进行拦截、查验与扣留，只有以下几种办法。第一种办法是，修改《联

---

① 沈丁立：《不扩散全球治理：现实主义视角》，《国际安全研究》2015 年第 2 期。

② 樊吉社：《美国军控政策的调整与变革：从制度建设到志愿者同盟》，《美国研究》2006 年第 4 期。

③ Chaim Braun and Christopher F. Chyba, "Proliferation Rings: New Challenges to the Nuclear Nonproliferation Regime", *International Security*, Vol. 29, No. 2, 2004, pp. 5 – 49.

合国海洋法公约》及《国际民用航空公约》，但是这种方案根本不
具有任何可操作性，美国甚至还没有正式签署《联合国海洋法公
约》；第二种办法是，与美国的盟国和伙伴国家签署双边谅解协
议，允许相互拦截、查验与扣留彼此国籍运输大规模杀伤性武器
及其相关设施的船只与飞行器，但是这种方案也不具有现实意义，
一方面因为很少有从事大规模杀伤性武器扩散的国家或组织使用
美国及其盟友国籍的交通工具，另一方面这些双边协议也不具有
规模效应；第三种办法是，当每一起大规模杀伤性武器跨境运输
被发现之后，就诉诸联合国安理会并争取得到拦截授权，这种办
法能够保障行动的合法性，但是未必每一次安理会都会通过美国
的提案，即便通过提案也耽误了拦截时机；第四种办法是直接拦
截可疑船只或其他交通工具，但是这种做法简单粗暴，会引起当
事国以及国际社会的强烈不满。

　　所以，美国长期以来一直希望能够在国际空间——尤其在公海
上——自由并且有效地拦截、检查疑似运输大规模杀伤性武器及其
相关设施的交通工具。美国需要构筑某种战略工具，规避国际法律
框架对拦截行动的限制，弥补不扩散机制的不足。这种战略意图在
"9·11"事件之后得到了空前的强化。"9·11"事件发生之后，美
国迅速调整了对威胁的认知与国家安全战略框架。2002年1月，小
布什发表《国情咨文》，明确把伊拉克、伊朗和朝鲜并称为"邪恶
轴心"，认为这些国家蓄意破坏美国和世界的和平与安全。① 2002年
9月，美国政府发布《国家安全战略报告》，提出"美国面临的最严
重威胁是恐怖主义极端势力与高技术的结合"。② 2002年12月，美国
政府发布《应对大规模杀伤性武器国家战略报告》，再次重申"大

---

① The White House, "President Delivers State of the Union Address", January 29,
2002, https://georgewbush-whitehouse.archives.gov/news/releases/2002/01/20020129 - 11.
html.

② The White House, "The National Security Strategy of the United States of America",
September 17, 2002, https://www.state.gov/documents/organization/63562.pdf.

规模杀伤性武器——核武器、生物武器和化学武器——掌握在敌对国家和恐怖分子手里，是美国面临的最严重的安全挑战之一"；强调"反扩散"工作的重要性，"包括禁阻、威慑和防御等措施，而有效的拦截行动是美国应对大规模杀伤性武器及其运载工具战略的重要组成部分"。① 至此，美国开始以防扩散、反扩散与扩散后果管理作为处理大规模杀伤性武器政策框架的三大基石。② 在威胁观念发生重大转变之后，美国对于打造新的战略工具拦截大规模杀伤性武器跨境运输的战略意愿骤然增强。于是，在"小山号"事件发生之后，美国迅速展开内部研究与外交动员，一个致力于在陆海空全面拦截大规模杀伤性武器运输的联盟框架呼之欲出。

二 "防扩散安全倡议"的动员

"防扩散安全倡议"是美国针对防扩散议题动员核心盟友和国际社会广泛支持的一种尝试。为此，美国政府通过一系列国内与国际运作，形成了该议题联盟的初始框架。

"小山号"事件发生后，如何顺势打造一个全面拦截大规模杀伤性武器运输的联盟集团，摆在了小布什政府的面前。在"小山号"被放行的那一天，小布什总统把两位负责防扩散事务的关键人物请到了椭圆形办公室商讨对策——一位是时任美国国家安全事务副助理斯蒂芬·哈德利（Stephen Hadley），另一位是时任国家安全委员会负责防扩散战略、反扩散和国土防御事务主管罗伯特·约瑟夫（Robert Joseph）。根据后来的研究显示，这次对话直接推动了美国政府把防扩散拦截议题置于执政议程的优先地位，进而开启了"防扩

---

① National Security Presidential Directives, "National Strategy to Combat Weapons of Mass Destruction", December 2002, https：//fas. org/irp/offdocs/nspd/nspd-17. html.

② 莫大华：《美国亚太区域海洋安全的"自愿联盟"——"防扩散安全倡议"、"区域海洋安全倡议"与"全球海洋伙伴倡议"之比较分析》，《国际关系学报》2010年第29期。

散安全倡议"的构建进程。① 此后，美国行政当局迅速组织了一个跨部门的拦截政策次级协调委员会（Sub-Policy Coordinating Committee），由国务院、国防部部长办公室、参联会和中情局等部门的高级官员组成，财政部、司法部、商务部和国土安全部的官员也在讨论相关事务时参与。该委员会由时任国家安全委员会负责防扩散事务的高级官员布兰登·梅里（Brendan Melley）牵头，他对罗伯特·约瑟夫直接负责。与此同时，国家安全委员会法律顾问办公室牵头组织了一个跨部门的法务专家组成的法律咨询小组，包括联邦航空管理局、国土安全部及其下属的海岸警卫队、海关和边境保护局、移民和海关执法局等部门的官员，研讨现有拦截行动的法律权限以及所需开展的工作。作为跨部门合作的重要召集人，布兰登·梅里参与了所有法律咨询小组的讨论。②

在法律咨询小组的意见帮助下，布兰登·梅里领导的政策协调委员会通过讨论得出了一些初步的结论。③ 首先，美国不必大费周章地建立一个新的国际机构，而是应当整合愿意打击扩散行为的行为体与现有的战略工具；同立场接近的友好国家组成议题联盟，依靠这些国家自愿提供的支持，强化志愿者国家国内的立法与执法力度；联盟成员的初始规模不要太大，但是需要具备广泛的地理分布范围。关于中俄两国的问题，应当在第二轮扩容时纳入俄罗斯，因为那时核心原则已经建立起来，而中国可以暂时不用考虑；通过联盟国家的常态化行动将国际空域与海域的拦截行为变为既定事实，进而影响国际法律框架的变革，反过来重新确认拦截行动的合法性。梅里将这一方案报告交给罗伯特·约瑟夫，并且得到了负责防扩散事务与国际安全的副国务卿约翰·博尔顿（John Bolton）的支持。受到

---

① Susan J. Koch, *Proliferation Security Initiative：Origins and Evolution*, Center for The Study of Weapons of Mass Destruction Occasional Paper No. 9, Washington：NDU Press, 2012, p. 4.

② Susan J. Koch, *Proliferation Security Initiative：Origins and Evolution*, p. 6.

③ Susan J. Koch, *Proliferation Security Initiative：Origins and Evolution*, pp. 6 – 8.

鼓舞的政策次级协调委员会起草了一份拦截规则草案，聚焦各国政府打击大规模杀伤性武器及其运载工具扩散的政策执行与法律权限等方面的内容。原本，这项草案应当提交至一个由副部级官员组成的跨部门高级委员会进行讨论，但是哈德利和时任国家安全事务助理康多莉扎·赖斯（Condoleezza Rice）直接将这份草案提交给小布什总统并获得了采纳，成为后来小布什向全球发布拦截声明的基础。① 2003 年 5 月 31 日，小布什总统在出访波兰时在克拉科夫发表演讲，正式宣布成立"防扩散安全倡议"组织：

> 在大规模杀伤性武器及其运载工具的运输途中，我们必须拥有扣留它们的办法与权力。所以今天，我宣布一项反扩散的新方式——"防扩散安全倡议"。美国与包括波兰在内的一些亲密盟友达成了一项新的协议，共同搜寻运载可疑货物的飞机和船只，没收非法武器与导弹。假以时日，我们会尽可能广泛地拓展参与国家，不让大规模杀伤性武器伤及我们一丝一毫，也不让大规模杀伤性武器落在我们的敌人手里。②

在协助起草克拉科夫演讲稿之前，国家安全委员会的官员们向小布什总统建议的创始国包括美国、英国、澳大利亚、日本、意大利、西班牙、葡萄牙、波兰和荷兰，小布什总统在敲定最终的名单时添上了德国和法国。随即，约瑟夫和梅里在美国宣布倡议之前单独约见了各个联盟创始国家驻华盛顿的大使或者外交官员，通知了美国即将提出的倡议和原则。之后国务院正式通过驻外使馆向各创始国政府正式发送了电报。这一举动说明，美国在与同盟国沟通之前就已经拿定了主意，而且相信盟友一定会支持美国的这项倡议；

---

① Susan J. Koch, *Proliferation Security Initiative*: *Origins and Evolution*, p. 7.

② George W. Bush, "Remarks to the People of Poland", Krakow, Poland, May 31, 2003, https://2001－2009. state. gov/p/eur/rls/rm/2003/21105. htm.

同时说明美国政府希望行事机密，没有走国会研讨程序，也不希望国内与国际的舆论影响联盟组建。两周之后，第一次"防扩散安全倡议"国际会议于 6 月 12 日在西班牙马德里举行，美国、英国、澳大利亚、日本、意大利、西班牙、葡萄牙、波兰和荷兰派出代表参加。此次会议不仅拉开了"防扩散安全倡议"的序幕，而且为联盟框架的构建打下了重要基础。首先，马德里会议确立了"防扩散安全倡议"的领导力量。除了美国之外，其他与会的 10 国都是美国的同盟国家；它们不仅成为"防扩散安全倡议"的创始国，也组成了"防扩散安全倡议"的核心小组（Core Group），在"防扩散安全倡议"建设初期一直发挥重要的领导作用。

其次，马德里会议发表主席声明，初步表达了"防扩散安全倡议"的基本目的、原则与合作方式。该声明宣称"大规模杀伤性武器及其运载工具以及其他相关材料与设施的扩散对各国安全与国际安全构成重大威胁，某些国家与非国家行为体对此类物品的运输必须被禁止"；与会各国同意"采取更加积极的措施，阻止大规模杀伤性武器与导弹运进或者运出有扩散之虞的国家与非国家行为体"；为此，与会国同意评估各国可以采取实际行动的执法部门，鼓励各种出口管理体制将此类事务纳入到机制项目当中。① 这份主席声明主要是一份强调联盟创始国合作意愿的政治声明，没有规定具体的合作方案与细节，没有明确指出针对的对象；反而强调该反扩散联盟要为全球提供公共安全产品，呼吁 G8 等国际多边平台讨论反扩散事宜，积极欢迎世界各国加入"防扩散安全倡议"。

再次，马德里会议决定，不寻求将欧盟或北约代表纳入核心小组。博尔顿表示，吸纳这些组织进入核心小组将会减缓"防扩散安全倡议"的决策与行动效率。最终的结果是，欧盟非正式地参与核

---

① Foreign Ministry of Spain, "Proliferation Security Initiative: Chairman's Statement at the First Meeting", First Meeting of the Proliferation Security Initiative, Madrid, Spain, June 12, 2003, https://2009 – 2017. state. gov/t/isn/115302. htm.

心小组会议的讨论。梅里和时任负责防扩散事务的助理国务卿苏珊·伯克（Susan Burk）在第一次会议之后前往布鲁塞尔，向欧盟理事会秘书处负责外交与政治安全事务总司司长罗伯特·库珀（Robert Cooper）简要说明了会议情况。

最后，参与会议的各国代表基本都是专门负责防扩散相关事务的高级官员，多数为副部长或司长级别，其中发挥突出作用的有美国副国务卿博尔顿、英国外交部国防及情报总监威廉（William Ehrman）和法国外交部安全与政治事务司司长斯坦尼斯拉斯·德·法布莱（Stanislas de Laboulaye），这些官员具有较好的专业背景，外交经验也很丰富，级别也比较高，为联盟的建立做出了重要贡献。① 这其中贡献最大的是美国代表博尔顿。作为负责防扩散事务与国际安全的副国务卿，博尔顿不仅在外交场合发挥了重要的整合反扩散盟友的作用，而且对反扩散事务在美国国内政治议程中的地位上升做出了重要贡献，尤其是促进了国务院、国家安全委员会与国防部等部门就此项议题展开密切的合作。

在打开局面之后，第二次核心小组会议于 2003 年 7 月在澳大利亚布里斯班召开。会议决定建立专家工作小组机制，计划包括外交、军事与情报三个专家工作小组。其中，外交与军事专家小组的建设进展较为顺利，尤其是军事专家工作小组在成立之后立刻开展行动，规划了珊瑚海多国海军联合演习，成为"防扩散安全倡议"常态化行动的里程碑。军事专家工作小组在 11 月之后转型成为行动专家小组（Operational Experts Group，OEG），该组织在后来取消核心小组之后成为"防扩散安全倡议"事实上的领导核心。然而，情报专家工作小组建设的推进并不成功，主要因为涉及海洋安全的情报较为敏感，各国情报部门不太愿意在多边框架内分享情报。② 布里斯班会议的主席声明表示，继续采取具体的措施加强情报交流和开展陆海

---

① Susan J. Koch, *Proliferation Security Initiative: Origins and Evolution*, p. 12.
② Susan J. Koch, *Proliferation Security Initiative: Origins and Evolution*, p. 14.

空拦截演习、训练是推动"防扩散安全倡议"完善的关键；强调
"防扩散安全倡议"需要扩展更广泛的联盟网络，尤其要纳入一些关
键的方便旗国家、沿岸国家和海峡国家。①

经过两次会议之后，美国对于接下来的工作充满期待，敦促联
盟成员国通过一份详细的拦截原则声明作为"防扩散安全倡议"的
核心章程。讨论并通过一份拦截原则声明成为 9 月巴黎会议的主要
任务。在会议召开之前，美国已经单独起草了一份拦截原则草案。
在会议第一天，专家小组围绕这份草案展开讨论。为了这份拦截原
则方案获得通过，美国代表博尔顿在全体会议的前一天晚上安排美
国驻巴黎大使馆第二天单独准备一场记者招待会。他将此招待会计
划告知核心小组的其他成员，同时声明华盛顿在第二天晚上向所有
外交使馆发送拦截原则声明的电报。如果有哪个国家的政府不支持
这项声明，美国将会把它的名字从联盟名单中删除。最终在美国的
施压下，各国同意了美国起草的拦截原则声明，其主要内容包括②：

第一，采取有效措施，阻止大规模杀伤性武器与导弹运进
或者运出有扩散之虞的国家与非国家行为体。"有扩散之虞的国
家与非国家行为体"的判断标准是：1. 试图发展或者获取化
学、生物或核武器及其运载系统；2. 将大规模杀伤性武器及其
运载系统、相关材料进行转移（销售、获取或者为其转移提供
便利）。

第二，确立快速分享扩散情报的简易程序，不泄露其他国
家提供的机密信息，对拦截活动与能力建设投入资源，最大限

① Foreign Ministry of Australia, "Proliferation Security Initiative: Chairman's State-ment at the Second Meeting", Second Meeting of the Proliferation Security Initiative, Bris-bane, Australia, July 9 – 10, 2003, https://2001 – 2009. state. gov/t/isn/rls/other/2537 7. htm.

② The White House, "Statement of Interdiction Principles", Washington D. C. , Sep-tember 4, 2003, https://www. state. gov/t/isn/c27726. htm.

度地同参与拦截活动的国家保持合作。

第三，重新评估与强化相关的国内立法与执法，必要时争取相关的国际法律框架支持此类行动。

第四，在遵守各国国内法律和尊重各国国际法律义务的前提下，采取特定的行动支持对大规模杀伤性武器及其运载工具和相关材料的拦截，包括：

1. 禁止从事或者帮助此类货物运进或运出有扩散之虞的国家或非国家行为体，不允许属于其管辖权限范围内的任何个人进行此类活动。

2. 各参与国家自行或者在其他国家以适当理由请求的情况下，在其内水、领海或领海以外采取行动，登临检查悬挂其国旗并且涉嫌为重点关切对象从事大规模杀伤性武器运输的船只，并且扣留此类货物。

3. 在合适的情形下，同意其他国家登临检查悬挂其国旗的船只，并没收与大规模杀伤性武器扩散相关的货物。

4. 采取适当的措施：

（1）在其内水、领海或毗邻区拦截或登临检查被合理怀疑装载此类货物、运进或运出疑似扩散国家或非国家行为体的船舶，并没收此类货物；

（2）对合理怀疑运载此类货物的船舶设置进入或离开本国港口、内水或领海的条件，诸如要求这些船只提前接受登临、检查或者扣留此类货物。

5. 自行或者在其他国家以合理缘由要求的情况下：

（1）要求被合理怀疑载有此类货物、将其运进或运出疑似扩散国家或非国家行为体、正在飞越其领空的飞行器接受落地检查，并没收此类货物；

（2）提前拒绝被合理怀疑运载此类货物的飞行器飞越其领空的要求。

6. 如果它们的港口、机场或者其他设施用于将此类货物运

进或运出疑似扩散国家或非国家行为体的中转站，须对合理怀
疑运载此类货物的船只、飞机或其他运输工具进行检查，并且
扣留此类货物。

这份拦截原则声明的出台是此项防扩散议题联盟发展的重要里
程碑，阐述了"防扩散安全倡议"打击大规模杀伤性武器相关材料
运输的核心宗旨，确立了打击对象的主要标准，明确了合作的重点
是情报分享与拦截行动，在主观上阐明与各国国内法和国际法的关
系，尤其区分了几种不同的拦截状况，并且对拦截过程的具体行动、
步骤予以原则上的规定。2003 年 10 月召开的伦敦会议在这份拦截原
则声明的基础上进一步明确了联盟拓展的意愿，阐述拦截目标，并
公布了近期演习活动的规划。① 至此，"防扩散安全倡议"这项议题
联盟的初始框架比较成功地构建起来了。

为什么说它的初始框架是成功的呢？

第一个判断依据是，该议题联盟的框架要素比较完整。美国作
为此项议题联盟的领导国家，其最高决策者下了决心，摆脱了国内
与国际上的诸多限制，将反扩散以及"防扩散安全倡议"等相关概
念写进了 2002 年推出的《国家安全战略报告》和《应对大规模杀伤
性武器国家战略报告》，使防扩散安全战略成为美国实现国家安全战
略的重要工具，② 这是联盟召集与拓展的重要动力；美国连同其 10
个具有正式同盟关系的伙伴国家基本统一了认识，这 10 个国家成为
此项联盟的骨干成员，由此确立了"核心—外围"的组织结构；指
出了联盟的针对对象及其判断标准；确立了联盟合作的主要内容与
方式；尤其重要的是，确立了拦截行动的主要原则，这为日后联盟
的拓展、提升国际社会对反扩散拦截行动的关注度和认可度打下了

---

① Foreign and Commonwealth Office, "Proliferation Security Initiative: Chairman's Conclusions at the Fourth Meeting", London, October 10, 2003, https://2009 - 2017. state. gov/t/isn/115305. htm.

② 赵青海：《"防扩散安全倡议"评析》，《国际问题研究》2004 年第 6 期。

重要基础，也为日后的防扩散治理方式、海洋安全治理方式树立了新的标准。

第二，此议题联盟的组建效率比较高。从"小山号"事件爆发到小布什总统宣布"防扩散安全倡议"只有 6 个月的时间。2003 年 5 月的克拉科夫演讲之后，联盟各国在 5 个月内召开了 4 次会议，基本完成了框架构建。这种效率不仅得益于美国强大的领导意愿与领导能力，更主要的是此项合作采取了"非正式"方式。[1] 美国一直宣称"防扩散安全倡议""是一场行动，而不是一个组织"；而且在全部的官方文件中，美国一直宣称参加"防扩散安全倡议"的国家是参与国（Participant）而不是成员国（Member State）。联盟责任是以政治承诺而非法律契约为形式规定的，联盟合作遵守联盟成员国国内法律，尊重联盟各国对国际法律框架的承诺，留给联盟成员极大的自由裁量权限。

第三，该议题联盟几乎没有较大的内部矛盾。首先"防扩散安全倡议"确立的一大背景是，德国和法国强烈反对美国发动伊拉克战争，美德关系与美法关系尚处在高度紧张状态。但是在拦截大规模杀伤性武器的跨境运输问题上，德法两国与美国的利益具有较高的一致性，所以美国还是成功地吸纳了这两个重要的盟国。其次，"防扩散安全倡议"的整体偏好在体现美国意志的同时，较好地控制了联盟成员间的分歧，美国为此也做出了一定的妥协。比如，美国希望在拦截原则声明中公开指出谁是"涉嫌从事扩散活动的国家"，但其他成员对此坚决予以反对，不希望过分刺激某些国家。美国对此做了妥协，在正式的原则声明中对"防扩散安全倡议"的主要针对对象做了一个宽泛而模糊的界定，只有在布里斯班会议后的主席声明中提及了伊朗和朝鲜。再比如，欧盟一直强调联合国在反扩散

---

[1]　刘宏松：《防扩散安全倡议的局限与困境：非正式国际机制的视角》，《世界经济与政治论坛》2008 年第 6 期；刘建伟：《浅议"弱式国际制度"——以防扩散安全倡议为例》，《国际政治研究》2011 年第 1 期。

事务中的作用，然而美国希望由美国及其主要盟国主导反扩散事务。最终，欧盟没有被纳入核心小组，只以观察员身份列席"防扩散安全倡议"核心小组会议且不参与决策。最后，美国在这一框架中几乎没有表达对"搭便车"状况的不满，这在多边行动案例中并不多见。究其原因，最主要的还是美国对处理此问题的动力远远高于其他联盟成员，愿意承担更多成本。而且事实上，美国对于不同成员的期待值也有差异，真正能与美国并肩行动的国家数量有限，但是美国希望能有更多的支持者加入进来提升行动的合法性，并依靠它们小范围的行动推动整个国际规范的变迁。①

第四，"防扩散安全倡议"实现了较为理想的早期收获。首先是发起了一系列拦截行动与演习，尤其是对"BBC China"号货轮的拦截。2003 年 10 月初，一艘德国籍的货轮"BBC China"号准备运载离心机从迪拜出发驶往利比亚，该情报迅速被美国及其盟友掌握，它们迅速根据防扩散安全倡议展开行动。德国政府迅速联系船主令其停靠在意大利塔兰托港接受检查，结果查获并扣留了大量离心机及相关部件，英美两国迅速向利比亚施压要求其放弃发展核武器的计划。美国和英国政府都认为，此次拦截行动是卡扎菲政府放弃开发大规模杀伤性武器项目的重要推动因素。② 此外，在"防扩散安全倡议"确立初期，联盟曝光了卡迪尔汗核扩散网络，并于 2003 年 8 月在中国高雄拦截了一艘运输军民两用化学品的朝鲜船只，于 2004 年 2 月在意大利拦截了一艘涉嫌运输离心机部件的马来西亚籍集装箱货轮。③ 除了正式的拦截行动之外，"防扩散安全倡议"成员筹划了多场专项拦截演习，第四次会议上部署的早期演习规划达到

---

① Jeffrey S. Lantis, "Agentic Constructivism and the Proliferation Security Initiative: Modeling Norm Change", *Cooperation & Conflict*, Vol. 51, No. 3, 2016, pp. 1 – 17.

② James Cotton, "The Proliferation Security Initiative and North Korea: Legality and Limitations of a Coalition Strategy", *Security Dialogue*, Vol. 36, No. 2, 2005, pp. 193 – 211.

③ 石家铸：《美国防扩散安全倡议及其进展》，《国际论坛》2004 年第 6 期。

了8次，涉及的内容包括军事合作、情报分享与联合执法等多种科目（见表5-1）。在联盟扩展方面，"防扩散安全倡议"也取得了不错的效果。尽管部分国家认为"防扩散安全倡议"不符合国际法或者担忧美国的做法会侵犯它们的利益，也有一些国家担心加入防扩散安全倡议会引发周边关系的紧张（比如韩国），但是仍有50多个国家在拦截原则声明发布之后立刻表示支持。① 由于美国知道"防扩散安全倡议"是超越现有国际法律规定的多边行动框架，一定会有不少国家表示反对，所以美国对当时国际社会的支持程度是比较满意的。

表5-1　　　　　伦敦会议公布的防扩散安全倡议演习项目

时间	领导国家	演习内容
2003 年 10 月	西班牙	地中海拦截演习
2003 年 11 月	法国	地中海拦截演习
2003 年 12 月	意大利	空中拦截演习
2004 年 1 月	美国	阿拉伯海拦截演习
2004 年春季	波兰	地面拦截演习
2004 年春季	意大利	地中海拦截演习
2004 年春季	法国	空中拦截演习
2004 年 3 月	德国	法兰克福机场拦截演习

资料来源："Proliferation Security Initiative：Chairman's Conclusions at the Fourth Meeting"，https：//2009 - 2017stategov/t/isn/115305htm，登录时间：2016 年 7 月。

三　"防扩散安全倡议"的运行

在联盟初始框架建立之后，"防扩散安全倡议"的发展建设重点在四个方面：拓展联盟的支持规模、调整组织结构、开展拦截演习、

---

① Foreign and Commonwealth Office，"Proliferation Security Initiative：Chairman's Conclusions at the Fourth Meeting"，London，October 10，2003，https：//2009 - 2017.state. gov/t/isn/115305. htm.

与国际法律和国际机制接轨。

在美国的呼吁与动员之下，一些国家表态支持拦截原则声明，并且不断有国家加入防扩散安全倡议。2003 年 12 月，加拿大、丹麦、土耳其、新加坡、挪威成为第二批加入"防扩散安全倡议"的国家；2004 年 4 月，捷克宣布加入"防扩散安全倡议"；2004 年 5 月，俄罗斯宣布加入"防扩散安全倡议"。到 2004 年中，"防扩散安全倡议"拥有 18 个成员国。其中，俄罗斯的加入颇显"意外"：因为截止到 2004 年中，除了俄罗斯与新加坡，其余成员国均是与美国签有同盟条约的军事盟友；而新加坡又是美国"在东南亚的可靠朋友和亲密的战略伙伴"，① 所以新加坡的加入也并不令人意外；唯独俄罗斯是与美国存在战略疑虑与战略竞争甚至时常走向战略敌对的国家，而且俄罗斯官方也曾对"防扩散安全倡议"持保留态度。俄罗斯的加入固然与美国的外交工作有关，博尔顿反复说服俄罗斯官员加入"防扩散安全倡议"，据信美国向俄罗斯提供了经贸、技术等方面的回报。② 更重要的是，加入"防扩散安全倡议"符合俄罗斯的战略利益：首先，俄罗斯作为一个核大国，加强不扩散体系的效力既符合俄罗斯维持大国优势的总体利益，也符合俄罗斯在中东和朝鲜半岛的地区利益。尤其作为一个衰落中的大国，俄罗斯更加倚重"核俱乐部成员"这一身份维持其战略地位与战略利益。③ 其次，非正式性的合作框架在规定成员履职方面给予各国较大的自主性，成员国可以根据自身意愿和实际情况选择对联盟贡献的方式与程度。考虑到俄罗斯的战略意愿与地理位置，美国也没有指望俄罗

---

① 维文：《新加坡与美国——可靠的伙伴》，《联合早报》2016 年 7 月 29 日，ht-tp：//www. zaobao. com/forum/views/opinion/story20160729 - 647015，登录时间：2017 年 10 月 1 日。

② 《俄罗斯加入"防扩散安全倡议"，中国将何去何从》，中国网，2004 年 6 月 9 日，http：//www. china. com. cn/chinese/junshi/583050. htm，登录时间：2017 年 10 月 1 日。

③ Michal Onderco and Paul Van Hooft, "Why is the Proliferation Security Initiative a Problematic Solution?" *Chinese Journal of International Politics*, Vol. 9, No. 1, 2016, pp. 81 - 108.

斯能够承担多少拦截义务，美国关心的主要是俄罗斯在政治上对"防扩散安全倡议"予以支持，便于美国提升"防扩散安全倡议"的合法性与影响力。再次，由于俄罗斯在伊拉克战争的问题上与美国产生过激烈的摩擦，加入"防扩散安全倡议"也为俄罗斯提供了一个修复俄美关系的重要契机。总之，俄罗斯的加入也体现了议题联盟本身的一大重要特性——任务决定联盟，而非关系与契约决定联盟——它可以容纳"异质"的行为体在某一特定议题之下展开合作。在俄罗斯宣布加入之后，越来越多的国家宣布加入"防扩散安全倡议"，截止到 2017 年 10 月，加入"防扩散安全倡议"的国家数量达到 105 个。但同时需要指出的是，仍有许多国家没有加入，比如撒哈拉以南非洲几乎没有"防扩散安全倡议"成员国，相当多数的亚洲国家也没有参与，一些关键的大国与中等强国也没有加入这项议题联盟，包括中国、印度、埃及、印尼、墨西哥、巴基斯坦和南非等国。

表 5 - 2　　　　　　　　　　"防扩散安全倡议"成员名单

阿富汗	克罗地亚	日本	挪威	圣文森特和格林纳丁斯
阿尔巴尼亚	塞浦路斯	约旦	阿曼	瑞典
安道尔	捷克	哈萨克斯坦	巴拿马	瑞士
安哥拉	丹麦	韩国	巴布亚新几内亚	塔吉克斯坦
安提瓜和巴布达	吉布提	吉尔吉斯斯坦	巴拉圭	泰国
阿根廷	多米尼加	科威特	菲律宾	特立尼达和多巴哥
亚美尼亚	萨尔瓦多	拉脱维亚	波兰	突尼斯
澳大利亚	爱沙尼亚	利比里亚	葡萄牙	土耳其
奥地利	斐济	利比亚	卡塔尔	土库曼斯坦
阿塞拜疆	芬兰	列支敦士登	罗马尼亚	乌克兰
巴哈马	法国	立陶宛	俄罗斯	阿联酋
巴林	格鲁吉亚	卢森堡	萨摩亚	英国
白俄罗斯	德国	马其顿	沙特阿拉伯	美国

续表

比利时	希腊	马来西亚	圣马力诺	乌兹别克斯坦
伯利兹	**梵蒂冈**	**马耳他**	**塞尔维亚**	**瓦努阿图**
波斯尼亚	洪都拉斯	**马绍尔群岛**	**新加坡**	**越南**
文莱	匈牙利	摩尔多瓦	斯洛伐克	也门
保加利亚	冰岛	**蒙古国**	斯洛文尼亚	
柬埔寨	伊拉克	黑山	西班牙	
加拿大	**爱尔兰**	**摩洛哥**	斯里兰卡	
智利	以色列	荷兰	**圣卢西亚**	
哥伦比亚	意大利	新西兰		

资料来源："Proliferation Security Initiative Participants"，http：//wwwstategov/t/isn/c2773 2htm，登录时间：2016 年 7 月。黑体标示的国家不是美国的盟国。

除了拓展联盟规模以外，美国还与一些重要的方便旗国家签署双边登临协议，进一步拓展"防扩散安全倡议"的支持网络，进而加强了其拦截效力。自从 2005 年以来，美国已经与 11 个重要的船舶注册国家签署了"防扩散安全倡议"框架下的双边登临协议，包括伯利兹、克罗地亚、塞浦路斯、利比里亚、马耳他、马绍尔群岛、蒙古国、巴拿马、巴哈马、圣文森特和格林纳丁斯、安提瓜和巴布达。[①] 这些国家的注册船舶数在世界船舶总数中占有极高的比例。这些协议为美国对这些国家的船舶进行拦截与登临检查提供便利，并且美国可以与它们就海上防扩散活动展开情报交流。

随着"防扩散安全倡议"规模的不断扩展，原有的"核心—外围"模式受到了一定的挑战，区分核心成员与非核心成员可能引发众多新成员的不满。美国的做法是，首先将核心小组扩容，由最初的 11 国增加至 15 个国家，新增了加拿大、挪威、新加坡与俄罗斯。在联盟规模逐渐扩大之后，美国悄无声息地取消了核心小组，开始启动高级别政治会议并欢迎所有支持"防扩散安全倡议"原则的国

---

① http：//www. nti. org/learn/treaties-and-regimes/proliferation-security-initiative-Proliferation Security Initiative/.

家参加。2004 年 5 月底在波兰召开的纪念"防扩散安全倡议"成立周年大会是此种类型会议的第一次，全球 60 多个国家参加了会议，包括当时并没有加入的中国、印度与韩国。此次大会并没有通过重要文件，其关键意义是向全球各国彰显美国的前期工作取得了国际认可，希望能够影响国际法律与规范的变迁，为"防扩散安全倡议"未来的发展指明了方向。[①] 此类会议截止到 2017 年 9 月总共召开过 4 次，除了上述的周年会议之外，还包括 2006 年 6 月的华沙会议，2008 年 5 月的华盛顿会议，2013 年 5 月的华沙会议。近年来防扩散安全倡议高级政治会议召开的频率越来越低。在"防扩散安全倡议"最开始的几年里，每两年举行一次高级别政治会议，而 2008 年华盛顿会议与 2013 年华沙会议之间相隔了 5 年。2016 年 1 月，美国主办了第一届中级别政治会议，在华盛顿会议的基础上为接下来的"防扩散安全倡议"发展提出新的工作计划。按照防扩散安全倡议的工作规划，下一次高级别政治会议将会在 2018 年由法国主办。[②]

另外，美国也没有放弃小范围的核心领导集团的领导作用，重点突出行动专家小组的作用，在取消核心小组之后美国将行动专家小组作为实际规划具体行动的领导集团。行动专家小组仍由原来核心小组的 15 个国家组成，此外又先后纳入阿根廷、丹麦、希腊、新西兰和土耳其。韩国出于对朝鲜核试验和导弹试验的回应，在安全上进一步强化对美国的依赖，于 2009 年 5 月宣布加入"防扩散安全倡议"，随即也成为行动专家小组的一员。目前，行动专家小组包括 21 个成员国。行动专家小组的核心任务就是将高级别政治会议上规定的方针转化为具体的行动，包括扩散形势研究、演习规划、确立能力建设与行动程序的方案，挖掘各国在立法、执法、海关监控与

---

① Foreign Ministry of Poland, "Chairman's Statement at the 1st Anniversary Proliferation Security Initiative Meeting", Krakow, Poland, May 31 - June 1, 2004, https：//2001 - 2009. state. gov/t/isn/rls/other/33208. htm.

② http：//www. nti. org/learn/treaties-and-regimes/proliferation-security-initiative-Proliferation Security Initiative /.

情报分享等方面可以提升"防扩散安全倡议"效力的潜力，分析过往演习、行动的经验与教训。① 参加行动专家小组的各国官员在一开始主要以国防部门的官员为主。随着进程的推进，参会高官的部门来源越来越多样化，包括国防、外交、出口控制、经济、海关、海岸警卫队、司法、内务和警察等部门。这也从一个侧面反映了"防扩散安全倡议"发展的侧重点逐渐发生了变化，越来越多的文职部门参与到"防扩散安全倡议"行动当中。行动专家小组会议的召开频率也在逐渐下降，最开始每年召开 3—5 次，从 2009 年开始每年基本只召开一次。与此同时，从 2008 年以后，"防扩散安全倡议"开始建构地区行动专家小组会议与活动机制（Regional Operational Experts Group），重点关注西欧地区和亚太地区。地区行动专家小组机制专注于地区性、突发性和一些特殊性的拦截情况，有助于"防扩散安全倡议"网络的扩展。

在地区行动专家小组的规划与协调下，"防扩散安全倡议"发起了大量的反扩散演习，既包括实兵演习也包括模拟演习、指挥所演习（见表 5 - 3）。演习旨在提升参与国在真实状态下开展拦截行动的反应效率。各种演习综合设计了一套检测国家拦截能力的指标与程序，在演练过程中关注各国拦截能力的差异，以及各国立法和执法方式的差异。其最大价值是促进了成员国不同部门在海上监控与拦截事务方面的协调，也便于各成员国兄弟单位之间开展合作。在这些演习中，美国充当牵头国家的次数最多。从演习频率上来看，2003 年至 2007 年是高频率演习阶段，平均每年演习 6 次左右；2008 年之后，演习频率开始下降，平均每年演习 3 次左右。演习性质也逐渐发生变化，2007 年之后，模拟演习、指挥所演习比例增大，实兵演习比例下降；而且"防扩散安全倡议"开始在例行性多国军事演习中添加拦截科目，代替专项的"防扩散安全倡议"演习。

---

① Jacek Durkalec，"The Proliferation Security Initiative：Evolution and Future Pros-pects"，*Non-Proliferation Papers*，No. 16，EU Non-Proliferation Consortium，June 2012.

表 5 - 3 **"防扩散安全倡议"演习活动清单（2003—2016 年）**

时间	演习项目	牵头国家
2003 年 9 月	"太平洋保护者"珊瑚海拦截演习	澳大利亚
2003 年 10 月	伦敦空中拦截指挥所演习	英国
2003 年 10 月	西地中海演习	西班牙
2003 年 11 月	西地中海演习	法国
2004 年 1 月	阿拉伯海演习	美国
2004 年 2 月	特拉帕尼空中拦截演习	意大利
2004 年 3 月	法兰克福海关执法演习	德国
2004 年 4 月	地中海演习	意大利
2004 年 4 月	华沙地面拦截演习	波兰
2004 年 6 月	空中拦截模拟演习	法国
2004 年 9 月	模拟演习	美国
2004 年 10 月	海上演习	日本
2004 年 11 月	海上演习	美国
2005 年 4 月	海上/地面拦截演习	葡萄牙
2005 年 6 月	地面拦截演习	捷克、波兰
2005 年 6 月	空中/地面拦截演习	西班牙
2005 年 8 月	海上/地面拦截演习	新加坡
2005 年 10 月	空中拦截模拟演习	挪威
2005 年 11 月	海上拦截与指挥所演习	英国
2006 年 4 月	海上拦截与指挥所演习	荷兰
2006 年 4 月	空中拦截与指挥所演习	澳大利亚
2006 年 5 月	联合陆海空指挥所演习	土耳其
2006 年 5 月	空中/海上拦截演习	澳大利亚
2006 年 6 月	空中拦截演习	法国
2006 年 9 月	海上/地面演习	波兰等
2006 年 10 月	指挥所演习与海上/地面拦截演习	美国
2007 年 4 月	空中拦截演习	立陶宛
2007 年 5 月	地面/港口拦截演习	斯洛文尼亚

续表

时间	演习项目	牵头国家
2007 年 6 月	模拟演习	美国
2007 年 8 月	"巴拿马极限 2007"演习中加入拦截科目	美国
2007 年 10 月	海上/港口拦截演习	日本
2007 年 10 月	联合陆海空拦截演习	乌克兰
2008 年 3 月	海上/港口拦截演习	吉布提、法国
2008 年 4 月	"菲尼克斯快车 2008"演习中加入拦截科目	美国
2008 年 5 月	海上/港口拦截演习	克罗地亚
2008 年 8 月	"防扩散安全倡议"演习	新西兰
2009 年 4 月	"菲尼克斯快车 2009"演习加入拦截科目	美国
2009 年 9 月	"巴拿马极限 2009"演习加入拦截科目	美国
2009 年 10 月	海上拦截演习	新加坡
2010 年 1 月	"防扩散安全倡议"演习	美国、阿联酋
2010 年 5 月	"菲尼克斯快车 2010"演习加入拦截科目	美国
2010 年 9 月	防扩散安全倡议拦截演习	澳大利亚
2010 年 10 月	海上拦截演习	韩国
2012 年 4 月	"撒哈拉快车 2012"西非海上演习加入拦截科目	美国
2012 年 5 月	"菲尼克斯快车 2012"地中海演习加入拦截科目	美国
2012 年 7 月	空中拦截演习	日本
2012 年 8 月	"巴拿马极限 2012"演习加入拦截科目	美国
2012 年 9 月	海上拦截演习	韩国
2013 年 1 月	陆海空拦截演习	阿联酋
2013 年 3 月	"撒哈拉快车 2013"西非海上演习加入拦截科目	美国
2013 年 11 月	东南欧防扩散安全倡议模拟演习	美国
2014 年 1 月	西半球模拟演习	美国
2015 年 11 月	亚太地区拦截演习	新西兰
2016 年 5 月	"菲尼克斯快车 2016"演习加入拦截科目	美国
2016 年 9 月	亚太地区拦截演习	美国

资料来源："Calendar of Events"，https：//wwwstategov/t/isn/c27700htm，登录时间：2016 年 8 月。

除了自身的机制建设与演习活动之外，美国积极推动国际法律与国际规范对"防扩散安全倡议"的接纳。美国也通过多种途径推动"防扩散安全倡议"获得国际社会的认可，包括拓展新成员、与重要国家接触、在 G8 等多边场合讨论"防扩散安全倡议"等方式。但是从根本上提升"防扩散安全倡议"的合法性还需要获取联合国安理会的背书，以及相关国际法律条文的修正。2003 年 9 月 23 日，小布什总统在联合国大会发表演讲，向与会各国代表阐述当前全球面临大规模杀伤性武器扩散的威胁态势以及"防扩散安全倡议"打击扩散活动的重要意义，要求安理会通过一项新的决议，制裁成员国扩散大规模杀伤性武器的非法行径；实施严格的出口管制措施；妥善管理各国境内可能引发大规模杀伤性武器扩散的敏感材料。①2004 年 2 月，美国向国际原子能机构申请提案，呼吁其成为打击大规模杀伤性武器扩散全球体制的一部分。在美国的积极推动下，联合国安理会于 2004 年 4 月 28 日通过了第 1540 号决议，呼应了美国对于当下大规模杀伤性武器扩散及其与恐怖分子结合的严重关切，"重申需要根据《联合国宪章》，采取一切手段，应对恐怖行为对国际和平与安全造成的威胁"，禁止非国家行为体"制造、获取、拥有、开发、运输、转移或使用核生化武器及其运载工具，以及禁止从事上述任何活动、作为共犯参与这些活动、协助或资助这些活动的图谋"。② 这份决议是"防扩散安全倡议"最为重视的文件之一，"防扩散安全倡议"参与国视安理会第 1540 号决议为其提供了重要的法律基础。但是这份决议的法律效力仍然有限，全篇没有出现"拦截"一词，没有明确肯定"防扩散安全倡议"的合法性；尽管决议明文禁止了非国家行为体的扩散行为，但是并没有明确禁止主权国家运输、转移大规模杀伤性武器及其运载工具的扩散行为。尽

---

① 顾国良：《美国"防扩散安全倡议"评析》，《美国研究》2004 年第 3 期。

② 《安理会第 1540（2004）号决议》，http：//www. un. org/ga/search/view_doc. asp？ Symbol＝S/RES/1540％20（2004）&referer＝/english/&Lang＝C，登录时间：2017 年 10 月 3 日。

管如此，作为打击核扩散行为的重要决议，其效力在 2011 年得到了延长，一直持续到 2021 年 4 月。在美国的努力之下，一系列处理具体事项的安理会决议提到了拦截手段的重要性，包括涉及伊朗核问题的第 1737 号决议、第 1747 号决议、第 1803 号决议和第 1929 号决议，以及涉及朝鲜核问题的第 1718 号决议和第 1874 号决议。尤其是第 1929 号决议和第 1874 号决议呼吁所有国家在各自领土上检查各国准备运进或出口这两个国家的货物。如果据信这些货物中包含违禁物品，则联合国所有成员均可被授权扣留和销毁该违禁货物。

此外，在美国以及"防扩散安全倡议"成员国的努力之下，国际海事组织于 2005 年 10 月重新修订了 1988 年《制止危害海上航行违法行为公约》并通过了该公约的《2005 年议定书》。2010 年 7 月，议定书正式生效，其中第三款的第二条规定，禁止在海上运输大规模杀伤性武器及其相关材料、设备（核不扩散条约和国际原子能机构允许的情况下除外）；同时允许在取得船旗国同意的情况下，对疑似运输核扩散材料的船只进行登临检查。《2005 年议定书》为"防扩散安全倡议"海上拦截行动提供了重要的法律支持，但问题是加入的国家不多。另一个类似的努力出现在航空领域。2010 年 9 月 10日，《制止与国际民用航空有关的非法行为的公约》（简称"北京公约"）在北京通过。"北京公约"宣布利用航空器运输大规模杀伤性武器及其相关材料属于违法犯罪行为，客观上支持了防扩散安全倡议打击空中大规模杀伤性武器扩散的安排。

在连续几年的建设之后，"防扩散安全倡议"在各个方面的活动都开始趋向平稳，例行性会议与演习项目的频率保持在一个相对较低的水平上。这一方面显示出美国以及"防扩散安全倡议"各参与国对此项战略工具的热情开始下降，"防扩散安全倡议"建设开始面临一些瓶颈；另一方面也体现出此项战略工具的基本目的已经基本达到了。本书认为，常态化议题联盟成功的关键是建立一套完整的联盟框架，进而将其行动模式推广至国际社会，影响国际法律与规范的变革。换句话说，常态化议题联盟的效力往往不在其本身的行动，而在于它的行动在多大程度上影响了国际规范。同时，常态化议题联盟的一大重要特性就在于容易在短期内获得突破，其长期效力一方面取决于领导国家对该议题的热情，另一方面取决于该联盟的制度化建设。奥巴马政府上台之后，仍然主张推进"防扩散安全倡议"建设，并且强调接下来的工作是加强"防扩散安全倡议"的制度化。奥巴马总统在2009年4月5日关于防扩散和武器控制的演讲中提到了该主张。对此，副国务卿詹姆斯·斯坦伯格（James Steinberg）补充说，"防扩散安全倡议"和全球打击核恐怖主义倡议在高度非正式化和去中心化的基础上进展至今，未来应当推动"小中心化的合作机制"。奥巴马政府对"防扩散安全倡议"建设的一项新举措便是提出"结点"（Focal Point）制度，希望每一位行动专家小组成员国能够充当一个中枢/结点，作为推动情报分享、议程设置、活动指挥的"次级中心"，摆脱国际社会关于"防扩散安全倡议""只是美国自己的一项战略工具"这一认知。整体而言，"防扩散安全倡议"利用议题联盟这种合作模式开展常态化行动与机制建设并取得了较好的成效，美国对其他议题的某些处理方式往往也存在对这一合作模式的效仿。

第二节　美国与全球海洋伙伴倡议

一　全球海洋伙伴倡议的起源

概括而言，全球海洋伙伴倡议起源于美国在海洋综合安全形势日益复杂的背景下，提升美国应对海上威胁的能力需求与既有制度工具的效力与限制之间存在张力。

2005年8月31日，时任美国海军作战部部长迈克尔·马伦在美国海军战争学院发表演讲，向该校师生分享了他对于21世纪海洋安全的意义、形势、挑战与应对等一系列问题的看法，并在演讲中首次提出"千舰海军"① 的概念。② 在回顾了当前威胁海洋安全的恐怖主义、毒品运输、海盗劫持、大规模杀伤性武器的海上运输、有组织犯罪等新兴挑战之后，马伦指出海上力量的综合运用对维系全球共同体至关重要。马伦建议成立一支"千舰海军"，不仅整合美国自身的海军、海军陆战队、海岸警卫队、禁毒署、联邦调查局、海关和边境保护局等军事与执法力量，而且整合全球其他国家的海军与执法力量，共同打造一支维护海洋综合安全的伙伴行动网络。对美国的海权而言，不仅要维持美国蓝色海军的权势范围，而且将海权势力深入大陆沿岸与内陆地区，赋予美国海军"褐水海军"与"绿水海军"的新职能。③ 此后，马伦在 9 月 21 日举办的第 17 届国际海权研讨会上向与会的 70 多国代表发表演讲，正式提出"千舰海军"的概念，他认为海军不只是战争的工具，更应承担提升海洋安全、维系国际和平的职能；在今天这样一个紧密联系的世界，"实现全球利益同样也是在实现国家利益"；各国的海上力量应当建立一个自愿服务全球海洋安全的联盟网络，仿效"防扩散安全倡议"，"建立一个没有正式机制，没有正式支援结构、没有秘书处、没有总部、没有主席声明"的海洋综合力量联盟网络。④

各国的海上力量，尤其是海军，是一个国家防卫其国家安全、保障海洋领土与主权、维护海洋权益的重要力量。考虑到政府对海

---

① "千舰海军"又称为"全球海洋伙伴倡议"，美国官方将这两个名称通用，本文也照此例将这两个名称通用。

② Mike Mullen, "Remarks as delivered by Adm. Mike Mullen", Naval War College, Newport, RI, August 31, 2005, http：//www. navy. mil/navydata/cno/speeches/mullen050 831. txt.

③ Mike Mullen, "Remarks as delivered by Adm. Mike Mullen", Naval War College, Newport, RI, August 31, 2005, http：//www. navy. mil/navydata/cno/speeches/mullen050 831. txt.

④ ADM Mike Mullen, "Remarks as delivered for the 17th International Seapower Symposium", Naval War College, Newport, RI, September 21, 2005, http：//www. navy. mil/navydata/cno/mullen/speeches/mullen050921. txt.

军的巨大投入、海事装备与海洋情报的机密性、海洋主权的排他性以及海权力量的竞争性，各国对于一般性的海军交流与合作都保持了较谨慎的态度，遑论打造一支全球海洋联盟。"千舰海军"作为一个野心勃勃的海上安全议题联盟，超出了许多国家的领导人与学者的理解范围。但是从美国的立场来看，提出这项联盟构想有着一系列深刻的动力与渊源。

首先，作为世界上最发达的海洋国家，当前的海洋安全形势给美国带来了巨大挑战。近代以来，威斯特伐利亚体系之下主权国家之间就海上资源与势力范围展开激烈的争夺，美国为了维护海洋航道的安全与海上势力范围的扩展，诉诸外交与战争手段将英国、法国、西班牙等老牌殖民主义大国排挤出南美洲进而控制加勒比海，同时通过美西战争与门户开放政策将海军力量扩展至亚洲。在太平洋对日作战之后，美国控制了整个西太平洋及其环形岛链。冷战期间，美国与苏联在海上展开激烈的霸权争夺，双方在扩充武器装备、提升战略打击能力、争夺海上盟友与前沿基地、控制关键海域与通道等方面互不相让，随时准备应对来自敌对阵营的直接挑战。[①] 冷战结束以后，苏联不复存在，挑战美国制海权的威胁大大降低，然而美国海洋综合安全面临的新威胁与新挑战却变得复杂多样。在全球化飞速发展的背景下，美国通过海洋运输获取大量利润的同时，面临着从波斯湾到非洲东海岸、南美洲海岸以及太平洋尤其是东南亚沿岸海域的多重威胁与挑战，包括海盗、恐怖主义、毒品交易、人口贩卖、有组织犯罪、大规模杀伤性武器扩散等跨国威胁。美国海军在保持作战能力不断升级的同时，淘汰了一部分武器装备，削减了常备海军的规模。在大洋深处随时可能发生的海况威胁，单靠美国本身难以有效应对。尤其是当代海盗的活动越来越猖獗，主要出没在东南亚、南中国海、南美洲部分地区、印度洋和红海南部等地

① Jon D. Peppetti, "Building the Global Maritime Security Network: A Multinational Legal Structure to Combat Transnational Threats", *Naval Law Review*, 2008, No. 55, pp. 73 – 156.

区。他们依靠大量黑市交易来的轻型武器与部分重型武器，在一些重要的海上交通要道劫持商船，包括马六甲海峡、苏伊士运河、巴拿马运河等海域或通道。① 尤其发生在 2005 年 11 月索马里海盗袭击"海上精神号"游轮（Seabourn Spirit）事件、2006 年 1 月索马里海盗袭击印度商船事件，震惊了国际社会与美国政府。马伦在澳大利亚发表演讲时声称，海盗袭击事件的影响堪比珍珠港事件和"9·11"事件造成的影响，根本性地改变了海洋安全态势，当前全球正处在"海上新威胁的临界点"。②

其次，美国的海权观念发生了重要变革。美国早期的海权观以马汉（Alfred Thayer Mahan）提出的海权论为代表。马汉海权论形成的年代，正值垄断资本主义高度扩张与竞争时期，殖民主义盛行于世，以马汉为代表的美国战略家们深信，控制大洋就等于"掌握了控制世界财富的钥匙"。③ 马汉认为，广义的海权包括海上军事力量、海上贸易运输与海港基地；实现海权需要运用军事与非军事力量，保障生产的安全、航运的安全和殖民地的拓展；为了争夺制海权，应坚持"集中兵力、舰队决战、攻势决战和内线作战"等原则。④ 美国海权观念发展的第二阶段以小约翰·莱曼（Jr John Leman）的制海权理论为代表。莱曼制海权理论的核心是强调美国海军必须具有胜过所有海军以及敌对海上联盟的力量优势，强调海军的威慑与禁阻作用，提出海洋支援陆地作战的观点。⑤ 根据莱

① Jon D. Peppetti, "Building the Global Maritime Security Network: A Multinational Legal Structure to Combat Transnational Threats", *Naval Law Review*, 2008, No. 55, pp. 73–156.
② Chris Rahman, "The Global Maritime Partnership Initiative: Implications for the Royal Australian Navy", *Papers in Australian Maritime Affairs*, No. 24, 2008.
③ 张文木：《世界地缘政治中的中国国家安全利益分析》，山东人民出版社 2004 年版，第 245 页。
④ 杨震、周云亨、郑海琦：《美国海权思想演进探析》，《国外社会科学》2016 年第 5 期。
⑤ 杨震、周云亨、郑海琦：《美国海权思想演进探析》，《国外社会科学》2016 年第 5 期。

曼的制海权观念，美国海军大规模提升舰艇数量，控制与威慑欧亚大陆西侧、东侧与南侧的关键海上通道，夺取对大陆边缘地带的控制。美国海权观念发展的第三阶段，开启了冷战后美国海洋战略的转型。从宏观理念来看，美国海权观念进入现代海军战略与后现代海军战略的辩论之中。杰弗里·蒂尔（Geoffrey Till）认为，后现代海军战略受到全球化的深刻影响，促进全球生产要素的大规模流通成为国际社会多数国家的共同需求；在此背景下，各国普遍面临海上犯罪、恐怖主义、资源枯竭、环境恶化等的挑战，因此应当推崇海洋善治，坚持后现代海军发展模式，强调国际主义、国际合作与维护共同的价值观。① 蒂尔尤其强调海军建设四种能力：第一，控制海洋，重点控制沿岸地区；第二，维持海上综合安全，充分发挥多种海上力量，维持海洋秩序；第三，实现海洋力量的远程投射，强调海洋力量对陆地的影响与控制，构建便利远洋海军的全球海洋基地网络；第四，达成海洋共识，培养关于海洋治理方式与意义的共同认知。②

在这种观念的影响之下，美国海军在冷战后逐渐走上转型之路，从1992年的海军战略白皮书开始，到2002年发表的《21世纪海上力量》，美国海军强调美国的海洋战略从准备"单独实施大规模海战"向"从海上支援陆、空军联合作战"转变，将冷战时期夺取制海权的主体思想转变为夺取并利用制海权；由"海上作战"转向"从海上出击"；由"前沿部署"转变为"前沿存在"；强调应对多样的海洋危机，开拓海洋控制与管理的新空间、新技术、新手段。③在现实挑战与观念转变的背景下，建立一支由美国领导的、应对多

---

① Geoffrey Till, "Maritime Strategy in a Globalizing World", *Orbis*, Vol. 51, No. 4, pp. 569 – 575.

② Geoffrey Till, "Maritime Strategy in a Globalizing World", *Orbis*, Vol. 51, No. 4, pp. 569 – 575.

③ 杨震、周云亨、郑海琦：《美国海权思想演进探析》，《国外社会科学》2016年第5期。

种海洋危机的多国海洋力量联盟成为美国海军的一个战略选项。而且这种联盟可以具备较高的弹性，当地缘政治对手出现时，美国可以声称为了应对共同的潜在敌人，突出海洋联盟从事海上威慑、监视与封锁等传统海军的战略职能；当非传统安全挑战更加突出时，美国可以发挥海洋联盟进行海洋治理的战略职能，既能分担美国的战略成本，又能强化美国对其他国家的领导。同时，本书认为，美国海军领导人提出"千舰海军"计划，极可能存在美国海军领导人提升海军地位、争取海军军费、彰显个人政绩的考虑。冷战结束之后，美国缩减了海军的军舰规模，在海洋作战规划方面更加强调濒海作战与对陆地作战的支援，在实际的几次作战行动中更加突出海军陆战队和陆军特种部队的作用。海军在整个美国国防力量中的地位事实上低于冷战时期，如果能够领导一支整合各国海上力量的行动网络并迅速获得早期成果，可以提高美国政府对这项任务的重视，借此也可以彰显海军作战部的政绩。而且根据"千舰海军"的战略设想，所有涉及海洋事务管理、执法、作战的国内部门均要纳入海军主导的这项任务之中，如果能够实现的话，也将极大地提升美国海军在美国各军种、各行政部门中的地位。

再次，国际法律框架的限制。国际法与国际规范是在国家间漫长的互动之中逐渐形成的一套调整国家间关系的规则、规范、原则与程序，它往往反映的是国际社会昔日的面貌，其内容和规定往往体现的是不同偏好国家的利益的最大公约数。因此，在应对新兴跨国海洋威胁的问题时，国际法律框架往往显现出缺陷与不足。以打击海盗为例，1982 年《联合国海洋法公约》只是规定了成员国打击海盗的广义责任，并没有规定成员国打击海盗的具体责任；相反，在运用武力在公海执法时，还要受到诸多规定的限制。1988 年《制止危害海上航行违法行为公约》呼吁成员采取有效措施防范危及船只安全的非法行为，同样并未明确制定合法打击海盗行为的具体条例；也没有赋予成员把海上犯罪分子移交国际司法审判机构的正式义务。在这种情况下，国际海事组织长期以来仅仅扮演一种助力海上安全、防止海洋污染的角色。另外，当前的国际法律框架限制了各国搜集分享打击海盗所需要的情报，因为此类情报只能在遵守国家法律的前提下，在确信海盗行为即将发生的情况下，提供给拥有司法管辖权限的国家。① 《制止危害海上航行违法行为公约》所规定的海上违法行为只考虑船舶在国际水域上的行为而不涉及船舶在某国领海内的行为，而且《2005 年议定书》虽然扩大了各国打击海盗的司法权限，但是仍然没有给予国家自由进入其他国家领海范围打击海盗的权利。②

最后，美国拥有打造常态化议题联盟的经验和教训。马伦提出这一构想时，正值美国在阿富汗和伊拉克战场形势恶化之际，美国的单边主义遭受广泛的批评，贯彻单边主义的重要人物——国防部长拉姆斯菲尔德在任期结束后离开了岗位。美国海军开始试图转变思路，强调海洋安全领域的多边合作。"千舰海军"的主导者迈克尔·马伦上将多次表达了对防扩散安全倡议的赞赏，他认为这种针对特定议题、召集意愿相近的志愿者国家组成的联盟网络同样是未来海军处理海洋关系与海上安全事务的努力方向。③ 在海洋事务方面，美国也曾发起过类似的议题联盟行动。比如在"9·11"事件后，北约领导部分成员国家与一些非成员国家在地中海发起的"积极努力"（Active Endeavor）联合军事行动，美国领导的在印度洋海域活动的第 150 联合特遣舰队，美国南方司令部领导众多美洲国家在中北美、加勒比海海域发起的常态化海军演习以支持"持久自由

---

① Jon D. Peppetti, "Building the Global Maritime Security Network: A Multinational Legal Structure to Combat Transnational Threats", *Naval Law Review*, No. 55, 2008, pp. 73 - 156.

② Jon D. Peppetti, "Building the Global Maritime Security Network: A Multinational Legal Structure to Combat Transnational Threats", *Naval Law Review*, No. 55, 2008, pp. 73 - 156.

③ Mike Mullen, "Remarks as delivered for the 17th International Seapower Symposium", Naval War College, Newport, RI, September 21, 2005, http://www.navy.mil/navydata/cno/mullen/speeches/mullen050921.txt.

计划"，以及后来美国领导的第 151、第 152 联合特遣舰队。这些都是开展常态化行动的议题联盟，并且取得了不错的进展，但是都局限在一个固定区域，合作层次与范围比较有限，联盟合作的频率与强度存在比较大的波动。

时任美国太平洋舰队总司令托马斯·法戈上将于 2004 年 2 月提出的"区域海洋安全倡议"是"千舰海军"计划的雏形。二者重点关注的同样是海上非传统安全的威胁与挑战。只不过前者专注于亚太地区尤其是东南亚地区的海洋安全挑战，并且重点联合东亚国家共同治理海洋。法戈上将当时提出了区域海洋安全倡议的五大机制，包括海洋情报分享机制；快速决策、指挥、合作机制；拦截合作机制；港口安全协作机制；执法部门跨国合作机制。① 马六甲海峡是此项联盟安排活动的重点区域，法戈上将希望向这一海域派驻军舰，与周边国家联合开展反恐、反海盗、反扩散、反走私、反毒品等方面的合作。② 美国太平洋舰队司令部在多个场合兜售这一理念，并向相关各国反复陈述此项联盟行动的必要性。然而这项联盟倡议甫一提出就搁浅了。直接原因就是马来西亚与印度尼西亚政府对这一主张表达了明确的反对，东盟也没有正式同意开展此项联盟行动。另一个原因是这项联盟概念的提出者——法戈上将——在 2005 年 1 月正式退伍，新任太平洋舰队总司令威廉·法伦（William J. Fallon）对此项议程并不感兴趣，这项计划便顿时失去了主心骨。不过在美国海军内部，此类联盟计划并没有完全被抛弃。区域海洋安全倡议为后来的联盟倡议提供了样板与教训。其中最重要的教训便是在缔造广泛联盟网络之前，美国的新倡议必须要拥有核心拥护者的支持；

---

① 莫大华：《美国亚太区域海洋安全的"自愿联盟"——"防扩散安全倡议"、"区域海洋安全倡议"与"全球海洋伙伴倡议"之比较分析》，《国际关系学报》2010年第 29 期。

② 莫大华：《美国亚太区域海洋安全的"自愿联盟"——"防扩散安全倡议"、"区域海洋安全倡议"与"全球海洋伙伴倡议"之比较分析》，《国际关系学报》2010年第 29 期。

在小范围的核心盟友的支持下，联盟框架搭建起来之后，联盟的拓展与维系才能更加顺畅。

二 全球海洋伙伴倡议的动员

在尝试性地对外抛出"千舰海军"的概念之后，迈克尔·马伦不断向美国政府以及各国海军宣传"千舰海军"的联盟理念，争取将各国海上力量进行集中动员应对海上威胁，力图打造该议题联盟的初始框架。

美国国防部接受了马伦的主张，但是希望将这个联盟命名为"全球海洋伙伴倡议"，以免引发外界不必要的联想。美国海军更喜欢"千舰海军"这个名字，他们觉得这个称谓显得更富雄心，此后这两个名称在美国官方文件中交替使用。当小布什总统于 2006 年 8 月视察五角大楼时，马伦将军向小布什总统汇报了这项海上联盟计划。据报道，小布什总统对此表现出了浓厚的兴趣。[①] 马伦还在美国多个城市举办的"国家会谈"、欧洲海权研讨会以及同多国海军将领举行的双边会谈中宣传"千舰海军"。此后，马伦以及他的两名助手——时任美国海军作战部副部长约翰·摩根（John G Morgan）中将以及时任美国舰队指挥官查尔斯·马托格里奥（Charles W Martoglio）少将——开始着手构造"千舰海军"的联盟框架。摩根与马托格里奥撰文为"千舰海军"概念做了定义，他们表示"千舰海军"计划是"自由国家联合起来自愿组成的一个海洋安全网络"，该网络整合各国的海军、海洋执法部门、船舶行业以及滨海国家的舰队基地，增强联盟国家的海域感知能力和危机应对能力，以提升全球海域的综合安全水平。[②] 2005 年 12 月，马伦在英国皇家联合军

---

① 杜朝平：《与狼共舞：美国"千舰海军"计划与中国的选择》，《舰载武器》2007 年第 12 期。

② John G. Morgan and Charles W. Martoglio, "The 1000 Ship Navy: Global Maritime Network", *U. S. Naval Institute Proceedings*, Vol. 131, Iss. 11, 2005, pp. 14 - 18.

种研究院发表讲话时正式提出了全球海洋伙伴网络的十大原则①：

第一，全球海洋伙伴网络奉行主权优先的原则。

第二，各国政府、海军以及海上力量参与符合他们共同利益的联盟行动。多数国家关心海盗、贩毒、贩卖人口和环境恶化，这些共同挑战是国家间可以彼此联结、有效应对的领域。

第三，全球海洋伙伴网络的关注焦点是海上安全领域，包括港区、港口、领水、海上通道、公海、国际海峡以及可供破坏者利用的管理死角，其他领域的安全挑战不属于本联盟关注的范围。

第四，全球海洋伙伴网络的基础是每个成员国的能力。尽管没有国家能够解决所有问题，但是每个国家都能对全球海洋安全的提升做出贡献。

第五，各国海军是全球海洋伙伴网络的基石，但是全球海洋伙伴网络不仅包括海军力量，还包括海岸警卫队、海上执法力量、港口管理部门、商务船只、当地执法力量，等等。

第六，能力强的国家和海军要帮助能力弱的国家和海军提升海洋安全治理的能力，尤其要向治理不足或治理程度低的海洋区域提供安全保障与援助。

第七，需要援助的国家，要勇于承认能力的不足，需要具有强烈的政治意愿申请联盟国家的支援。

第八，国家要在所在地区发展地区海洋伙伴网络，全球海洋伙伴网络需要地区海洋伙伴网络的支撑。

第九，为了快速有效地展开行动，全球海洋伙伴网络需要广泛的情报分享。

第十，尽管全球海洋伙伴网络是一项长期的工程，但是必须在短期内实现启动与突破。

---

①　Mike Mullen, "Edited Remarks by Admiral Mike Mullen", RUSI Future Maritime Warfare Conference, London, December 13, 2005, http://www.navy.mil/navydata/cno/mullen/speeches/mullen051213.txt.

在这份海洋伙伴网络原则的指导下，美国海军领导人认为，这项海上联盟的重点建设项目包括三个方面：情报搜集与共享、"全球舰队基地"（Global Fleet Stations）、多国海军联合协作。

提升海域感知能力被认为是"千舰海军"的主要目的之一。美国本身就特别重视海洋安全情报的搜集与分析，美国希望借由"千舰海军"在海域感知方面增加情报数据的来源、整合本国与联盟成员的军事与非军事情报部门的力量、提升情报分享的效率。美国的最终目的是使美国充分掌握全球所有"可疑"船舶航行与运输的各项信息，从而确定危及美国安全的嫌疑船只。① 为此，"千舰海军"计划之中一项富有开创性的举措便是希望建立一套向所有联盟成员开放的海域感知图像系统，打造一个全球性的、综合性的实时数据搜集、分析体系。② 2001 年"9·11"事件之后，美国建立了一系列新的海洋监管安全条令，其中的重要举措就是出台"高级电子货运信息"（Advance Electronic Cargo Information）规则（24 小时规则），由美国海关和边境保护局负责。这项规则规定所有运往美国港口的集装箱货物，其承运人必须在国外港口装货之前的 24 小时之内以电子信息的方式通过美国自动舱单系统（Automated Manifest System），向美国海关提交完整准确的申报清单。这些信息将会提交至美国的自动定位系统，同时与美国掌握的其他情报相互整合，借此锁定、追踪"可疑"集装箱和船只。美国的此项监控标准如果扩展至其他联盟成员，将有效扩大联盟成员的数据与情报来源，欧盟国家、加拿大、墨西哥、日本、哥斯达黎加纷纷在国内采纳此项标准。美国还希望动员各国的船舶工业加入一项"邻国监控计划"，自愿加入这一计划的船舶制造与运营公司在船舶上安装一套标准化的传感器，一旦发现某些船只与作业人员有异常情况，可以及时向邻国有关部

---

① Chris Rahman, "The Global Maritime Partnership Initiative: Implications for the Royal Australian Navy", *Papers in Australian Maritime Affairs*, No. 24, 2008.

② Chris Rahman, "The Global Maritime Partnership Initiative: Implications for the Royal Australian Navy", *Papers in Australian Maritime Affairs*, No. 24, 2008.

门通报。① 在情报交换方面，此前也曾有过区域性的海上数据交换体系，比如澳大利亚海军在 20 世纪 90 年代中期发起过东南亚区域非机密性数据交换体系——海洋情报战略体系（Strategic Maritime Information System，SMIS），但是这项努力并没有成功。由于美国有着强大的技术优势和动员能力，美国政府相信，由它来构造一个全球海上数据交换体系是有可能成功的。美国海军自身已经开启的 21 世纪"部队网"（FORCEnet）建设，打造"人员、传感器、指挥与控制、平台和武器一体化集成"的新型海军作战方式。② 美国空间与海战系统司令部的指挥官迈克尔·巴赫曼（Michael C Bachmann）中将曾表示，"部队网是促成'千舰海军'成型的关键，我们可以将此项技术赋予我们信赖的盟友，并且我们准备这样做"。③ 美国曾经与其最为亲密的几大盎格鲁—撒克逊盟友——英国、澳大利亚、加拿大、新西兰——建立过高级别的情报搜集、分析与交流机制，一个是号称"五只眼"的"澳加新英美 C4（指挥、控制、通信、计算机）伙伴机制"，另一个是"技术合作项目"（The Technical Cooperation Program，TTCP）。如果打造一支强劲的"千舰海军"，势必需要美国将"五只眼"与"技术合作项目"的合作模式扩展至其他伙伴国家。

"千舰海军"建设的另一大重点是"全球舰队基地"计划。用马伦自己的话说，"全球舰队基地"是"一个永久的海上行动基地，为联盟成员的海上行动、战区安全合作与海域感知能力的提升提供支援与便利。这是'千舰海军'计划得以有效开展的重要地区性支

---

① John G. Morgan and Charles W. Martoglio，"The 1000 Ship Navy：Global Maritime Network"，*U. S. Naval Institute Proceedings*，Vol. 131，Iss. 11，2005，pp. 14 – 18.

② 李帅：《"部队网"美国海上作战网络新基石》，《科技日报》2013 年 6 月 4 日第 12 版。

③ Rear Admiral Michael C. Bachmann，USN，quoted in Galdorisi，Hszieh and McKearney，"TEAM SPAWAR Supports the Navy's Global Maritime Partnership"，p. 43. 转引自 Chris Rahman，"The Global Maritime Partnership Initiative：Implications for the Royal Australian Navy"，*Papers in Australian Maritime Affairs*，No. 24，2008.

持因素"。①"全球舰队基地"计划不仅希望在世界各地的联盟国家建立可供所有联盟成员海上力量停泊与部署的前沿基地，而且作为区域性协调指挥中心，协调各方力量从事人道主义救援、反恐武装行动、拦截危险船只，为多国海上力量的行动提供情报支持与后勤保障。在2007年4月，第一批"全球舰队基地"在巴拿马和其他加勒比海国家建立，并且在基地港口部署了美国的快速巡逻艇和海岸警卫队训练小组。第二批基地部署在几内亚湾，该处基地被命名为"非洲伙伴基地"，部署了美国和其他国家的海军力量与其他执法部门的高级官员。美国非洲联合司令部经常在此处开展联合演习与实战行动，统筹美国、部分欧洲国家以及部分非洲国家的海上力量进行跨部门、跨军种的海上联合演习与行动。"非洲伙伴基地"项目为众多非洲国家的海上力量提供了不少训练、演习与联合行动的机会，实际承担了一部分人道主义救援和打击海盗的行动任务。"全球舰队基地"计划是"千舰海军"建设中比较成功的一个项目。这项任务除了提供全球公共产品之外，极大地便利了美国海上力量的全球部署与远洋作战，可以直观、有效地服务美国的海上霸权利益。

此外，参与地区性海上联合行动也是"千舰海军"计划的重点。尽管美国与众多国家拥有大量的例行性演习，但是现有的演习大多达不到"千舰海军"的行动标准。以东亚地区为例，美国每年同该地区国家举行众多双边或多边军事演习，比如"卡拉特"双边系列联合演习、环西太平洋多国联合军事演习、美菲"肩并肩"军事演习、"金色眼镜蛇"多边联合演习，等等。然而根据"千舰海军"计划的设想，区域海上联合行动第一是多边的；第二是成员之间利用先进通信技术进行高度透明的海上数据与情报的分享；第三是能够在敏感海域进行常态化联合巡逻；第四是跨部门的联合执法；第五是逐步推动海洋基地与设施的共享；第六是接受美国的技术援助

---

① Chris Rahman, "The Global Maritime Partnership Initiative: Implications for the Royal Australian Navy", *Papers in Australian Maritime Affairs*, No. 24, 2008.

与技术标准，在必要时接受联盟指挥部（通常由美国领导）的统一指挥。美国在地中海、加勒比海和红海海域的联合行动中建立过类似标准的联合区域信息交换系统（Combined Enterprise Regional Information Exchange System，CENTRIXS）与虚拟区域海上交通中心（Virtual Regional Maritime Traffic Centre，V-RMTC）。但是，就关键的海洋数据与情报进行分享，将本国海军舰只统一安装美制信号传感设备，还是令大部分国家尤其是亚洲国家心有疑虑。尤其一些潜在联盟成员之间尚存有主权争端与战略疑虑，因此美国的区域性联合行动计划必将困难重重。

在设计"千舰海军"联盟框架的同时，另一项需要美国海军完成的任务是要把这项战略理念上升为国家海洋战略乃至国家安全战略的重要组成部分，进而得到美国最高决策层的支持。整体来看，"千舰海军"计划在美国整体战略框架中得到了一定的支持与肯定。在2002年10月提出的"21世纪海上力量"海军白皮书中，强调了新时期威胁美国海上安全的新因素；重点提出了三个新的行动概念——海上打击、海上防御与海上基地；并且指明了信息时代下"部队网"建设对于美国海军作战方式转变的重要意义。这些内容都与"千舰海军"的概念不谋而合。2005年9月，国防部与国土安全部联合发布的《海洋安全国家战略》也涉及"千舰海军"发展的几个重要基础，包括加强海洋问题的国际合作、提升海域感知能力、将商业活动纳入安全战略、实施多层次的安全战略、开展预防性巡逻与执法行动等。[①] 2007年10月，美国海军、海军陆战队和海岸警卫队联合发布的《21世纪海权合作战略》回顾了当前包括恐怖主义、"流氓国家"与海盗等跨国威胁的挑战，提出了竞争与合作并重的海权观念；与"千舰海军"计划同样强调运用多种海上力量，与海上安全伙伴密切合作，在保障美国海洋安全的同时促进全球海洋

---

① The National Strategy for Maritime Security，September 1，2005，https：//www.state. gov/t/pm/rls/othr/misc/255321. htm.

安全的维护与治理。① 从基本理念来看，"千舰海军"计划的主张基本在小布什政府时期的海洋安全战略中得到了体现。这种局面也与"千舰海军"计划的主导者迈克尔·马伦升任美军参谋长联席会议主席一职密切相关。

三　全球海洋伙伴倡议的停滞

然而"千舰海军"计划的命运与它的前身——"区域海洋安全倡议"一样，响应者寥寥无几，最终不了了之，美国的这项联盟倡议以失败告终。判定其失败的最主要标准有以下三个方面。

第一，联盟框架没有充分建立。常态化议题联盟成功的关键就是能够在短期内建构一个相对完整的联盟框架。在"千舰海军"这个案例中，联盟框架是不完整的。首先是美国的领导意愿没有坚持下去，重点是没有展现出推动此项联盟的决心，没有投入大量的战略精力与资源，尤其没有明确美国究竟在多大程度上愿意将自身掌握的情报、技术分享给潜在的联盟成员。其次是联盟的原则与宗旨究竟是什么，美国给出的解释非常模糊。美国向其他国家展现了一个极具理想主义色彩的海上联合的场景，但是没有将这套说辞转化为一件件具体的、可操作的任务。再次是美国没有成功动员一批联盟伙伴的支持。尽管有一批美国的传统欧洲与大洋洲盟国的支持，然而部分北欧国家对美国的意图与决心表示怀疑，一度兴趣浓厚的印度也最终表态拒绝加入②，大部分亚洲国家表示了反对。中国也是美国拉拢纳入"千舰海军"的重点对象，马伦将军两次同中国海军司令员吴胜利讨论了"千舰海军"计划的相关事宜，但是中国官方并未表态是否参与。

第二，没有充分开展实际的联盟专项行动。尽管一些美国的官

---

① 杨震、周云亨、郑海琦：《从美国海权合作战略的演进看美国海权战略调整》，《太平洋学报》2017 年第 3 期。

② 《印度将不会加入美国主导的"千舰计划"》，http：//www. dsti. net/Information/News/67848，登录时间：2017 年 10 月 1 日。

方声明与相关报道和研究显示了一些彰显"千舰海军"理念的海上协作与多国联合军演，但事实上，即便没有所谓的"千舰海军"计划，这些活动也会在同盟框架下以及例行性演习的安排下进行，体现不出美国为"千舰海军"计划开展了哪些专项行动。整体来看，该计划唯一明确留下的战略遗产就是一些海外军事基地，但是用来证明该计划的成功也难以具有说服力。

第三，官方政策的转向。马伦于2007年5月在国会作证时没有提及"千舰海军"计划，显现出美国政府内部的支持力度比较有限。奥巴马政府上台之后，迅速调整了海洋战略与相关的人事部署。迈克尔·马伦于2011年9月正式退役，离开了参联会主席的职位。美国海洋战略的侧重点逐渐从应对非传统威胁回归到传统的地缘政治上来；积极配合亚太再平衡战略；在海洋合作方面寄希望于盟友承担更多的防务成本，"将低端任务移交给盟友和伙伴，使美国海军能够更专注于发展高端能力，并鼓励盟友以部署海军和其他力量的方式更多地参与对抗中国"。[①] 直到近期，美国海军作战部部长乔纳森·格林纳特（Jonathan Greenert）上将再次呼吁依靠全球海军联盟维护海上秩序；[②] 尤其应对中国海洋实力的壮大，应当建立一支包括印度、马来西亚、越南、新西兰、新加坡、印尼、菲律宾、澳大利亚、韩国这9个国家的海上联盟。[③] 然而这次重新拾起的全球海军联盟的概念与马伦提出的"千舰海军"概念具有较大的差异，俨然回到冷战时期的海上围堵态势，这样的所谓海上联盟比起马伦提出的海洋联盟更加不可能实现。不过，前后有三名海军负责人提出过海

---

① 张愿：《试析美国海军战略的调整及其影响》，《现代国际关系》2012年第3期。

② Jonathan Greenert and M. Foggo III, "Forging a Global Network of Navies", *U. S. Naval Institute Proceedings*, Vol. 140, Iss. 5, 2014, https://www.usni.org/magazines/proceedings/2014-05/forging-global-network-navies.

③ 《美国千舰计划，被拖垮的会是谁》，环球网，http://opinion.huanqiu.com/opinion_world/2014-09/5128531.html，登录时间：2017年10月3日。

洋联盟的设想，虽然到目前为止一个也没有实现，但是美国海军内部的这种思维动向倒是也值得我们密切关注。

第三节　常态性联合行动：比较与分析

一　全球海洋伙伴倡议为何失败

防扩散安全倡议与全球海洋伙伴倡议是两项处理不同议题任务的常态行动类联盟，前者属于不扩散政策领域，后者处理海上安全合作的问题。也正因为二者领域的不同，一般的学术研究很少把这两项合作倡议放在一起比较。但是放在本书的分析视野之内，探讨不同议题联盟组建的成败之别与成败之因，还是很有意义的。尽管有部分国家的政府和部分学者仍然怀疑防扩散安全倡议的实际效力与合法性①，但是其作为一项旨在常态化开展行动的议题联盟仍然是比较成功的，其中最关键的便是其在较短时间内构建了一套较为完整的联盟框架。与之相对应，全球海洋伙伴倡议没能建立起一套完整的联盟框架，没能完成其联盟设想中所包含的各项任务。

那么我们可以继续探究下去，为何全球海洋伙伴倡议没能成功建立起一套完整的联盟框架呢？本书认为，有两大原因。其一是该联盟的理念不足以支撑一个广泛的联盟支持网络。其二是该联盟的组建过程存在一系列的缺陷与不足。

在联盟理念方面，第一是全球海洋伙伴合作的理念过于超前。暂且不论美国的私心，美国海军将各国海洋力量——尤其是各国海军——看作维系全球海洋公域治理的公共资产，号召各国花费大量战略精力与战略资源优先解决新兴的海上跨国威胁，这超出了绝大多数国家的战略能力与战略关切。因为绝大多数国家的海洋力量远

---

① 参见李小军《美国"防扩散安全倡议"的合法性及其危机》，《学术探索》2007 年第 1 期。

远不及美国，许多国家仍然面临较为繁重的维护海洋领土主权与海洋权益的战略任务，许多地区存在尚未解决的海洋领土与海洋利益的争端。对于绝大多数国家来说，海军的首要职能是近海防卫，而且海上力量的训练与装备耗费大量的财政预算；大部分国家对自身海上战略武器与战术演练的保密工作比较看重，很难将这些信息和情报与其他国家进行分享。因此在当前条件下，它们实在不太可能将本国的海军"共享"为全人类的共有财富。第二，美国海军错误预估了各国对所谓海洋公共产品的渴望。① 虽然海洋公共产品的需求是客观存在的，但是各国的海洋利益并不均等。作为最大的海上贸易国家与最强大的海权国家，美国是世界上海洋收益最大的国家，美国自然对海洋安全的维护与海洋综合治理的要求最为迫切。但是美国的动机代替不了其他国家的动机，尤其是那些并未广泛参与海上贸易与运输的国家，它们参与"千舰海军"的意愿不如美国所愿那样强烈。第三，在宣传联盟理念时，美国刻意掩盖自身的霸权利益，反而十分容易引起其他国家的警觉。尤其在情报共享、技术交流、港口停泊、协同指挥等方面，此项联盟的建设与行动过程特别容易强化美国对各国海军情报的掌控、扩大美国海权的影响范围、削弱各国海军力量的独立性、侵蚀各国的主权完整。

在联盟构建过程方面，第一是海洋安全伙伴倡议的理念未能上升为美国的国家意志，导致美国在联盟组建中的政治意愿不够强烈。美国海军在这项任务面前显得勉为其难，尽管提出了响亮的口号，美国海军战略的一系列文件也支持了"千舰海军"计划的部分理念，但是美国海军未能成功地将这项联盟设想充分整合进美国的大战略框架之中——没有一份涉及美国国家安全战略的文件明确提出"千舰海军"这样的字眼，"千舰海军"计划也没有能够转化为一项可以具体操作的战略项目。这里可以将"千舰海军"计划与防扩散安

---

① Ronald E. Ratcliff, "Building Partners'Capacity: The Thousand-Ship Navy", *Naval War College Review*, Vol. 60, No. 4, 2007, pp. 45-58.

全倡议做一个对比，前者的倡导者是海军上将迈克尔·马伦，倡导部门是美国海军作战部，其局部理念与行动计划在美国海军战略系列文件中得到了部分的体现；后者的倡导者是副国务卿博尔顿、国家安全委员会防扩散事务高级主管罗伯特·约瑟夫并且得到了国家安全事务助理赖斯的支持，最终由小布什总统亲自在国际多边场合展开外交动员，该战略理念与行为方式直接体现在2002年《应对大规模杀伤性武器国家战略报告》之中，并且获得了2002年和2006年《国家安全战略报告》的支持。第二，海洋安全伙伴倡议设想的国际动员并不成功。没有确立一份联盟成员名单，没有形成一套联盟动员的先后策略，所以也没有召集到一组愿意并且有能力支持美国计划的骨干国家支撑议题联盟的初始框架。不同于防扩散安全倡议中美国诉诸多边会议通过的拦截原则声明，马伦上将是以单边形式发布的全球海洋伙伴网络原则声明，没有经过其他国家的讨论和通过。这里也体现出了军事外交的艰巨性：一般检验国家间关系的最直接标准就是考察两军关系，军事外交在一个国家的对外关系方面占有重要地位；然而由于军事领域的特殊性与敏感性，由军事部门就某一特定议题出面召集盟友、组建联盟很难取得外交动员上的突破。第三，联盟建设过程没有遵循由易到难的原则，"千舰海军"计划中最受美国重视的项目——高水平的情报搜集与分享——同时也是最难实现的，这种难度既出于政治原因，也出于技术原因。在政治上，美国与一些潜在合作对象之间缺少互信，实现高水平的情报搜集与分享变得十分困难。在技术上，只有盎格鲁—撒格逊国家之间保持了长期密切的情报联合搜集与分享合作。其他国家情报系统与通信技术很难与美国的相关系统与技术相匹配，在技术水平与能力上和美国有着巨大的差距，美国也没有认真考虑向潜在合作对象转移相关技术，这加剧了"千舰海军"情报合作的困难。

二　常态行动类联盟的经验与教训

防扩散安全倡议与全球海洋伙伴倡议是美国近年来发起的两项

较为突出的联盟倡议。常态行动类联盟往往应对的是重大而非紧迫的问题，需要在较长的时间内持续开展联合行动。关于此类合作形式的优势在前面的章节已经提到了，比如战略工具构建的门槛比较低、速度比较快，能够绕过既有制度工具的限制并弥补其缺陷，可以召集联盟成员共同分担行动成本，同时又可以把联盟成员的可选范围拓展到美国传统同盟国家以外，借此彰显联盟支持的广泛性。通过上文的分析，我们可以得出一些重要启示。

第一，检验此类联盟是否成功的关键在于观察联盟的初始框架能否在短时间内、比较完整地建立。一个比较完整的联盟框架包括拥有强大意愿与能力的领导国家、从核心成员到外围成员的联盟支持网络、明确的行动原则与宗旨以及可操作化的具体任务。在防扩散安全倡议这个案例中，联盟初始框架在半年内就基本确立，为日后的联盟拓展与行动规划打下了坚实的基础。议题联盟相对于传统军事同盟与多边机制的一大优势就是组建的成本相对较低，但是即便如此，要发挥议题联盟合作优势，前提就是为一套松散的合作体系打下一个核心框架的基础；通过核心盟友的共同协作，一系列软性的规范与操作才能向其他国家扩展，未来根据形势需要针对联盟发展的调整才具有足够的空间。

第二，此类联盟的组建不仅需要在国际层次上进行动员，也需要在国内层次上进行动员。因为此类联盟涉及的议题不同于上一章探讨的突发性危机，而是属于意义重大但是形势没有那么急迫的议题。在突发性危机发生的情况下，比如美国发生"9·11"袭击之后，国内上下同仇敌忾，美国政府的决策与执行几乎不存在阻碍因素。但是那些需要开展常态性行动的议题，会不会得到最高决策层的重视、重视到何种程度、要采取何种手段，受到多种因素的影响，包括该议题的发展态势、最高领导人的偏好、不同政府部门的利益差异、联盟计划倡导者的国内影响力等。在防扩散安全倡议的案例中，由国务院和国家安全委员会两大机构的防扩散事务最高主管牵头，调动了包括国防部、参联会、中情局、财政部、司法部、商务部和国土安全部等多个部门的支持，并最终在小布什总统的亲自推动下，这项联盟倡议得以迅速开展国际动员与联合行动。但是在海洋安全伙伴倡议这一案例中，自始至终推动这一联盟方案的只有美国海军作战部，这也导致这项联盟计划没有上升为美国的国家意志，所以美国为这项计划的实际投入非常有限。

第三，此类联盟行动有可能影响国际制度与规范。一般而言，这种联盟的兴起是出于对既有国际制度的规避、补充、塑造与颠覆①，但是如果联盟在初始框架建立之后能够吸纳越来越多的成员国家并且开展行之有效的联合行动，那么联盟有机会反过来影响既有国际制度与规范的演化。在防扩散安全倡议确立之后，国际社会提升了对大规模杀伤性武器及其运载工具扩散的关注程度，不断有国家表态支持对大规模杀伤性武器及其运载工具跨境运输的拦截行动。联合国通过了数份与此相关的安理会决议，国际海事组织修订了《制止危害海上航行违法行为公约》并通过了《2005 年议定书》，国际民航组织通过了《制止与国际民用航空有关的非法行为的公约》，这些都与防扩散安全倡议有着密切的关联。这也反映了美国的一种战略思维：行动优先，合法性次之。当美国下定决心实施某项战略举措之时，不管有没有国际法与联合国安理会的授权，也不管是不是突破了现有国际制度与规范的规则框架，会直接拉拢一批联盟国家制定属于联盟内部的规则并开展行动，然后再逐步推动国际社会和国际规范接纳自己的战略行为。

小　结

防扩散安全倡议和全球海洋伙伴倡议是美国近年来发起的两项

---

① Julia C. Morse and Robert O. Keohane, "Contested Multilateralism", *The Review of International Organizations*, Vol. 9, No. 4, 2014, pp. 385 – 412; Michael Byers, "Policing the High Seas: The Proliferation Security Initiative", *American Journal of International Law*, Vol. 98, No. 3, 2004, pp. 526 – 545.

比较突出的常态性行动联盟，二者都是遵循"中心—外围"模式，力图在联盟框架搭建之后积极地向联盟外国家扩展，不仅希望通过实际行动获得具体的战略收益，同时希望打造一种软性规范的方式替代或者补充既有国际制度工具处理某些议题时存在的不足。相比之下，防扩散安全倡议的组建较为成功，召开了一系列的国际会议，召集了一批核心盟友并且不断扩展联盟规模，开展了一系列海上拦截演习与行动，为美国增加了一件遏制大规模杀伤性武器扩散的战略工具。美国海军也效仿防扩散安全倡议的形式，发起了全球海洋伙伴倡议，在新兴海洋威胁层出不穷的背景下提升海域感知能力和危机反应能力，重点关注海洋情报搜集与分享、"全球舰队基地"计划以及高水平的海上联合行动。然而美国海军的这项联盟计划并未成功，未能在短期内建立完整的联盟框架，也未能系统开展有效行动，最终美国政府将这项联盟计划束之高阁。其失败的关键在于未能提出足以支撑联盟缔造与运转的联盟理念，在联盟组建的过程中存在一系列的不足与失误。通过对比分析，我们发现联盟框架的快速建立对于开展此类议题联盟行动意义重大，联盟组建过程需要在国内和国际两个层面上进行动员。如果联盟进展顺利的话，美国有可能借助联盟规模的扩展和常态化行动的开展，影响国际制度与国际规范的演化。

第 六 章

议价博弈型联盟与美国的多边谈判

多边谈判也是频频呈现议题联盟行为的领域。美国在国际贸易、气候变化以及"人类安全"等领域的多边谈判中经常通过议价联盟实现美国在某项特定议题中的利益与诉求。本章试图以美国在多边气候谈判中参与的两大议价联盟——伞形集团和"雄心壮志联盟"——为典型案例，分析美国在两大不同类型的议价联盟中的行为逻辑，进而对美国的多边外交和议价联盟行为的经验与规律进行探讨。为此，本章首先分析了伞形集团的兴起与基本主张，结合美国关于气候变化问题的立场分析美国依靠伞形集团的原因，并且进一步解释为什么伞形集团相比其他议价联盟显得更加松散。第二节分析了"雄心壮志联盟"兴起的缘由以及美国加入其中的动因。进而，本章的第三小节对于美国的多边外交与议价联盟的经验与规律进行了总结。

第一节　美国与气候变化谈判中的伞形集团

20 世纪 70 年代之后，气候变化问题开始进入国际社会的议事日程。世界各国围绕温室气体的减排方案展开了漫长而又激烈的谈判，1992 年出台了《联合国气候变化框架公约》。国际多边谈判往往随着参与者的增加、议题资信的增多、互动行为社会化的增加、讨论环节的增加而呈现复杂性。① 由于简化谈判进程、利益的自然分化以及谈判者的谈判策略等因素的影响，复杂国际谈判往往出现谈判集团化趋势。国际气候变化谈判中先后涌现了不同的谈判联盟，伞形集团就是其中之一。美国是伞形集团中的重要成员。依托伞形集团，美国在气候变化谈判中强化自身的立场，与其他竞争性谈判联盟展开博弈。

一 伞形集团的起源

伞形集团起源于以美国为代表的一部分发达国家在全球气候谈判中凝聚共识、应对其他国家和国家集团的竞争并希望按照自身偏好影响多边谈判的进程与内容。

气候变化谈判从 20 世纪 90 年代以来经历了几十年。伞形集团不是单独出现的，而是在与其他国家和国家集团的互动、博弈中逐渐形成的。伞形集团没有正式成立的时间与标志，其前身"非欧盟发达国家集团"（JUSSCANNZ）在讨论《京都议定书》时期就形成了。"非欧盟发达国家集团"是当时除欧盟以外工业化国家组成的谈判联盟，其联盟名称来自其成员国名称首字母的缩写，成员包括日本、美国、瑞士、加拿大、澳大利亚、挪威和新西兰，韩国和冰岛这两个国家也时常加入这一阵营参与集团内的非正式会议。② "非欧盟发达国家集团"反对欧盟提出的减排方案，反对气候变化会议制定强制性的温室气体减排的协议。与此同时，其他一些谈判联盟也纷纷形成。欧盟在《马斯特里赫特条约》签署之后正式成立，在气候谈判中采取统一立场，所以欧盟国家也以欧盟为单位成为一大谈判集团。③ 欧盟成员国希望加速推进气候变化议程，制定一份具有明确约束力的减排协议。俄罗斯、前苏联加盟共和国和东欧一些国家

---

① 钟从定：《国际多边谈判分析》，《问题与研究》2004 年第 3 期。

② 牟初夫、王礼茂：《气候谈判集团的演化过程与演变趋势》，《工程研究——跨学科视野中的工程》2015 年第 3 期。

③ 欧盟协调成员国统一立场，但是欧盟没有代替成员国签署国际协议的权利。

组成经济转型国家集团（CEITs），俄罗斯成为这一集团的领导国家。由于这类国家正在进行市场经济制度的转型，国内经济存在一些动荡，联合国允许该集团成员国制定一套灵活性的减排方案，该集团希望通过一个弹性较高的减排协议，通过排放贸易获取经济收益。发展中国家形成了"77国集团＋中国"的谈判联盟，包括绝大多数的发展中国家，还包括小岛屿国家联盟、石油输出国组织和最不发达国家集团等。它们强调发达国家的历史性减排义务，呼吁"共同而有区别"的减排原则，主张在温室气体减排事务上获取发达国家的资金与技术援助。

当各方开始就《京都议定书》展开谈判时，联盟阵营开始发生变化，气候变化谈判进入第二阶段。由于各国开始着手通过正式协议的方式落实《联合国气候变化框架公约》关于降低温室气体排放、减缓全球气候变暖的愿景，谈判各方进入激烈的斗争之中。欧盟成员国通过密集的内部协商，于1998年6月达成共识，同意采取共同努力达成《京都议定书》规定的减排目标。为此，欧盟推动"欧洲气候变化第一计划"，推动成员国开展能源效率提升项目，签署"欧盟内部温室气体排放贸易建议书"，坚定履行《京都议定书》规定的减排义务，为领导全球气候变化谈判打下了坚实的基础。伞形集团的面貌清晰浮现，因为该集团国家在世界地图上连接起来正像是一把伞的轮廓，该集团因此得名。俄罗斯和乌克兰在这一阶段加入了伞形集团，瑞士则选择离开了伞形集团；此时伞形集团的成员包括美国、日本、加拿大、澳大利亚、冰岛、挪威、新西兰、俄罗斯和乌克兰。该集团囊括了几乎所有的欧盟外发达国家以及工业能力最强的两大转型国家，呈现出按照排放能力进行联合的态势。[①] 尽管发展中国家集团开始出现一些分化，出现了一些小规模集团，包括非洲集团、拉美国家倡议集团等谈判联盟；但总体来说，气候变化

---

① 张磊：《国际气候政治集团化：功能、演化与前景》，《新视野》2010年第2期。

谈判呈现出欧盟、伞形集团与发展中国家集团三足鼎立的局面。① 此外，还有一些中小规模的国家集团游离在上述谈判联盟之外，包括环境完整性集团（Environmental Integrity Group，EIG），以及"中亚、高加索、阿尔巴尼亚与摩尔多瓦集团"，但是它们由于规模较小，不具有较高的谈判筹码，在气候谈判中的影响力比较有限。

在小布什政府宣布退出《京都议定书》之后，气候谈判进入第三阶段。美国的退出致使国际气候谈判面临重大的挫折，《京都议定书》生效时间大大延迟。尽管受到美国的影响，伞形集团内部的许多国家对于《京都议定书》的规定也心存疑虑，但是日本、俄罗斯、加拿大和澳大利亚也都先后签署并批准了《京都议定书》，伞形集团的内部开始出现裂痕。与此同时，欧盟逐渐在谈判领导格局中占据优势。欧盟通过自身对减排承诺的落实，为国际社会的减排树立了良好的榜样、积累了丰富的经验。欧盟在马拉喀什会议上，通过在碳汇和共同履约方面的让步，把日本、加拿大等伞形集团成员国留在《京都议定书》之内；又通过支持俄罗斯加入世界贸易组织，推动俄罗斯在签署《京都议定书》之后通过了国内批准程序。② 此时还出现了一些新兴的国家集团，比如由 11 个中东欧国家组成的中部集团；其他地区性组织也开始介入气候谈判，比如东盟通过集团的形式在国际多边场合传递东南亚国家的呼声。③

哥本哈根会议至巴黎会议之前，是气候谈判的第四阶段，各大谈判联盟之间逐渐分化重组。欧盟内部出现了分化，一部分国家难以完成减排指标，为此欧盟降低了最初的减排承诺，领导力量开始减弱。伞形集团的分裂进一步加剧，奥巴马政府上台之后重新调整

---

① 牟初夫、王礼茂：《气候谈判集团的演化过程与演变趋势》，《工程研究——跨学科视野中的工程》2015 年第 3 期。

② 李昕蕾：《全球气候治理领导权格局的变迁与中国的战略选择》，《山东大学学报》（哲学社会科学版）2017 年第 1 期。

③ 朱慧：《东盟气候外交的"小国联盟"外交逻辑及其功能性分析》，《江南社会主义学院学报》2015 年第 1 期。

了美国气候变化的政策立场，希望重新领导气候变化谈判并希望谈判取得突破；然而加拿大政府宣布退出《京都议定书》，俄罗斯、澳大利亚和日本等伞形集团成员也纷纷表示，不愿继续完成《京都议定书》二期承诺的减排指标。与此同时，一部分发展中国家谈判联盟崭露头角，"基础四国"同发达国家之间展开了激烈的博弈，促使哥本哈根会议以一份不具备法律效力的《哥本哈根协议》收场，避免了国际气候变化谈判陷入遭遇重大挫折的窘境，"基础四国"成为后哥本哈根时代气候变化谈判的重要领导力量，确保气候变化谈判进程趋向更加公平、有效与全面。①

整体而言，伞形集团的基本主张反映了多数成员国长期坚持的谈判立场。从议题联盟的角度来看，伞形集团基本是一个"阻滞型"议价联盟，联盟成员对于自身应当承担的国际责任态度消极，先后有成员国以单边退出的方式逼迫国际进程满足自身偏好，不断对发展中国家提出过高的履约要求，为多边协议的达成设置了许多障碍。

第一，在减排目标方面，伞形集团长期以来并不情愿接受《京都议定书》中规定的减排标准，不仅美国没有加入《京都议定书》，加拿大也没有完成第一阶段的减排指标。伞形集团国家希望根据自身的利益设定减排基准年份。在减排过程中，反对制定量化减排目标和时间表。进入后京都时代后，伞形集团国家坚持自下而上的方式，由发达国家自己提出减排目标作为推进气候谈判的基础，以此否定《京都议定书》为发达国家设定的减排目标，该主张在哥本哈根气候变化会议上被接受。② 伞形集团成员在哥本哈根会议之后先后提交的"2020年中期减排目标"可以清晰地看到它们的减排承诺（见表6-1）。多数成员制定了一个相对较低的减排目标，而且设置了一系列的减排条件。

---

① 严双伍、高小升：《后哥本哈根气候谈判中的基础四国》，《社会科学》2011年第2期。

② 高小升：《伞形集团国家在后京都气候谈判中的立场评析》，《国际论坛》2010年第4期。

表 6 – 1   **伞形集团国家 2020 年减排目标**

国家	减排目标	基准年
澳大利亚	至少削减 5%，根据协议履行状况可以削减 15% 甚至 25%。	2000 年
加拿大	削减 17%，并且与美国法定排放指标保持一致。	2005 年
冰岛	削减 30%，条件是其他发达国家也能达到同等目标，发展中国家根据其能力履行其相应的责任。	1990 年
日本	削减 25%，条件是主要经济体达成一项具有雄心目标的国际框架。	1990 年
新西兰	削减 10% 至 20%，条件是达成一项全球性的综合协议。	1990 年
挪威	削减 30% 至 40%。	1990 年
俄罗斯	削减 15% 至 25%，为俄罗斯制定减排任务要考虑俄罗斯森林面积为控制全球温度所做的贡献；所有主要排放大国要承担具有法律约束力的减排责任。	1990 年
乌克兰	削减 20%，条件是承认乌克兰转型国家的身份。	1990 年
美国	削减 17% 以内，减排要符合美国能源、环境立法状况。	2005 年

资料来源："Appendix I-Quantified Economy-Wide Emissions Targets for 2020"，http：//unfcccint/meetings/copenhagen_ dec_ 2009/items/5264php，登录时间：2016 年 8 月。黑体标示的国家不是美国的盟国。

第二，伞形集团国家坚持要为发展中国家设置具有法律效力的减排目标。伞形集团国家普遍认为，当前许多发展中国家的工业化进程排放了大量的温室气体，如果它们不承担法定减排义务，国际社会的减排效力将会大打折扣。[1] 同时，将《联合国气候变化框架公约》分成"附件一"国家和"附件二"国家，违反国际公平与公正的原则，所有国家都应承担共同的责任。[2] 在正式法律条约缔结之

---

[1]   Shyam Saran，"Paris Climate Talks：Developed Countries Must Do More Than Reduce Emissions"，*The Guardian*，November 23，2015，https：//www. theguardian. com/environment/2015/nov/23/paris-climate-talks-developed-countries-must-do-more-than-reduce-emissions.

[2]   王常召：《国际气候谈判中伞形集团的立场分析及中国的对策研究》，硕士学位论文，吉林大学，2016 年。

前，发展中国家应当发展低碳经济和清洁能源，向《联合国气候变化框架公约》秘书处提交本国削减温室气体排放的项目清单。伞形集团国家希望能够将发展中国家区分为不同类别，尤其突出发展中国家中的排放大国，中国、巴西、印度、印尼等发展中国家更是伞形集团国家关注的焦点。为了推动发展中国家履行减排职责，伞形集团国家还要求发展中国家的减排做到"可衡量、可报告和可核查"。①

第三，关于对发展中国家的援助，伞形集团国家原则同意《联合国气候变化框架公约》中关于发达国家向发展中国家提供资金与技术支援的规定，并且认可这种支援是后者实现有效减排的前提条件。但是从整体上看，伞形集团国家的资金援助的进程充斥拖延、逃避的现象，并且没有明确的分摊标准。日本、美国等国家同意支持"快速启动基金"，然而绝大部分伞形集团国家对于长期减排资金的支持显得模棱两可。不同成员国在援助资金来源的问题上存在分歧，美国以及加拿大等国支持私营部门在市场调节机制下为发展中国家提供资金支持；俄罗斯则没有明确表态支持对发展中国家的经济援助，不赞成将历史排放责任和人均排放数量作为指导资金援助的依据。② 在技术转让部分，伞形集团国家普遍强调知识产权制度的完善是这些国家的政府以及私营部门向发展中国家转让节能减排技术的前提条件。

第四，关于后京都时代《京都议定书》的法律效力问题，伞形集团国家整体上持消极态度。美国和加拿大都主张抛弃《京都议定书》，重新制定一项全球气候治理的框架条约，在实现主导谈判格局

---

① Harald Winkler, "Measurable, Reportable and Verifiable: The Keys to Mitigation in the Copenhagen Deal", *Climate Policy*, Vol. 8, No. 6, 2008, pp. 534 – 547.

② Alexander Luta, Anna Korppoo, Mari Luomi, and Andrew Jones, "Towards a New Climate Regime? The Key Players Gearing up for Copenhagen", *Working Paper of The Finnish Institute of International Affair*, December 1, 2009. 转引自高小升《伞形集团国家在后京都气候谈判中的立场评析》，《国际论坛》2010 年第 4 期。

的同时降低自身的减排成本。澳大利亚和日本没有直接主张抛弃《京都议定书》，但是它们提出，要么对《京都议定书》的附件国家进行修订，要么基于《京都议定书》制定一个崭新的、包括所有主要经济体减排责任的条约。[①] 俄罗斯的立场比较暧昧，因为其既希望提升温室气体的排放量，又希望保留《京都议定书》关于排放权交易的规定。

二　美国的立场与动力

正如薄燕教授所言，冷战结束之后，美国承担全球气候治理领导者的意愿明显下降。[②] 老布什执政时期，美国在气候治理政策方面实现了一定的进展，包括制定了《能源政策法案》和《全球气候变化国家行动方案》，延长了《清洁空气法案》，并且签署了《联合国气候变化框架公约》。然而在老布什政府时期，美国并未将气候变化治理提升到国家战略的层次，对该议题的重视程度较为有限。老布什政府以科学不确定性和减排成本过高为理由，反对为限制温室气体的排放制定量化的减排指标和时间表，极力推动自愿减排的治理方式。[③] 在签署《联合国气候变化框架公约》之后，美国政府发表声明，表示"不接受任何对于公约第 7 条带有以下含义的解释，即美国承认或者接受任何国际责任或者义务，或者发展中国家责任的弱化"。[④]

克林顿政府开始努力提升气候治理在国内政治议程中的优先性，尝试将气候变化问题同美国的国家安全相联系，但是仍然未能将气

---

① 高小升：《伞形集团国家在后京都气候谈判中的立场评析》，《国际论坛》2010年第 4 期。

② 薄燕：《全球气候变化治理中的中美欧三边关系》，上海人民出版社 2012 年版，第 54 页。

③ 王学东：《气候变化问题的国际博弈与各国政策研究》，时事出版社 2014 年版，第 130 页。

④ 参见薄燕《全球气候变化治理中的中美欧三边关系》，第 54 页。

候治理当成一项重要的战略问题去处理。一方面，克林顿政府任命极力主张推进环境治理进程的戈尔副总统担任"总统可持续发展委员会"主席，发布《气候变化行动计划》，授权戈尔副总统在 1997 年 12 月第三次缔约方会议上签署《京都议定书》，推动第四次缔约方会议通过《阿根廷公告》，在第六次缔约方会议上坚持排放权交易机制和碳汇减排手段，实现了美国在气候变化治理议题上的突破。然而另一方面，克林顿政府不得不面对强大的国内反对意见。在"伯德—哈格尔"决议案的限制之下，克林顿政府不敢将《京都议定书》拿到国会进行审议，放弃了戈尔副总统提出的碳税方案。[1]这显示出美国实现气候治理政策变革的困难。

小布什总统上台之后，气候议题在美国政治议程中的地位进一步下降，美国政府反复强调气候治理会给经济发展带来的巨额成本。于是，小布什政府直接退出《京都议定书》，试图在《联合国气候变化框架公约》架构之外另行建构一套气候议题机制，包括"主要经济体能源安全和气候变化论坛""应对气候变化氢能经济国际伙伴计划""亚太清洁发展与气候伙伴关系"等安排。而且由于"9·11"事件的发生，美国政府的主要精力放在了反恐等议题上。由此，小布什政府极力降低气候议题在国内与国际议程中的地位，逃避美国应当承担的减排责任，并且削弱了《京都议定书》和《联合国气候变化框架公约》框架下国际气候变化谈判在处理该议题方面的作用，对国际气候治理事业产生严重的消极影响。

奥巴马政府上台之后，形势有了一定的改观。奥巴马政府声称要重新夺回国际气候变化治理方面的领导权，承诺美国政府将以 2005 年为排放基准，至 2020 年排放削减 17%；同时还颁布了长期减排愿景，包括到 2025 年减排 30%，2030 年削减 42%；到 2050

---

[1]　门丹：《美国低碳经济政策转向研究》，社会科学文献出版社 2014 年版，第 36 页。

年，美国将削减温室气体排放量的 83%。① 为此，奥巴马政府起草了《美国清洁能源安全法案》，奥巴马总统亲自出席哥本哈根气候大会，与"基础四国"领导人展开直接会谈，向全世界展现出试图领导气候变化治理议题的形象。然而，纵观奥巴马的第一任期，美国实际做出的领导贡献非常有限。尤其是奥巴马政府仍然强调平衡"共同但有区别"的责任，试图淡化发达国家尤其是美国的历史性减排责任，无法与发展中国家达成共识，导致哥本哈根会议未能就后京都时代的减排进程达成正式协议。② 在美国国内，已经将减排责任加以"稀释"的《美国清洁能源安全法案》在众议院仅以微弱优势通过，然而在参议院审议过程中，这项法案却没能获得足够的支持。

在整体消极的立场之下，伞形集团对于美国的意义就在于迟滞不利于美国的气候谈判进程，向其他国家与国家集团施压，转嫁气候治理的成本与责任，掩盖美国逃避国际责任的负面形象。在国际气候变化谈判中，影响美国立场与行为的主要因素包括以下几个方面。

第一是经济成本的问题。削减温室气体需要付出大量的经济成本，包括削减传统石化工业等部门的规模，减少传统能源的使用，加大对减排技术与新型能源的研发投入，提高对发展中国家的资金与技术支援。有研究显示，如果美国完全执行《京都议定书》，将给美国造成 1000 亿—4000 亿美元的损失，就业岗位减少 490 万个，汽油价格将上升 30%—40%，电力价格将上升 50%—80%。③ 此外，美国还面临来自发展中国家制造业的竞争。美国希望为发展中国家制定严格执行的减排标准，将气候问题与能源、贸易、投资、技术

---

① 王学东：《气候变化问题的国际博弈与各国政策研究》，第 137 页。

② Rosemary Foot and Andrew Walter, *China*, *The United States and Global Order*, Cambridge：Cambridge University Press，2011，p. 210.

③ 参见孙洪涛《美国政府拒绝〈京都议定书〉的三大理由分析》，《红河学院学报》2010 年第 6 期；王常召：《国际气候谈判中伞形集团的立场分析及中国的对策研究》，第 16 页；庄贵阳：《举步维艰的〈京都议定书〉》，中国网，2003 年 1 月，http://www. china. com. cn/chinese/zhuanti/263842. htm，登录时间：2017 年 10 月 19 日。

等领域的问题挂钩，削弱发展中国家产品的国际竞争力。

第二是政治成本的问题。美国的国内政治结构影响了美国在国际气候谈判中的立场。由于国会掌握国际协议的审批权，美国无论签署任何气候协议都要经历一番府会斗争与党际斗争。共和党方面代表了更多传统行业的利益，涉及石化工业、汽车制造、采矿加工等多个行业，他们更倾向于将气候治理问题排在经济发展之后；民主党更多代表工会、中产阶级、媒体等人士的利益，他们更倾向于支持环境保护，开展新能源研发工作，履行温室气体减排义务。[①] 同时，作为联邦制国家，联邦政府的环境政策未必可以得到地方政府的支持。美国政府需要在多方力量与利益的平衡之中决定自己的谈判立场。尤其在实际执政过程中，政府面临的棘手问题层出不穷，即便有心推动环境事业的某届政府也要考虑，到底优先争取哪个议题的法案能够在反对派云集的国会里获得通过。

第三是气候安全化问题。判断气候变化是否属于国家安全问题，既是一个学术问题，也是一个政治问题。早在 1977 年，美国学者莱斯特·布朗（Lester R. Brown）就曾提出，环境问题应当纳入到国家安全概念之中。[②] 近几十年来，不断有学术研究讨论环境问题的安全化，然而最终做出判断的仍然是国家的政治领导人。美国领导人对于这一问题的认知逐渐发展，不断提升气候变化问题在国内政治进程中的地位，出现将气候变化议题纳入国家安全战略框架的趋势。[③] 安全化趋势如果走强，将会提升美国对这一问题的重视程度，但是它带来的影响可能是完全相反的：一种可能是美国愿意克服困难承担更多的治理成本；另一种可能是美国更加重视在这项议题上所能获取到的相对收益，越来越难以与立场不同的国家达成妥协。

第四是国际领导的问题。关于国际领导权的问题，首先是领导

---

① 牟初夫、王礼茂：《气候谈判集团的演化过程与演变趋势》，第 232—240 页。

② 参见薄燕《全球气候变化治理中的中美欧三边关系》，第 61 页。

③ 赵行姝：《气候变化与美国国家安全：美国官方的认知及其影响》，《国际安全研究》2015 年第 5 期。

的意愿问题，然后是领导的能力问题，最后是领导的方案问题。从领导意愿方面，美国的态度是阶段性的，冷战末期，美国逐渐展现出领导环境议题的兴趣；到冷战结束之后，在民主党主政时期，美国的领导意愿比较强烈，共和党执政时期领导意愿往往比较弱。在这方面，美国同欧盟的情况很不一样。欧盟自始至终具有强烈的领导意愿，这首先来自于它的危机感。经过 20 世纪 70 年代两次石油危机，欧盟（欧共体）国家迅速感受到了依赖石化能源进口所带来的脆弱性，随即走上了节能减排和研发清洁能源的道路。① 欧盟国家在能源技术方面的优势又能够使其成员国在领导国际气候变化进程中制定相关标准、获取相关收益。但更重要的是，气候变化领域是欧盟为数不多的有可能超越美国发挥全球领导力的领域之一，无论是对于强化欧盟的政绩，还是为成员国带来实惠，欧盟都会不遗余力地追求该议题的领导权。美国在这方面的紧迫感弱于欧盟，其领导意愿经常受到领导人偏好的左右。但是非常明确的一点是，尽管美国未必在所有时刻、所有议题上都愿意发挥领导作用，但是它一般不愿意轻易接受别人的领导。在领导能力方面，无论是在国家实力上还是在协调倡导方面，美国是具备能力的，关键还是看美国的国内阻力以及美国领导人的政治决心。一般而言，当美国的领导意愿越强大，其领导人越会跳出伞形集团的框架，与各方协调——尤其是与中国和欧盟进行协调；当其领导意愿下降时，它会强调伞形集团的共同立场。同时，由于美国的减排方案设想既不同于欧盟国家，也不同于广大发展中国家，拥有类似偏好的伞形集团国家的支持，便于美国坚守自身的立场，争夺气候变化谈判的话语权。

三　美国、伞形集团与气候谈判

与其他谈判联盟相比，伞形集团最大的特点就是非常的松散。

① 谢来辉：《为什么欧盟积极领导应对气候变化》，《世界经济与政治》2012 年第 8 期。

与伞形集团不同，欧盟、小岛屿国家联盟、基础四国这些谈判联盟，它们无论在《联合国气候变化框架公约》谈判框架之内还是在框架之外，都构建了一系列正式与非正式的协商机制。比如欧盟作为一个地区机制，一方面开展有效的内部治理合作，包括成立"气候行动总司"这样的协调机构，制定详尽的减排标准，出台诸如"碳排放交易体系""能源气候一揽子计划"等多种行动方案；而且派出欧盟"三驾马车"参加气候变化会议，协商统一的谈判策略，不断吸取谈判中的经验教训。[①] 然而伞形集团不仅从一开始就十分松散，而且其集团成员也不断调整，联盟凝聚力也不断发生变化。伞形集团成员国最多时包括 9 个国家，但是到了后京都时代，明确留在集团内部的国家只有美国、澳大利亚、日本、加拿大、新西兰和俄罗斯。瑞士、挪威、冰岛这三个非欧盟国家起初属于伞形集团的成员，但是这三国在气候变化议题上的立场越来越向欧盟看齐，距离美国等国家的立场越来越远。伞形集团的分裂危机出现在小布什政府宣布退出《京都议定书》之后。当时，日本由于是京都会议的东道国，希望借此机会提升日本的国际影响力，第一时间签署了《京都议定书》；加拿大和澳大利亚为了避免被国际社会孤立，在经过内部讨论之后也宣布签署了议定书；俄罗斯则与欧盟之间进行了利益交换，后者在前者加入世界贸易组织问题上予以支持，所以俄罗斯也宣布加入了《京都议定书》。除此之外，不同于欧盟等谈判集团所建立的内部互动机制，伞形集团国家之间没有正式协商机制，只有私下、临时性的协调互动。究其原因，主要是由于美国对伞形集团的定位以及伞形集团内部的利益分歧。

　　第一，伞形集团的松散结构与美国对于伞形集团的定位有关。同样作为气候变化谈判中的议价联盟，伞形集团、欧盟、小岛屿国家联盟与基础四国在其成员国心目中的战略定位各不相同，后三者

都被其成员国认为是实现战略利益的重要基础。以欧盟为例，欧盟通过整合 28 个成员国，在国际多边谈判中天然地具有结构性优势；再通过内部治理与行动，欧盟国家良好的气候治理状况为其他国家的节能减排树立了榜样，欧盟可以向其他国家转移气候治理的技术与资源，发挥其在知识和理念塑造方面的领导力；在欧盟共同外交机制下，成员国统一外交立场，在多边场合积极同其他国家协调，比如参加"卡塔赫纳集团发展与对话行动"，还就"德班增强平台"问题与小岛屿国家联盟和最不发达国家集团展开磋商并发表联合声明。[①] 除了欧盟之外，小岛屿国家联盟的凝聚力也很强，这是因为小岛屿国家的地理位置与自然特征，使其生态环境与安全极易受到全球气候变暖的破坏，小岛屿国家将它们结成的联盟视为实现其国家安全战略的重要工具。基础四国成员都面临繁重的经济发展的任务，经济绩效是支撑这些国家政府合法性的重要来源；同时，它们在国际上面对来自欧盟国家、伞形集团国家和越来越多发展中国家的压力；基础四国成员国还积极合作，共同向发达国家施加压力，敦促发达国家履行减排职责与资金、技术援助义务。[②]

美国主要是将伞形集团视为一种"迟滞型"议价联盟，主要目的是迟滞不利于美国的气候谈判进程，向其他谈判对象施压或是提升交易价码，转嫁气候治理的成本与责任，掩盖自身对国际责任的逃避。本书认为，伞形集团并不是美国领导气候变化进程中最重要的工具，而是保证美国利益不在气候谈判过程中受到损害的辅助性工具。一旦美国强化其领导气候谈判进程的意愿，其主要的战略选项是加大投入与动员力度，以及同关键行为体进行对话与接触。比

---

① Tobias Dan Nielsen, "Mapping the Narrative Positions of New Political Groups Under the UNFCCC", *Climate Policy*, Vol. 15, No. 6, 2015, pp. 751 – 766. 巩潇泫、贺之杲：《欧盟行为体角色的比较分析——以哥本哈根与巴黎气候会议为例》，《德国研究》2016 年第 4 期。

② 严双伍、高小升：《后哥本哈根气候谈判中的基础四国》，《社会科学》2011 年第 2 期。

如在退出《京都议定书》十余年之后，在气候变化谈判的国际领导权向欧盟倾斜的格局下和哥本哈根会议面临无果而终的背景下，奥巴马总统与基础四国领导人展开会谈并起草了《哥本哈根协议》，既将欧盟的地位边缘化，又分化了发展中国家阵营。美国越来越意识到，中美欧三边关系的协调是推动气候变化治理的关键，三边关系在等边与不等边之间微妙地来回变化。美国实现其战略上的雄心需要在维持三边共处关系的同时巧妙地建立起优势。

第二，伞形集团国家内部存在一定的利益分歧。一方面是成员国在"聚类要素指标"方面存在一定的差异。[①] 在经济发展水平上，俄罗斯与乌克兰同其他伞形集团国家有着较大的差异，这意味着这两国的排放潜力尚未充分释放，节能减排技术与资金也与其他成员国有着很大的差距，因此这两国未来与伞形集团成员国的关系存在变数。在能源消费结构上，澳大利亚对煤炭等高碳化石燃料严重依赖，美国、俄罗斯、加拿大也较为依赖传统能源，日本的核能消费比例非常高，这意味着日本通过能源结构调整削减温室气体排放的潜力较低。在人口规模、排放总量和经济规模方面，美国远远超过其他伞形集团成员国家。整体考虑全部聚类要素指标（自然、人口、经济、排放、风险、技术、预期要素），除美国以外，其他伞形集团成员国家的整体情况更接近欧洲国家。[②] 在具体的减排立场方面，伞形集团国家中，美国最早退出《京都议定书》，其他伞形集团成员国家没有同美国保持一致，而是选择加入了《京都议定书》。这种立场的不同与其他伞形集团国家和美国在排放水平和国际地位方面的差异有关。当时美国是全球排放量最大的国家，美国的缺席将直接延迟《京都议定书》的生效日期，所以美国更有底气拒绝履行这项国际协议，以此要挟谈判各方重新审视美国的立场。另一方面，作为全球

---

① 吴静、韩钰、朱潜挺、王铮：《国际气候谈判中的国家集团分析》，《中国科学院院刊》2013 年第 6 期。

② 吴静、韩钰、朱潜挺、王铮：《国际气候谈判中的国家集团分析》，《中国科学院院刊》2013 年第 6 期。

霸权国家，美国退出《京都议定书》之后，可以另行发起其他倡议与机制作为处理气候变化问题的方式。其他国家不敢在协议的一开始就宣布退出，它们不愿意被国际社会指责为"除了美国以外的第二个单边主义国家"。

在协议执行数年之后，多数伞形集团国家都未能完成第二期减排指标，纷纷对《京都议定书》的减排指标和双轨制谈判的方式牢骚满腹。在这样的背景下，加拿大于 2011 年 12 月宣布退出《京都议定书》。这不仅是由于加拿大在 2005 年之后的温室气体排放量出现了惊人的增长，以及加拿大对其丰富的焦油砂资源的开采与消费；更重要的是加拿大在北美自由贸易区机制的捆绑下，不得不面临没有减排义务束缚手脚的美国和墨西哥的商品竞争。① 与此同时，日本、俄罗斯也宣布无法完成第二承诺期的减排指标。然而，即便如此，美国也与其他伞形集团成员在《联合国气候变化框架公约》《京都议定书》与 2020 年后国际气候变化谈判的关系方面存在立场差异。在德班会议上，美国希望全盘否定未来气候变化谈判对《联合国气候变化框架公约》及《京都议定书》原则的继承，希望另起炉灶开展谈判；日本、澳大利亚、加拿大和俄罗斯则同意支持这两份协议对未来谈判的指导作用，但是要求对其核心原则做出重新解释。②

第二节　美国与巴黎会议中的"雄心壮志联盟"

在巴黎气候变化大会的后半段，突然冒出一个由欧盟，美国和

---

① 　高小升：《伞形集团国家在后京都气候谈判中的立场评析》，《国际论坛》2010年第 4 期。

② 　高小升：《国际政治多级格局下的气候谈判——以德班平台启动以来国际气候谈判的进展与走向为例》，《教学与研究》2014 年第 4 期。

79 个非洲、加勒比海和太平洋国家组成的"雄心壮志联盟",提出了包括"全球升温幅度控制在 1.5 度以内"等一系列富有雄心的目标,迅速影响了会议议程,向中印等国施加了巨大的压力,并影响了《巴黎协定》的缔结与部分内容。从议题联盟的角度来看,"雄心壮志联盟"是一个在关键阶段强势拉拢多数国家以达成最终协议为宗旨的进取型议价联盟。美国加入"雄心壮志联盟"的行为,与以往身处伞形集团之中的做法具有完全不同的行为逻辑。

一　何为"雄心壮志联盟"

"雄心壮志联盟"是由欧盟发起的一个谈判联盟。该联盟正式出现在巴黎气候变化大会的尾声,因其提出了四项颇具雄心的目标而闻名世界:

> 巴黎会议应当缔结一份具有法律效力的协议;协议应当设置长期的、清晰的、科学的处理全球变暖的目标;建立一项每五年审查成员国排放承诺的机制;创建一个追踪各国实现减排目标进程的综合检查系统。[1]

"雄心壮志联盟"建立的直接原因是欧盟在哥本哈根会议中的"失落",在那次会议中,欧盟不仅未能实现其削减温室气体排放的基本主张,而且被美国冷落在闭门会议之外,成为《哥本哈根协议》缔结过程中的旁观者。此后,欧盟加强了内部治理与外部协调,同众多国家和国家集团就德班会议展开密集的磋商。欧盟在巴黎会议之前的一年里"和一小群国家集团——包括发达国家和发展中国家,富国与穷国,大国与小国——直接开展对话,希望向排放大国施加

---

[1] Karl Mathiesen and Fiona Harvey, "Climate Coalition Breaks Cover in Paris to Push for Binding and Ambitious Deal", *The Guardian*, December 8, 2005, https://www.theguardian.com/environment/2015/dec/08/coalition-paris-push-for-binding-ambitious-climate-change-deal.

压力，争取实现一个极具雄心的气候治理协议"。①

　　据欧盟气候变化和能源委员麦古尔·阿里亚斯·卡内特（Miguel Arias Cañete）透露，第一次对话会发生在 2015 年 5 月 17 日的柏林，会议由欧盟代表卡内特委员和挪威代表主持，参会人员还包括来自安哥拉、马绍尔群岛、德国、格林纳达、圣卢西亚、英国、赞比亚、哥伦比亚、智利、墨西哥和瑞士的代表。第一次会议只是简单讨论关于未来气候协议的长远愿景，但是提出了 5 年盘点计划并且希望建立透明的问责机制。马绍尔群岛外长托尼·德布鲁姆（Tony de Brum）同样发挥了重要的领导作用，他与卡内特委员在长达一年的时间里多次就"雄心计划"展开协商。不久之后，在 7 月份召开的巴黎会议部长级筹备会议间隙，卡内特同 15 国外长展开秘密会谈。此后，类似的会谈至少进行了 3 次，其中一次是在 9 月联合国大会的间隙。② 为了进一步组建联盟，卡内特委员访问了巴布亚新几内亚、摩洛哥、安道尔、巴西等国家，兜售"雄心计划"的减排理念。其中，巴西的支持令卡内特备受鼓舞，因为这是他成功争取到的第一个基础四国成员。托尼·德布鲁姆也曾向众多国家发出对话邀请，包括澳大利亚、波兰、加拿大和印度。此后，加入联盟的国家越来越多。至 2015 年 11 月，卡内特已经争取到 80 多个国家加入联盟，此时该联盟被命名为"雄心联盟"（Ambition Coalition）。在 11 月召开的巴黎气候大会部长级筹备会议时，美国代表开始同"雄心联盟"进行接触，这种接触一直持续到 11 月底正式召开的巴黎气候峰会。

　　峰会召开期间，美国气候变化谈判特使托德·斯特恩（Todd Stern）

---

　　① "EU Climate Commissioner: How we formed the High Ambition Coalition", https://www. businessgreen. com/bg/opinion/2439215/eu-climate-commissioner-how-we-formed-the-high-ambition-coalition.

　　② Karl Mathiesen and Fiona Harvey, "Climate Coalition Breaks Cover in Paris to Push for Binding and Ambitious Deal", *The Guardian*, December 8, 2005, https://www. the-guardian. com/environment/2015/dec/08/coalition-paris-push-for-binding-ambitious-climate-change-deal.

建议，将"雄心联盟"的名字叫得更响亮一点，改成"雄心壮志联盟"（High Ambition Coalition），并且在 12 月 6 日的一场宴会上向联盟成员表态同意加入。在美国表态加入之后，欧盟代表终于有了底气，他在 12 月 8 日正式对外宣布"雄心壮志联盟"成立；第二天，约翰·克里国务卿正式宣布加入该联盟。12 月 9 日傍晚，在《巴黎协定》草案发布三个多小时后，"雄心壮志联盟"召开新闻发布会，包括托尼·德布鲁姆外长、卡内特委员、托德·斯特恩特使、"最不发达国家集团"代表以及来自哥伦比亚、墨西哥、德国、冈比亚的谈判代表共同出席，宣布"雄心壮志联盟"希望推动出台一份具有法律效力的协议，希望将全球气温上升幅度限定为 1.5 度，制定清晰的减排路径，引入每五年一次的审查机制。① 克里国务卿表示同意这一主张，他宣布，到 2020 年美国将向发展中国家提供 9 亿美元的适应基金。②

　　尽管《巴黎协定》的最终文本没有全部采纳"雄心壮志联盟"的主张，但是在"雄心壮志联盟"的施压之下，《巴黎协定》仍然在德班会议的基础上迈出了一大步。《巴黎协定》规定，全球气温升幅控制在工业化前水平 2 度以内，并且力争不超过工业化前水平的 1.5 度；明确了国家自主减排方式，与会各方在 2020 年之后以自主贡献的方式参与全球气候变化治理行动；提高气候变化适应能力、加强抗御力、减少脆弱性；确立五年一度的全球盘点机制，提高各国减排过程与结果的透明度。③ 2016 年 11 月 4 日，《巴黎协定》正式生效。然而美国当选总统特朗普却对《巴黎协定》表示不满，多次扬言退出协定。对此，"雄心壮志联盟"中的 12 个国家和组织的代

① 孙莹：《巴黎大会突现百余国家的新集团，中国不在其中》，http://news. ifeng. com/a/20151210/46613383_ 0. shtml，登录时间：2017 年 10 月 20 日。

② Matt McGrath，"COP21：US Joins 'High Ambition Coalition' for Climate Deal"，*BBC News*，December 10，2015，http://www. bbc. com/news/science-environment-35057 282.

③ 巢清尘、张永香、高翔、王谋：《巴黎协定——全球气候治理的新起点》，《气候变化研究进展》2016 年第 1 期。

表于 2016 年 11 月 11 日发布了一项联合声明：

> 《巴黎协定》标志着世界走向更加繁荣、更加稳定。应对气候变化符合我们所有国家的利益——这有利于我们的环境，有利于我们的经济，有利于我们的气候安全。我们依然坚定地承担气候治理领袖的责任，坚定地同包括美国在内的国际社会通力协作，共同应对当今时代的最大挑战。[1]

二　美国与"雄心壮志联盟"

美国为什么愿意加入一个欧盟组织的谈判联盟？本书认为有以下几个原因。

第一，奥巴马政府确实提升了对气候治理问题的重视程度，尤其在第二任期加强了在内政与外交方面的努力，希望能够遗留下一笔政治遗产。2013 年 6 月，美国政府发布《总统气候行动计划》，重申"2020 年相对 2005 年温室气体排放减少 17%"的目标，提出具体实现该目标的 5 项措施，包括发展清洁能源、打造新型运输业、降低能耗、减少氢氟碳化物和甲烷等气体的排放、帮助地方政府应对极端天气的破坏。[2] 2015 年 8 月，美国政府制定了极为严格的"清洁能源计划"，要求电力行业二氧化碳排放量到 2030 年减少 32%。在气候外交方面，奥巴马政府将建立地区"清洁能源伙伴关系"写进 2010 年《国家安全战略报告》，倡议建立了一系列发展清洁能源、建设低碳项目的新型合作机制。奥巴马政府就气候治理问题积极同中国政府磋商，两国于 2013 年建立气候变化工作组，在 2014 年 11 月北京"习奥会"期间共同发表《中美气候变化联合声明》，积极推动国际社

---

[1]　"Joint Statement by a Group of High Ambition Coalition Ministers", November 11, 2016, http://newsroom. unfccc. int/media/785910/joint-statement-by-a-group-of-high-ambi-tion-coalition-ministers. pdf.

[2]　张腾军：《特朗普政府的美国气候政策走向分析》，《和平与发展》2017 年第 1 期。

会在巴黎会议上达成正式协议；2015 年 9 月，两国元首再次会晤，双方发表《中美元首气候变化联合声明》，再次表达中美两国推动巴黎会议达成正式协议的决心。由此，在参加巴黎大会之前，奥巴马政府下定决心，准备推动一份具有法律效力的《巴黎协定》。

第二，奥巴马政府支持"雄心计划"的最大底气来源于国内能源结构的巨大变革，尤其是"页岩气革命"将大幅度地降低美国对传统化石能源的依赖，从而减轻削减温室气体排放的压力。[1] 查塔姆中心的研究显示，从 2000 年到 2010 年，美国页岩气占据天然气产量比例从不到 1% 上升到 20% 以上；美国能源信息管理局计划到 2035 年将这一比例提升至 46%。[2] 虽然页岩气比重的提升对于削减温室气体排放的长远效应尚处在论证当中，[3] 但是在短期内，由于页岩气本身的温室气体释放度很低，再加上其对煤炭、石油的替代效应，这将大大减轻美国的减排压力。事实上，受到经济不景气和能源结构调整等多方面因素的影响，美国 2008 年之后的排放数值开始大幅下降，从 2005 年至 2015 年，美国温室气体排放整体降低 12%；其中 70% 的原因来自于电力工业中的燃料结构调整，廉价天然气的大幅度开采导致煤炭生产跌幅达 20%。[4] 温室气体排放量的降低为

---

[1]　杜莉：《美国气候变化政策调整的原因、影响及对策分析》，《中国软科学》2014 年第 4 期。

[2]　Paul Stevens, "The 'Shale Gas Revolution': Developments and Changes", Briefing Paper of Chatham House, August 2012, https：//www. chathamhouse. org/sites/files/chathamhouse/public/Research/Energy% 20Environment% 20and% 20Development/bp0812_stevens. pdf.

[3]　有观点认为页岩气开发将大幅度降低人们投入清洁能源研发的热情，反而可能会在长期影响方面不利于温室气体的削减。Paul Stevens, "The 'Shale Gas Revolution': Developments and Changes", Briefing Paper of Chatham House, August 2012, https：//www. chathamhouse. org/sites/files/chathamhouse/public/Research/Energy% 20Environment% 20and% 20Development/bp0812_ stevens. pdf.

[4]　John Timmer, "US Carbon Emissions Drop, Now 12% Below 2005 Levels", May 10, 2016, https：//arstechnica. com/science/2016/05/us-carbon-emissions-drop-now-12 - below-2005 - levels/.

美国领导气候变化谈判的走向提供了重要的砝码，成为其加入"雄心壮志联盟"的重要条件。

第三，美国可以利用"雄心壮志联盟"施展一系列多边谈判中的技巧。美国加入该联盟，本质上属于美欧关系的接近，因为这个联盟的主心骨是欧盟。① 联想到哥本哈根会议时美国同基础四国接近疏远了欧盟，此次美国同欧盟的接近其实是在向中国、印度施压。中国和印度都切实地感受到了联盟活动带来的压力，两国对这项联盟提出的方案表示怀疑，中方质疑"雄心计划"的可操作性以及发达国家在履行资金与技术转移方面的含糊其辞，并且指出一些联盟国家的动机十分可疑，中国气候变化事务特别代表解振华非常形象地表示："参加这个联盟的一些国家（实际上）就不主张1.5度（的）控温目标，而且有些国家即使主张此目标也没有考虑到将来自己发展的空间。此外，该联盟在透明度、力度方面，提出了很极端的要求，我们觉得这个要求并不科学，参加的有些国家自身都不接受，自己都不能接受为什么参加这个联盟。提出这样的要求，实际上就是作秀。"② 印度代表阿肖克·拉瓦萨（Ashok Lavasa）的讲话更加直接："为什么是1.5度，不是1度？此刻我们要讨论减排目标，也要讨论预算。我们需要看得见的发展空间，因此那些渴望维持在2度以内的人们应当努力维持碳排放空间，以保证发展中国家的需要不被牺牲。"③ 即便如此，中印两国还是同意签署《巴黎协定》，因为在"雄心壮志联盟"的动员之下，表态支持并最终签署《巴黎协定》成为一种"政治正确"。因为联盟包括多数加勒比海和

---

① 董亮：《会议外交、谈判管理与巴黎气候大会》，《外交评论》2017年第2期。

② 《解振华：巴黎气候大会"雄心联盟"实为作秀》，新华网，2015年12月23日，http://www.chinanews.com/gn/2015/12-23/7684545.shtml，登录时间：2017年10月20日。

③ Suzanne Goldenberg and John Vidal, "Paris Climate Talks: Biggest Polluters Back Tougher Warming Target", *The Guardian*, December 7, 2015, https://www.theguardian.com/environment/2015/dec/07/paris-climate-talks-biggest-polluters-back-tougher-warming-target.

太平洋岛屿国家，它们深受全球气候变暖之痛。马绍尔群岛外长在国际媒体面前多次描述自己的国家所面临的环境危机，不断批评过往的气候协议没有督促各国切实履行削减温室气体的责任，在国际舆论上，不加入这项联盟反而会显得比较被动。

第四，美国加入该联盟的时机非常合适。自《京都议定书》缔结以来，国际社会为新阶段实现《联合国气候变化框架公约》制定的减排计划进行了不断的讨论与磋商，但是过往的一次次谈判均未能达成最终协议。经过漫长的谈判，一方面，国际社会已经积攒了强烈的动机，希望此次巴黎会议能够达成一项正式的协议；另一方面，过去二十多年的合作还是令许多国家的节能减排积累了一定的技术与经验，大家相信，现有的治理水平可以得到进一步的加强。同时，美国宣布加入的时机也比较巧妙。此次联盟的酝酿经过了很长的时期，其中一次会议还安排在了 2015 年 9 月联合国大会会议间隙，洛克菲勒家族为这次会议提供了会议室，美国应当是很早就知道了这项联盟计划。然而直到巴黎会议的最后阶段，联盟的成立与目标才正式对外公布，明明已经提前在私下里同意加入的美国却特意在第二天发表正式声明表示加入该联盟，充分引导了会议内外的舆论气氛。而且比较关键的一点是，美国明明知道自身很难达到"雄心壮志联盟"所设置的目标，但是仍然做出颇具"雄心"的姿态，其实也是为了能够在谈判中获取主动，将"皮球"踢给中、印为代表的排放大国。最终，克里国务卿承诺的援助资金以及联盟所主张的"损失与损害"补偿机制在正式的《巴黎协定》文本中都没有明确提及。因此，无论从结果角度还是从成本角度来看，应当说这次外交举措对美国来讲是非常成功的。

不过问题就在于美国对于气候变化的利益认知时常发生变化。唐纳德·特朗普总统上台之后，多次扬言"全球变暖是一场骗局"。出于重新提振美国的石油、化工与煤炭产业，增加传统能源与制造业的就业岗位的考虑，以及特朗普总统本人的单边主义理念，美国政府于 2017 年 6 月 1 日宣布退出《巴黎协定》。① 这同时意味着美国退出了"雄心壮志联盟"。对此 25 个"雄心壮志联盟"成员国和国际组织的领导人再次发表了一项联合声明②：

> 我们对今天的这项决定感到深深的失望。我们对于《巴黎协定》的承诺是不可动摇的。我们有充分的理由为协定的完整执行去奋斗：为了我们的家庭、健康、财富、安全、经济和我们的生存。作为负责任的引领气候变化治理的领导者，我们将会继续实现更加可持续和更富竞争力的经济（发展模式）。让我们看一看《巴黎协定》和低碳转型是为了什么：是为了获取就业与经济增长的引擎，是为了掌握打开集体繁荣与安康之门的钥匙。
>
> 《巴黎协定》是为了全世界最受气候变化威胁的人们而缔结，它代表着生存的希望。

第三节　议价博弈：比较与分析

一　两种逻辑

伞形集团与"雄心壮志联盟"是两种逻辑的议价联盟。前者属于"阻滞型"议价联盟，联盟成员对于不利于自身利益的国际进程态度消极，对联盟外谈判对象提出了过高的履约要求，为多边协议的达成设置障碍；后者属于"进取型"议价联盟，联盟成员以在限期内达成国际协议为目的，通过扩大联盟规模、提出联盟原则、诉

---

① 参见张霖鑫《美国为何退出〈巴黎协定〉?》，《红旗文稿》2017 年第 13 期。

② "Joint Statement by a group of Ministers of the High Ambition Coalition", June 1, 2017, https：//medios. presidencia. gub. uy/tav_ portal/2017/noticias/NO_ X271/170601% 20Joint% 20Statement% 20by% 20group% 20of% 20High% 20Ambition% 20Coalition% 20Ministers%20FINAL%20（1）. pdf.

诸舆论与道德等手段，向竞争对象施加压力，最终推动多边协议的达成。

在伞形集团的案例中，美国与加拿大、澳大利亚、日本、俄罗斯、新西兰、乌克兰等国家在整体立场上反对承担过高的减排成本，不愿接受强制性的减排方案，对《京都议定书》的态度比较消极，强调发达国家与发展中国家共同履约，在向发展中国家提供资金与技术支持的问题上设置多种障碍。总而言之，伞形集团成员虽然也有关于未来气候变化治理框架的理想设计，但当这种设计在短期内无法实现时，它们宁可迟滞国际气候变化谈判进程，也不愿意勉强接受一份不符合自己利益与愿景的国际协议。伞形集团长期以来保持松散式的合作，美国将伞形集团视为避免在气候谈判过程中付出高昂代价的辅助性工具，联盟成员之间在宏观的气候治理战略上保持一致，然而在具体问题上仍然存在一定的分歧。

"雄心壮志联盟"是一个凝聚多方成员、希望缔造一份正式减排协定的议价联盟，该联盟包含众多不同类型、不同阵营的国家，提出了一系列颇具雄心的目标，希望联盟成员将其理念传播给更多的国家，实现对国际议程的领导。经过漫长的谈判，国际气候治理在巴黎会议召开之前已经积累了一系列经验，逐步经过坎昆会议和德班平台的构建，最终为协议的达成打下了重要的基础。在这样的背景下，国际社会对于巴黎会议寄予了比较高的期待，美国又与欧盟拉近了关系，主办国法国与《联合国气候变化框架公约》秘书处做了大量的组织和协调工作。因此"雄心壮志联盟"的缔造过程拥有一个比较有利的国际政治机遇。"雄心壮志联盟"的成员众多，内部的利益差异也很大，尽管号称有100多个成员，但是我们实际上并未见到一份精确的官方联盟名单——一个比较微妙的事实是：联盟在2016年11月11日发布的联合声明中，仅有12个国家和组织的领导人签署了他们的姓名；在2017年6月1日发布的联合声明中，仅有25个国家和组织的领导人进行了联署。这意味着"雄心壮志联盟"的内部凝聚力并不像国际媒体宣传的那样强大，联盟核心成员的规模也并没有100多个那么多。但是"雄心壮志联盟"出现的时机非常合适，所有成员几乎都有所斩获——欧盟基本设计了《巴黎协定》的主要框架，太平洋和加勒比海上的岛屿国家获得了广泛的同情并且提出了一系列"雄心计划"，奥巴马政府获得了一项政治遗产并且对新兴经济体施加了巨大的压力。所以，该联盟是国际多边谈判中极具特点的谈判联盟，尽管它的实际凝聚力与联盟规模被过分夸大，但是它在推动最终协议的缔结方面却释放了巨大的能量。

二　经验与规律

通过对美国多边气候谈判中的联盟行为的分析，我们可以进一步对广义上的美国谈判联盟行为与谈判联盟现象总结出一些经验与规律。

第一，美国的多边外交具有高度的灵活性。通过谈判联盟，美国既可以在不利的局面下或者不愿承担义务的情形下，对多边谈判进程进行阻滞；也可以在具有充分的政治机遇和强烈的领导意愿的情况下，推动多边谈判尽快缔结成果。为了实现国家利益，美国从来不排斥使用单边主义手段，单在气候变化议题上，美国先行退出了《京都议定书》，如今又退出了《巴黎协定》。在国际领导权的争夺上，美国最为重视的是大国之间的争夺与协调，其次是联盟内部的协调，在适当时机下注重对广大谈判成员的动员。尤其在处理大国关系上，美国特别注重对美、中、欧三方关系的管控，积极争取三边关系中的中心位置，避免被另外两方孤立。美国还特别注重多边外交中的舆论效应，当美国对某项议题的推动极富热情时，往往抓住各种机会将自己塑造成为主持正义的领导者，利用道德、舆论孤立谈判对手；通过给联盟或行动制定一些响亮的名称或口号，展现美国推动人类共同进步的决心，号召国际社会关注美国所关注的问题。

第二，国内政治的结构与进程高度影响美国的外交立场。长期以来，美国作为世界的首强国家，影响美国国家行为的国内因素往往超过了国际因素。① 由于美国的两党制、联邦制与三权分立的政治结构，美国的外交立场时常受到国内因素的掣肘，致使美国在缔结正式的国际协议、承担各项国际义务时往往遇到很多困难，这实际上加大了美国对其他谈判对象妥协的难度。正因如此，克林顿政府虽然签署了《京都议定书》，但是无法在国内立法机构获得通过；奥巴马政府正是在国内政治阻力高涨的局面下，频频利用总统行政命令而非国会立法的形式推动美国的国内气候治理；在签署《巴黎协定》之后，奥巴马总统在杭州向联合国秘书长潘基文提交的批准书同样来自总统的行政命令，而不是来自国会通过的正式法案。在国内进程方面，美国政府的换届往往带来外交立场的南辕北辙。这一点在美国的气候治理立场上展现得十分明显，克林顿总统积极推动美国签署《京都议定书》，小布什政府则在上台之后立刻宣布退出；同样，奥巴马政府签署《巴黎协定》没过多久，特朗普政府上台之后也立刻宣布退出。近年来美国政治进程的一大趋势就是国内政治的"极化"，② 美国民间在阶层、种族、宗教和价值观等问题上的尖锐对立同共和党和民主党、左派和右派之间的激烈斗争相互作用，大大削弱了美国政府对外行为所能获得的授权额度，致使美国在国际多边外交中会越来越依靠"阻滞型"议价联盟和单边主义行为。

第三，谈判联盟的分化、重组是多边进程中的常态。各国的利益有很多层次，每个层次的利益都是浮动的，这为国家或者国家集团采取分化或者拉拢策略提供了空间。比如伞形集团在发展过程中，俄罗斯和乌克兰加入进来，冰岛、瑞士、挪威逐渐淡出。当美国表示退出《京都议定书》时，伞形集团面临分裂，欧盟为拉拢其他成员留在《京都议定书》做了不少工作。更加出人意料的是，长期态度较为消极的美国宣布加入"雄心壮志联盟"，同时在巴黎气候大会

---

① 刘丰：《单极体系的影响与中国的战略选择》，《欧洲研究》2011 年第 2 期。
② 张业亮：《"极化"的美国政治：神话还是现实？》，《美国研究》2008 年第 3 期。

期间为各联盟集团之间的协调做出了一定的贡献。"雄心壮志联盟"在建立过程中，有意识地孤立了基础四国中的中国与印度，但是却与巴西开展密切的磋商并成功获得了后者的支持。[①] 针对谈判联盟的这种特性，我们在外交工作中也应当注重对其他阵营的成员做好沟通与协调工作。

第四，一个成功的进取型联盟需要争取联盟成员具有一定的多样性，并且保障联盟能够具有较大的规模。"雄心壮志联盟"成功推动《巴黎协定》，很大程度上是由于该联盟在欧盟的领导下，不仅动员了众多受到全球变暖破坏的加勒比海和太平洋国家，而且拉拢了美国、巴西等在以往秉持不同立场的国家，并且最终吸引的成员数量号称超过了 100 个，这对联盟外国家施加了巨大的压力，最终推动了《巴黎协定》的签订并影响了协议内容。

小　结

在气候变化谈判过程中，美国先后成为伞形集团和"雄心壮志联盟"两大谈判联盟的成员，这两大谈判联盟都希望能够在多边机制内通过自下而上的途径影响多边机制的走向。伞形集团属于阻滞型议价联盟，美国依靠伞形集团对不符合自身利益的谈判进程进行迟滞，向其他国家与国家集团施压，转嫁气候治理的成本与责任，掩盖逃避国际责任的负面形象。美国成为伞形集团国家主要受到气候治理的经济成本、政治成本、气候安全化与国际领导权等方面因素的影响。伞形集团相对于其他谈判联盟显得异常松散，原因在于美国主要将其定位为一项防止利益受损的辅助性工具，同时联盟成

---

① Joel Kirkland and Jean Chemnick, "Brazil Breaks from Longtime Group, Joins 'Ambition' Coalition", E&E News, December 11, 2015, https：//www.eenews.net/stories/1060029407.

员之间存在一定的利益差别。"雄心壮志联盟"是巴黎气候大会期间出现的一个进取型议价联盟，联盟集团包括欧洲国家和众多非加太国家，提出一系列"雄心计划"并且强势推动巴黎会议缔结一项强有力的减排协议。美国加入其中，主要是因为奥巴马政府对气候问题重视，国内能源结构变革，便于美国施展外交技巧提升美国的领导地位，并最终为奥巴马政府留下一项政治遗产。

通过对比分析，我们发现，第一，美国在多边场合的外交具有高度的灵活性，可以在关键时刻调整联盟关系，争取谈判的主动权；第二，美国的国内政治的结构与进程高度影响美国的外交立场；第三，谈判联盟的分化、重组是多边进程中的常态；第四，一个成功的进取型联盟需要争取联盟成员具有一定的多样性，并且保障联盟能够具有较大的规模。

结　　论

　　试想一下，一位新任美国总统走进椭圆形办公室之后，他是否会对国际政治与美国外交中的所有议题都事无巨细？他是否一定沿着前任总统的步伐萧规曹随地继承以往美国外事议程对于各项议题的具体安排？他是否会在任期内遭遇预期之外的重大危机与挑战？他是否一定对美国二战结束以来打造的同盟体系与多边制度信心备至？事实上，当一位美国总统希望在上述问题当中寻找答案时，除了一般意义上的单边行动、同盟与伙伴关系网络、在国际制度内的多边外交以外，在特定时机之下针对特定议题结成新的联盟，同样可以是美国总统的一种战略选项。

　　本书研究的是国家就特定议题进行结盟的现象，并且以美国的议题联盟行为作为分析重点。议题联盟是指国际行为体在特定时机、针对特定议题、基于共同的利益，联合志同道合者形成的联合关系网络，具有非正式性、灵活性、排他性和议题导向性。议题联盟包括三种类型：应对重大危机的快速反应型联盟、处理长期事务的常态行动型联盟以及在国际多边场合提升谈判能力的议价博弈型联盟。议题联盟的本质是国际行为体在特定时机下，针对特定议题所进行的权力资源的动员与配置。议题联盟可以克服同盟困境与集体行为困境从而提升合作效率，超越传统战略关系框架从而扩大合作空间，呈现"多边主义"假象从而提供合法性支持，这些功能优势使国家选择议题联盟成为可能。议题联盟往往起源自议题需要与既有制度之间的张力，高成本议题联盟需要强力联盟领导。冷战结束后，各类议题联盟广泛兴起，权力变迁、相互依赖以及新威胁与新挑战的兴起为议题联盟的扩散提供了体系动力；制度工具的效果不彰与共识难题为议题联盟的兴起提供了工具需求。

那么议题联盟的理想规模是怎样的呢？本书认为，在应对突发性危机时，议题联盟在功能上首要关注的是反应时效和分工协作。在理想状况下，此类联盟没有必要实现太大的规模，其核心任务由少数几个成员进行协作即可。但是在国际政治现实中，由霸权国家领导的军事干预联盟的规模往往超过了实际的需要，许多联盟成员的贡献微乎其微。霸权国对于一个庞大联盟规模的推崇往往出于政治上的考虑，要么为了彰显世界领袖的威望，要么是掩盖行动合法性的缺失；一些边缘性国家参与此类行动联盟，往往不是追求联盟对外宣称的公共利益或集体利益，而是为了展现对霸权国家的遵从进而获取其他方面的援助。常态行动类联盟的初始规模不宜太大，因为它需要先行招募一些纯粹的志同道合者建立联盟框架，如果初始成员太多不易在短期内达成共识；在基本框架完成之后，联盟的领导国家可以动员尽可能多的国家加入进来，并且应当重点考虑一些"异质"大国。在多边谈判领域中，联盟的理想规模与联盟的任务性质有关：以阻止进程推进或者提高谈判价码为目的的联盟，只需要拉拢少数几个关键国家组成联盟即可；但是如果希望推动某项协议的最终达成，则需要建立一个规模庞大、成员类型多样的进取型联盟。

影响议题联盟强度的主要因素包括成员利益匹配程度、领导国家的决心与能力、外部挑战的强度与紧迫程度以及合作议题的安全化程度。成员之间的利益匹配程度越高、领导决心与能力越强、外部挑战越巨大与越紧迫、合作议题越接近传统安全，联盟的强度往往越高；反之，如果联盟成员之间的利益匹配程度越低、联盟领导决心与能力越弱、外部挑战没有非常巨大与紧迫、合作议题越远离传统安全，则联盟合作的强度越低。

相比于其他国家，美国更喜欢利用议题联盟这种合作形式实现自己的战略目的。美国推崇议题联盟在大战略层面的原因是，在复杂多变的国际形势之下，对全球霸权战略进行"动态调适"。霸权战略的设计是为了战略层面的利益最大化，但霸权战略框架不一定保证战术层面的利益最大化。冷战以后，美国历届政府、针对各类议题、采取各种方式组建或参与议题联盟，其理性逻辑就是充分发挥议题联盟的功能性优势，在已有的霸权战略手段不便使用的状况下，实现特定议题的利益最大化。从理性选择的层面来看，美国频繁使用议题联盟是实现对战略时效、规则束缚、关系框架和任务目标的快速突破，从而在不破坏霸权战略的前提下对部分霸权战略支柱进行"动态调适"以实现在特定议题上的利益最大化。冷战突然结束之后，一系列新兴的威胁与挑战超越了许多在冷战期间形成的制度安排，诸如前文提到的恐怖主义、大规模杀伤性武器的扩散、国际海盗、跨国犯罪、环境恶化、疾病传播、自然灾害、金融风险等，美国拥有强大的动力谋求利用特定的议题联盟快速有效地应对这些挑战。国际规则方面，冷战结束后，国际制度变革的难度便开始越来越高，"搭便车"的问题越来越突出，国际制度逐渐呈现边际收益递减的状况，霸权国的行动自由还要受其限制。议题联盟为缓解美国的国际制度困境提供多种可能，它既有可能帮助美国拉拢部分国家在现有框架之外直接行动，也有可能成为美国引领一批先锋国家在国际制度内掀起改革的助推器，还有可能是美国抵制不利情形的一种工具选项。关系框架方面，部分同盟机制的功能转型与合作意愿无法满足美国在特定议题中的战略需要，议题联盟为美国提供了一个补充同盟机制的办法，美国可以邀请部分盟友与伙伴参与行动部署与提供合法性支持。特定任务方面，议题联盟为希望在某领域做出重要改变并希望在短期内彰显成效的美国领导人提供了一个政策工具。

　　此外，美国频繁发起或者参与议题联盟的行为，凸显了一系列美国行为渊源。首先，美国的政治家大多推崇简洁性的战略工具，喜欢将国家整体战略具体化为一项一项任务。其次美国善于引领它心目中的志同道合者去塑造一个"美好世界"。在推动某项具体的任务时也喜欢召集一群志同道合的盟友，发布调门极高的宣言、口号，为不同成员分配工作任务，制定行动步骤并定期公布行动进展，极为重视阶段性进展的仪式感以及一呼百应的行动氛围。再次，美国的战略思维中还包括"类属思维"。在这种思维之下，美国特别喜欢树立对立面，时常根据各国在特定议题中的立场进行画线，跟美国保持一致的就是美国的盟友，不跟美国保持一致的就是美国的敌人。复次，美国的战略思维中同时存在一种"外化思维"，即美国希望自己建立的一套标准能够推广至其他国家，尤其是常态性议题联盟，能够体现美国为全球设置标准的思维。同时，美国领导人往往希望通过发起议题联盟在短期内收获行动效果，而不是纠结于冗长的多边讨论与制度变革，这彰显了以结果为导向的战略思维。美国在议题联盟行为中展现出的上述战略思维，其根源在于美国战略哲学中的二元对立的世界观、例外主义的身份观和实用主义的途径观。在二元对立的世界观指引之下，美国人特别喜欢区分善恶，划分共同体与他者的身份区隔，注重寻找对手，甚至主动塑造对手。这构成了美国利用议题联盟将在该议题上不同立场的国家进行划分，区分盟友与他者的重要根源。"例外主义"的身份观之下，美国的行为可以免受国际制度与规则的限制，美国在 2003 年 3 月绕过联合国安理会、召集多国联军进攻伊拉克；破坏自己主张的公海航行自由原则组建防扩散安全倡议进行公海拦截。同时，在实用主义精神的指导下，美国比较善于把握时机，灵活处理特定议题的应对手段，适时发起或者参与议题联盟。

　　美国议题联盟行为具有一系列特点。首先，它相对于其他国家更热衷于依靠议题联盟实现国家的战略目的。美国区别于其他国家的特征之一便是此种手段已经成为冷战后美国对外行为的一种"新常态"。冷战后美国历届政府的对外行为，基本都能找到议题联盟的"影子"，涉及的领域包括军事行动、地缘政治、反恐、防扩散、打击经济犯罪、环境治理、人类安全等方方面面，甚至在太空、民主政治等方面还提出了一些尚未正式实施的联盟构想。其次，小布什政府时期，美国对于议题联盟行为格外"偏爱"。小布什总统执政期间，一方面由于"9·11"事件对美国造成了巨大的战略冲击，美国迅速调整了国家安全战略，并且发起了许多议题联盟行动完成涉及反恐事务的一系列任务；另一方面，小布什政府任内深受新保守主义的影响，对于多边主义和同盟制度持怀疑态度，要求美国积极利用自身的力量完成维护"自由世界"的多项任务。再次，在美国的三种议题联盟行为中，美国的领导意志与能力在前两种行动类联盟当中展现得较为明显，而在多边进程内部的议价联盟行为就没有展现前者那样的领导地位。这体现了当今美国霸权优势当中的一项事实：美国利用硬实力执行某项联盟任务的能力仍然远远超越其他国家，但是利用软实力倡导国际政治的新议程以及缔结多边主义协议的影响力下降得非常明显，甚至在某些非传统安全议程设置方面，美国的领导角色已经弱于一些欧洲国家，尤其在国际禁雷议程和建立国际人权法院谈判中体现得淋漓尽致。复次，美国在行动类联盟组建中的一大优势还是来源于其庞大的同盟体系。在美国下定决心力图组建新联盟的时候，它得以首先在同盟国家之中选择联合对象，然后再考虑其他国家。

美国在三种类型的议题联盟行为中展现了三种不同的运作方式。

在快速反应类议题联盟中，主要采用"自上而下"的运作方式，即美国居于联盟架构的最高端，联盟成员的组成、行动步骤与方案、行动的原则等问题都按照美国的意愿加以实现。一般在快速反应类联盟行动中，美国掌握最高指挥权力，核心行动任务仅仅由美国和少数几个关键盟友来完成，其他盟友负责联盟行动所需的各项资源，外围盟友的参与主要是为了提升联盟行动的合法性。在此类联盟中，美国的战略决心越强大，联盟强度越高，联盟形态越呈现单边主义色彩。

常态行动类联盟则采用"从中心到外围"的运作方式，美国和少数几个盟友先行成立联盟行动框架并成为联盟结构的中心，确立联盟行动的宗旨、原则；再吸引更多的成员加入进来，逐渐将这套行动标准推广至全球。在这个过程中，联盟初始框架的形成格外重要，美国需要拥有强大的战略决心和关键盟友的支持，并且注重争取不属于美国同盟体系内的相关大国。

在议价博弈类联盟中主要采用"自下而上"的运作方式。在多边谈判中，美国联合小范围的志同道合国家组成议价联盟确立共同立场，通过与其他国家或议价联盟的博弈与妥协，实现影响谈判进程与协议内容的战略目的。此种行为方式不同于美国身居多边组织的理事会或者管理机构由上至下决定会议议程、谈判目标与协议草案，而是在所有多边进程成员之间进行协调与妥协，通过外交手段推动或者阻碍会议进程，从而影响多边进程的结果。

在不同类型的议题联盟行为中，美国有着不同的结盟重点与成功条件。在快速反应型联盟行为中，美国的战略重点是联盟的动员，成功的条件是行动的理由不破坏多数国际社会成员的共同利益，获取关键盟友的支持，理顺同其他相关机制的关系。在常态行动类联盟行为中，美国的战略重点是建立联盟的初始框架，包括强大的领导意愿与能力，从核心成员到外围成员的联盟支持网络，明确的行动原则与宗旨以及可操作化的具体任务。由于需要在长时段内展开联盟行动，美国国内需要将该议题联盟所反映的行动理念上升为国家意志，保证联盟行动始终都有充分的领导。在国际多边场合的议价博弈中，由于基本立场相近的国家会自动进行协调与联合，其战略重点是同其他国家或议价联盟的博弈与协调；在于己不利的多边进程中需要组织一个包含众多成员的进取型联盟，在希望缔结某项协议时需要组建或者参与一个具有多样性与一定规模的进取型联盟。

在唐纳德·特朗普出人意料地当选美国总统之后，美国政府在几项外交事务的处理中使用了议题联盟方式。第一个是关于朝核议题。2016年以来，朝鲜不断进行的导弹试验以及特朗普总统上台之后对朝鲜采取的"极限施压"政策使得朝鲜半岛局势空前恶化。正当各界观察美朝关系将以何种关系继续发展之际，美国与加拿大于

2018 年 1 月 16 日在温哥华召集了 20 个国家举行会议商讨朝鲜半岛局势，研究对朝制裁和海上封锁方案。① 此次会议是由美国国务卿蒂勒森和加拿大外长弗里兰于 2017 年底商定举行的，参会成员包括朝鲜战争中"联合国军"成员以及日本等美国的盟国，旨在加强对朝鲜的压力、逼迫朝鲜弃核；并且在中俄两国协调立场、朝韩双方关系回暖之际，拉拢美国的支持者，提升美国对朝博弈的影响力。② 第二个是关于所谓"印太"问题。在中国崛起、中美在亚洲西太平洋地缘政治与地缘经济的争夺加剧以及美国"印太"概念逐渐成形的背景之下，美国、澳大利亚、日本和印度愈发加强战略协调，四国外长于 2017 年 10 月 8 日举行会晤，就朝核问题、恐怖主义、海上安全与互联互通等议题进行沟通，一个"四国联盟"俨然浮现。③ 从严格意义上讲，美、澳、日、印四国协调机制是一个带有"准同盟"色彩的综合性关系框架，并不是单独处理某一特定议题的议题联盟。但就目前的趋势来看，四国联盟在未来极有可能在两个议题内试图取得突破，一个是捍卫所谓"航行自由"而开展的海上联合军事演习与协调行动，另一个是同中国"一带一路"倡议相竞争的基础设施发展计划。④ 四国联盟极有可能通过在这两个议题上的突破带动其他领域的合作，提升在这一区域的地缘政治与地缘经济的影响力。第三个是关于俄罗斯"毒杀"双面间谍问题。2018 年 3 月发生前俄罗斯情报官员及其女儿在英国"中毒"事件之后，英国政府

---

　　① 《温哥华会议的唯一作用是分裂安理会》，环球网，http：//opinion. huanqiu. com/editorial/2018 – 01/11532440. html，登录时间：2017 年 10 月 9 日。

　　② 李佩：《撇开中俄开会谈朝核，美欲借施压之名建对朝博弈"后援团"?》，澎湃新闻，http：//www. thepaper. cn/newsDetail_ forward_ 1954106，登录时间：2017 年 10 月 9 日。

　　③ 林民旺：《"印太"的建构与亚洲地缘政治的张力》，澎湃新闻，http：//www. thepaper. cn/newsDetail_ forward_ 1973498，登录时间：2017 年 10 月 9 日。

　　④ 《遏制中国"一带一路"，澳印日美磋商区域基建发展计划》，联合早报，http：//beltandroad. zaobao. com/beltandroad/news/story20180220 – 836539，登录时间：2017 年 10 月 9 日。

立即驱逐俄罗斯外交官，此后美国也迅速宣布驱逐 48 名俄罗斯外交官。在英美的牵头之下，23 个西方国家联合开启对俄罗斯外交官的驱逐行动，俄罗斯也采取对等方式对这些国家的驻俄外交官予以驱逐。① 此次事件进一步恶化了乌克兰危机之后的美俄关系，美国利用该议题号召盟友对俄罗斯采取联合行动向俄罗斯施加巨大的战略压力。第四，特朗普政府上台之后，鼓动欧洲和日本组成联盟，在WTO 框架内就知识产权保护问题起诉中国。第五，在中东问题上，特朗普政府上台后改变了对伊核问题的认知，迎合以色列与沙特等中东盟友的偏好，撕毁《伊朗核协议》并转向对伊极限施压。为了贯彻该政策思路并实现政策突破，特朗普政府使用了议题联盟的方式，包括其提出"中东战略联盟"倡议与初步组建中东"护航联盟"，以突破政治上孤立、军事上威慑、安全上封锁伊朗的战术任务。

在当前美国霸权相对衰落的背景下，美国议题联盟行为可能会出现一些新趋势。首先，美国利用多国联军进行海外联合作战的行动会变得更加谨慎。这一点在奥巴马执政期间已经有所体现，这与美国进行战略收缩的大战略方向一致。在利比亚战争中，美国重新强调北约的作用，并且与法国和英国联合指挥了此次联军行动。其次，美国在具有强大力量与技术优势的海洋问题以及网络安全、太空安全与极地问题等"高边疆"领域可能采取常态化议题联盟的战略行为。在海洋问题上，美国前后三次提出建立海上多国联盟，前两次突出应对海上非传统安全威胁，第三次联盟倡议开始回归地缘政治色彩，暗示中国海上力量的扩展对周边国家造成了威胁。虽然这三次联盟行为都未成形，但是这种反复出现的联盟构想值得各国加以警惕与关注。在网络安全方面，美国长期以来依靠技术优势实施支配型网络安全战略，近年来加强网络威慑能力的建设，积极抢

---

① 《俄罗斯宣布将驱逐 60 名美国外交官》，人民网，http：//world. people. com. cn/n1/2018/0330/c1002 - 29897443. html，登录时间：2017 年 10 月 10 日。

占网络空间国际规则的制定权，拒绝开展主张进行对等合作的多边谈判。从长远趋势来看，美国单独主导网络空间越来越不现实，需要同部分同盟国家打造一支国际网络安全联盟。目前在北约框架下开启了一些关于网络治理与协作的行动计划。在相关技术与情报分享、开展网络模拟战等方面，美国已经同其最为亲密的盎格鲁—撒克逊盟国——英国、加拿大、澳大利亚和新西兰——展开了一系列合作。在太空领域，美国也一直具有压倒性优势。近年来在中国、俄罗斯等国家不断发展航天科技与出台太空安全战略的背景之下，美国在太空领域的优势面临挑战；同时，由于美国连年削减军事开支，太空战略预算愈发吃紧，美国开始计划组建太空联盟。近年来，美国不断与部分北约国家以及澳大利亚开展太空战演习。2015 年，美国在同日本修订《防卫合作新指针》中特意加入了提升太空领域合作的内容。在未来，美国很有可能与一部分重要的盟国打造一个太空安全联盟，分享部分卫星技术，构筑太空监控网络。在北极战略方面，近年来由于全球气候变暖导致部分北极海冰加速融化，未来北极航道极有可能扩大，北极国家就北极开发与治理展开了激烈的争夺。为了加强与俄罗斯争夺北极治理主导权，美国越来越重视同加拿大、挪威、丹麦等北极国家的合作，不排除在未来建立一个以美国为首的北极战略联盟。再次，随着美国力量的逐渐下降，美国在国际进程中承担责任的动力可能会逐渐弱化，进而导致美国更加倾向于在多边谈判中加入"阻滞型"议价联盟，对不符合自身利益的多边进程施加阻力。

由此，我们可以总结一些美国政府采取议题联盟行为的征兆。第一，突发性事件的爆发。这不仅局限于重大的地区冲突与恐怖主义袭击，也可能是突发性外交事件、人道主义危机、突发性自然灾害等。第二，当美国的核心利益遭到侵犯时，美国政府将会不惜一切代价实现战略目的，在这种情况下，美国的领导人极有可能会不顾其他制度与关系框架的束缚，利用议题联盟达到目的。第三，具有反建制倾向的领导人上台执政。在美国历史上，有些总统比较信赖制度性框架，重视同盟体系与多边制度，而有些总统——尤其是近两届共和党总统——比较相信家族式、公司式的合作关系，这样的行事偏好往往促使美国总统选择比较反常规的议题联盟而不是既有的制度工具。第四，当一些美国总统临近执政末期，希望留下某项政治遗产时，美国政府可能会突然组建或者加入某项议题联盟缔造某项合作成果。第五，当美国的一些行为举措遭到一些传统盟国的反对时，美国可能使用议题联盟的形式摆脱联盟内部关系带来的制约。第六，当美国希望发挥其领导作用带领自愿者集团开启美国所认为的新时代时，美国倾向于组建议题联盟。比如，朝鲜战争意味着冷战在东亚地区全面开启，也意味着全球冷战达到了一个高峰，美国意欲号召大家进入全面遏制共产主义的冷战时代；海湾战争时期，苏联面临严重的内部问题，美苏关系大幅度改善，一系列中东欧共产主义国家政权摇摇欲坠，从事后来看，冷战结束的迹象已经显露，美国意欲领导大家走进冷战后时代；阿富汗战争时期，美国一些领导人认为，恐怖主义成为全球和美国的首要威胁，美国号召各国共同进入反恐时代。

在分析完美国的议题联盟行为之后，让我们来考虑一下中国外交的问题。中国长期以来奉行不结盟政策，避免由结盟可能带来的复杂局面，影响中国追求和平与发展的基本局面。在避免缔结军事同盟的前提之下，中国同样在某些情势中缔造某些议题联盟。事实上，中国在长期的外交实践中，经常在人权事务、气候变化等问题的谈判中联合立场相近的国家争取更好的外交局面。例如面对菲律宾提出的所谓南海仲裁案，中国政府通过外交努力动员 120 个国家、240 个政党支持中国的南海立场，[①] 这实际上也是一种议题联盟。未来讨论的主要方面是，中国要不要发起一些行动类的议题联盟以及

---

① 《发挥政治引领作用开创党的对外工作新局面——中联部部长宋涛谈 2016 年党的对外工作》，人民网，2016 年 12 月 29 日，http：//theory. people. com. cn/n1/2016/1229/c40531 - 28985694. html，登录时间：2019 年 6 月 15 日。

在多边谈判中发起包含众多不同类型国家的"进取型"议价联盟。本书认为，当前中国完全有能力在金融治理、贸易规则、海洋安全、气候变化与网络安全等领域开展议题联盟式的合作。只不过出于中国的战略思维与传统，我们未必一定要将我们建立的某种合作框架称为"联盟"。不过，基于对美国议题联盟行为的分析，如果我们将来采取类似方式的合作策略，应当注重提出符合多数国家利益的合作理念，保持战略决心和意志的连续性，着力发展一批能够在众多议题上支持中国立场的支点国家，尤其应当学习美国善于将抽象战略理念具体化为一项项战略任务的经验，包括有意识地根据不同国家的实际情况在联合协作中进行有效的分工与配合。

参考文献

中文文献

安惠侯:《伊拉克战争与国际政治》,《国际问题研究》2003 年第 3 期。

安维华:《国际反伊拉克军事联盟的离析与重组》,《国际政治研究》2003 年第 3 期。

薄燕:《全球气候变化治理中的中美欧三边关系》,上海人民出版社 2012 年版。

曹金绪:《同盟政治理论的发展》,《国际政治科学》2011 年第 4 期。

巢清尘、张永香、高翔、王谋:《巴黎协定——全球气候治理的新起点》,《气候变化研究进展》2016 年第 1 期。

陈静娜、慕永通、殷文伟:《WTO 渔业补贴谈判探析》,《浙江海洋学院学报》(人文科学版)2007 年第 2 期。

陈永:《中美倡导的伙伴关系比较研究:演变过程与概念界定》,《国际政治研究》2016 年第 5 期。

崔磊:《自愿联盟与美国外交》,《世界经济与政治论坛》2005 年第 2 期。

戴维来:《中等强国的国际领导权问题初探》,《世界经济与政治论坛》2016 年第 2 期。

戴维来:《中国"结伴外交战略":特征、缘由及路径》,《现代国际关系》2015 年第 10 期。

董亮：《会议外交、谈判管理与巴黎气候大会》，《外交评论》2017
　　年第 2 期。

杜朝平：《与狼共舞：美国"千舰海军"计划与中国的选择》，《舰
　　载武器》2007 年第 12 期。

杜莉：《美国气候变化政策调整的原因、影响及对策分析》，《中国
　　软科学》2014 第 4 期。

樊吉社：《美国军控政策的调整与变革：从制度建设到志愿者同盟》，
　　《美国研究》2006 年第 4 期。

冯寿波：《试析地理标志国际谈判的现状与发展趋势——以美国、欧
　　盟主张为例》，《知识产权法研究》2008 年第 2 期。

高华：《透视新北约——从军事联盟走向安全—政治联盟》，世界知
　　识出版社 2012 年版。

高小升：《国际政治多级格局下的气候谈判——以德班平台启动以来
　　国际气候谈判的进展与走向为例》，《教学与研究》2014 年第
　　4 期。

高小升：《伞形集团国家在后京都气候谈判中的立场评析》，《国际
　　论坛》2010 年第 4 期。

高颖、孙渤：《小议"全球反扩散联盟"》，《现代国际关系》2003
　　年第 8 期。

巩潇泫、贺之杲：《欧盟行为体角色的比较分析——以哥本哈根与巴
　　黎气候会议为例》，《德国研究》2016 年第 4 期。

顾国良：《美国"防扩散安全倡议"评析》，《美国研究》2004 年第
　　3 期。

韩庆娜：《武力与霸权：冷战后美国对外军事行动》，人民出版社
　　2014 年版。

韩召颖、宋晓丽：《美国发动伊拉克战争决策探析——小集团思维理
　　论的视角》，《外交评论》2013 年第 2 期。

贺平：《探析全球治理中的"意愿联盟"》，《复旦国际关系评论》

2016 年第 2 期。

花勇：《人道主义危机治理规范的变迁——倡议联盟框架的视角》，
　　《世界经济与政治》2016 年第 1 期。

黄瑶：《美国在阿富汗反恐军事行动的合法性问题探析》，《武汉大
　　学学报》（社会科学版）2002 年第 5 期。

焦世新：《冷战后的时代变迁与美国战略》，时事出版社 2015 年版。

赖钰麟：《政策倡议联盟与国际谈判：中国非政府组织应对哥本哈根
　　大会的主张与活动》，《外交评论》2011 年第 3 期。

李晨：《利比亚战争中美国与欧洲军事力量的运用》，《国际政治研
　　究》2014 年第 1 期。

李东燕：《从美国国家利益角度看伊拉克战争》，《国际经济评论》
　　2003 年第 3 期。

李慧明：《全球气候治理制度碎片化时代的国际领导及中国的战略选
　　择》，《当代亚太》2015 年第 4 期。

李慧明：《秩序转型、霸权式微与全球气候政治：全球气候治理制度
　　碎片化与领导缺失的根源？》，《南京政治学院学报》2014 年第
　　6 期。

李捷：《告别不结盟？——中国学者关于联盟理论研究的新进展》，
　　《战略决策研究》2015 年第 4 期。

李庆四：《当前中俄特殊战略关系探析》，《国际论坛》2016 年第
　　5 期。

李绍先、良福：《多国部队开进索马里》，《世界知识》1993 年第
　　1 期。

李帅：《"部队网"美国海上作战网络新基石》，《科技日报》2013
　　年第 4 期。

李巍：《东亚经济地区主义的终结？——制度过剩与经济整合的困
　　境》，《当代亚太》2011 年第 4 期。

李巍：《国际秩序转型与现实制度主义理论的生成》，《外交评论》
　　2016 年第 1 期。

李巍：《现实制度主义与中美自贸区竞争》，《当代亚太》2016 年第 3 期。

李巍、张玉环：《美国自贸区战略的逻辑——一种现实制度主义的解释》，《世界经济与政治》2015 年第 8 期。

李小华：《美国联盟体系的层次分析》，《现代国际关系》1999 年第 11 期。

李小军：《美国"防扩散安全倡议"的合法性及其危机》，《学术探索》2007 年第 1 期。

李昕蕾：《全球气候治理领导权格局的变迁与中国的战略选择》，《山东大学学报》（哲学社会科学版）2017 年第 1 期。

凌胜利：《分而制胜：冷战时美国楔子战略研究》，世界知识出版社 2015 年版。

凌胜利：《联盟的转型：一项概念分析》，《太平洋学报》2015 年第 3 期。

凌胜利：《联盟之后——冷战后国际安全合作新形式探讨》，《世界经济与政治论坛》2017 年第 1 期。

凌胜利：《中国为什么不结盟?》，《外交评论》2013 年第 3 期。

刘博文、方长平：《周边伙伴关系网络与中国周边安全环境》，《当代亚太》2016 年第 3 期。

刘昌黎：《WTO 谈判破裂的原因与最后成功的关键》，《世界贸易组织动态与研究》2008 年第 10 期。

刘昌明、李慧明：《世界金融危机与国际秩序转型》，山东大学出版社 2015 年版。

刘丰：《单极体系的影响与中国的战略选择》，《欧洲研究》2011 年第 2 期。

刘丰：《国际政治中的联合阵线》，《外交评论》2012 年第 5 期。

刘丰：《联合阵线与美国军事干涉》，《国际安全研究》2013 年第 6 期。

刘丰：《美国的联盟管理及其对中国的影响》，《外交评论》2014 年第 6 期。

刘宏松：《防扩散安全倡议的局限与困境：非正式国际机制的视角》，《世界经济与政治论坛》2008 年第 6 期。

刘宏松：《非正式国际机制的形式选择》，《世界经济与政治》2010 年第 10 期。

刘宏松：《国际防扩散体系中的非正式机制》，上海人民出版社 2011 年版。

刘宏松：《为什么冷战后国际制度的形成不如美国所愿》，《世界经济与政治》2013 年第 8 期。

刘宏松：《正式与非正式国际机制的概念辨析》，《欧洲研究》2009 年第 3 期。

刘建飞：《美国"民主联盟"战略研究》，当代世界出版社 2013 年版。

刘建飞：《伊拉克战争与美国的霸权战略》，《当代世界》2003 年第 5 期。

刘建伟：《浅议"弱式国际制度"——以防扩散安全倡议为例》，《国际政治研究》2011 年第 1 期。

刘世强：《霸权依赖与领导国家权势衰落的逻辑》，《世界经济与政治》2012 年第 5 期。

刘宗义：《美国的伊拉克困局及伊拉克战争的遗产》，《外交评论》2007 年第 4 期。

罗峰：《美国预防性战争的逻辑——基于伊拉克战争的考察》，《世界经济与政治》2010 年第 9 期。

门丹：《美国低碳经济政策转向研究》，社会科学文献出版社 2014 年版。

门洪华：《国际机制的有效性与局限性》，《美国研究》2001 年第 4 期。

门洪华：《权力转移、问题转移与范式转移——关于霸权解释模式的探索》，《美国研究》2005 年第 3 期。

莫大华：《美国亚太海洋安全的"自愿联盟"——"防扩散安全倡议"、"区域海洋安全倡议"与"全球海洋伙伴倡议"之比较分析》，《国际关系学报》2010 年第 29 期。

牟初夫、王礼茂：《气候谈判集团的演化过程与演变趋势分析》，《工程研究——跨学科视野中的工程》2015 年第 3 期。

慕永通、杨林、张义龙：《WTO 渔业补贴谈判：主要提案立场及评析》，《世界经济与政治》2006 年第 2 期。

倪娟：《气候俱乐部：国际气候合作的新思路》，《国外社会科学》2016 年第 3 期。

牛新春：《集体性失明：反思中国学界对伊战、阿战的预测》，《现代国际关系》2014 年第 4 期。

钮松、伍睿：《美国中东"护航联盟"及其影响》，《现代国际关系》2019 年第 12 期。

潘德：《有效的多边主义与全球治理》，《世界经济与政治》2010 年第 6 期。

潘忠岐：《例外论与中美战略思维的差异性》，《美国研究》2017 年第 2 期。

庞中英：《效果不彰的多边主义和国际领导赤字——兼论中国在国际集体行动中的领导责任》，《世界经济与政治》2010 年第 6 期。

齐伟：《美国与朝鲜战争中的联合国军研究》，山东师范大学 2011 年版。

秦亚青：《全球学与全球国际关系学》，《国际政治研究》2015 年第 4 期。

秦亚青：《全球治理失灵与秩序理念的重建》，《世界经济与政治》2013 年第 4 期。

秦亚青：《世界格局、国际制度与全球秩序》，《现代国际关系》2010 年第 1 期。

阮宗泽：《北约的战略转型及其挑战》，《国际问题研究》2003 年第 2 期。

阮宗泽：《反恐联盟及其面临的挑战》，《国际问题研究》2002 年第
　　3 期。

邵津：《"银河号"事件的国际法问题》，《中外法学》1993 年第
　　6 期。

沈丁立：《不扩散全球治理：现实主义视角》，《国际安全研究》
　　2015 年第 2 期。

沈丁立：《核扩散与国际安全》，《世界经济与政治》2008 年第 2 期。

盛斌：《贸易、发展与 WTO：多哈回合谈判的现状与前景》，《世界
　　经济》2006 年第 3 期。

石家铸：《美国防扩散安全倡议及其进展》，《国际论坛》2004 年第
　　6 期。

史田一：《冷战后美国亚太多边外交中的同盟逻辑》，《当代亚太》
　　2015 年第 2 期。

宋伟：《联盟的起源：理性主义研究新进展》，《国际安全研究》
　　2013 年第 6 期。

苏若林、唐世平：《相互制约：联盟管理的核心机制》，《当代亚太》
　　2012 年第 3 期。

孙德刚：《多元平衡与"准联盟"理论研究》，时事出版社 2007
　　年版。

孙德刚：《攻防态势与政治联合的最佳规模》，《外交评论》2006 年
　　第 2 期。

孙德刚：《国际安全之联盟理论探析》，《欧洲研究》2004 年第 4 期。

孙德刚：《联而不盟：国际安全合作中的准联盟理论》，《外交评论》
　　2007 年第 6 期。

孙德刚：《论新时期中国的准联盟外交》，《世界经济与政治》2012
　　年第 3 期。

孙德刚、张帅：《功能性联盟："阿拉伯之春"以来中东地区联盟政
　　治新范式》，《世界经济与政治论坛》2019 年第 2 期。

孙德刚：《准联盟外交的理论与实践——基于大国与中东国家关系的

实证分析》，世界知识出版社 2012 年版。

孙洪涛：《美国政府拒绝京都议定书的三大理由分析》，《红河学院学报》2010 年第 6 期。

孙恪勤、李绍先：《索马里危机与国际社会的干预》，《世界经济与政治》1994 年第 7 期。

孙恪勤：《试析当前德美战略矛盾》，《欧洲研究》2003 年第 2 期。

孙茹：《美国的同盟体系及其功效》，《现代国际关系》2011 年第 7 期。

唐纲：《参与全球治理的中等强国：一项现实议题的研究》，《太平洋学报》2012 年第 8 期。

陶文钊：《从伊拉克战争看美国的单边主义》，《国际观察》2004 年第 1 期。

汪伟民：《联盟理论与美国的联盟战略》，世界知识出版社 2007 年版。

汪伟民、张爱华：《单极体系下的联盟理论与实践——初步的理论分析》，《世界经济与政治论坛》2006 年第 2 期。

王常召：《国际气候谈判中伞形集团的立场分析及中国的对策研究》，硕士学位论文，吉林大学，2016 年。

王存刚：《议题联盟：新兴大国参与全球治理的新方式》，《中国社会科学报》2015 年 3 月 11 日。

王浩：《社会联盟与二战后美国对外战略演化的逻辑》，上海人民出版社 2016 年版。

王开明：《美国新保守主义帝国战略探源国际政治研究》2004 年第 1 期。

王倩：《美国权力与全球反洗钱治理：以菲律宾为例》，硕士学位论文，上海外国语大学，2014 年。

王玮：《跨越制度边界的互动——国际制度与非成员国关系研究》，上海人民出版社 2012 年版。

王学东：《气候变化问题的国际博弈与各国政策研究》，时事出版社

2014 年版。

王峥、秦林军：《多边贸易体制内发展中国家结盟的集体行动分析》，《沈阳农业大学学报》（社会科学版）2009 年第 6 期。

王紫雾：《浅析美国"意愿联盟"政策及其影响》，硕士学位论文，中国人民大学，2006 年。

韦宗友：《非正式集团、大国协调与全球治理》，《外交评论》2010 年第 6 期。

韦宗友：《国际议程设置：一种初步分析框架》，《世界经济与政治》2011 年第 10 期。

翁里、唐卓然：《绿屋会议改革研究——构建 WTO 决策机制中的"埃俄罗斯之风"与"忒弥斯之秤"》，《时代法学》2013 年第 6 期。

吴静、韩钰、朱潜挺、王铮：《国际气候谈判中的国家集团分析》，《中国科学院院刊》2013 年第 6 期。

吴弦：《欧盟国家利比亚军事干预解析》，《欧洲研究》2012 年第 2 期。

吴心伯：《论美国的世界大国地位、作用及其走向》，《黄海学术论坛》2016 年第 1 期。

夏立平、聂正楠：《21 世纪美国南海政策与中美南海博弈》，《社会科学》2016 年第 10 期。

谢来辉：《为什么欧盟积极领导应对气候变化》，《世界经济与政治》2012 年第 8 期。

徐进：《当代中国拒斥同盟心理的由来》，《国际经济评论》2015 年第 5 期。

许洁明、余学波：《北约介入阿富汗战争前景浅析》，《西亚北非》2011 年第 1 期。

薛晨：《社会心理、错误知觉与美国安全观的转变及实践——以九一一事件和伊拉克战争为例》，《世界经济与政治》2006 年第 12 期。

严双伍、高小升：《后哥本哈根气候谈判中的基础四国》，《社会科学》2011 年第 2 期。

焱焱：《国际社会看未来十年的世界格局变化》，《当代世界》2011年第 5 期。

杨洁勉：《新兴大国群体在国际体系转型中的战略选择》，《世界经济与政治》2008 年第 6 期。

杨明杰：《"防扩散安全倡议"评估》，《现代国际关系》2003 年第10 期。

杨荣国、张新平：《奥巴马政府国际反恐联盟评析》，《和平与发展》2015 年第 2 期。

杨震、周云亨、郑海琦：《从美国海权合作战略的演进看美国海权战略调整》，《太平洋学报》2017 年第 3 期。

杨震、周云亨、郑海琦：《美国海权思想演进探析》，《国外社会科学》2016 年第 5 期。

叶江：《论当前国际体系中的权力扩散与转移及其对国际格局的影响》，《上海行政学院学报》2013 年第 2 期。

叶俊：《从传统结盟到战略合作（20 世纪初—21 世纪初）》，湖北人民出版社 2012 年版。

叶涛：《美国反洗钱机制及其启示》，《经济研究参考》2006 年第27 期。

余锋：《"绿屋会议"：WTO 走出合法性危机的一道坎》，《北方法学》2010 年第 2 期。

张贵洪：《国际核不扩散体系面临的挑战及发展趋势——兼评不扩散核武器条约 2010 年审议会议前景》，《国际观察》2009 年第 6 期。

张贵洪：《美印战略伙伴关系与中国：影响和对策》，《当代亚太》2005 年第 5 期。

张健：《北约新战略概念解析》，《现代国际关系》2010 年第 12 期。

张景全、刘丽莉：《成本与困境：同盟理论的新探索》，《东北亚论坛》2016 年第 2 期。

张磊：《国际气候政治集团化：功能、演化与前景》，《新视野》

2010 年第 2 期。

张霖鑫：《美国为何退出巴黎协定?》，《红旗文稿》2017 年第 13 期。

张腾军：《特朗普政府的美国气候政策走向分析》，《和平与发展》2017 年第 1 期。

张文木：《世界地缘政治中的中国国家安全利益分析》，山东人民出版社 2004 年版。

张业亮：《"极化"的美国政治：神话还是现实?》，《美国研究》2008 年第 3 期。

张愿：《试析美国海军战略的调整及其影响》，《现代国际关系》2012 年第 3 期。

张振安：《英国在阿富汗有点尴尬有点急》，《瞭望新闻周刊》2001 年第 49 期。

赵华胜：《"中俄结盟"为何缺乏现实可行性——基于两国关系历史和现实的考量》，《人民论坛·学术前沿》2013 年第 10 期。

赵怀普：《"布莱尔外交"评析》，《国际论坛》2008 年第 3 期。

赵景芳：《美国战略文化研究》，时事出版社 2009 年版。

赵可金：《从旧多边主义到新多边主义——对国际制度变迁的一项理论思考》，《世界经济与政治》2006 年第 7 期。

赵可金：《军事同盟及其生命力问题》，《太平洋学报》2005 年第 4 期。

赵青海：《"防扩散安全倡议"评析》，《国际问题研究》2004 年第 6 期。

赵嵘：《"9·11"后美国联盟战略的调整》，《现代国际关系》2007 年第 12 期。

赵伟明、孙德刚：《美国准联盟战略初探——以伊拉克统一战线为例》，《西亚非洲》2005 年第 5 期。

赵行姝：《气候变化与美国国家安全：美国官方的认知及其影响》，《国际安全研究》2015 年第 5 期。

钟从定：《国际多边谈判分析》，《问题与研究》2004 年第 3 期。

周建仁：《联盟形成理论：评估及对中国的政策启示》，《当代亚太》2012 年第 3 期。

周琪：《"布什主义"与美国新保守主义》，《世界经济与政治》2013 年第 9 期。

周亦奇：《当伙伴"遇见"盟友——中国伙伴关系与美国同盟体系的互动模式研究》，《国际展望》2016 年第 5 期。

周跃雪：《WTO 多边贸易体制下成员谈判集团制度与中国的策略》，《社会科学研究》2014 年第 5 期。

朱慧：《东盟气候外交的"小国联盟"外交逻辑及其功能性分析》，《江南社会主义学院学报》2015 年第 1 期。

［美］巴里·波森：《克制：美国大战略的新基础》，曲丹译，社会科学文献出版社 2016 年版。

［美］保罗·萨巴蒂尔、詹金斯·史密斯：《政策变迁与学习：一种倡议联盟途径》，邓征译，北京大学出版社 2011 年版。

［美］鲍勃·伍德沃德：《布什的战争》，孙康琦等译，上海译文出版社 2003 年版。

［美］法里德·扎卡利亚：《后美国世界》，赵广成、林民旺译，中信出版社 2009 年版。

［美］亨利·基辛格：《美国的全球战略》，胡利平、凌建平等译，海南出版社 2012 年版。

［美］理查德·N. 哈斯：《规制主义：冷战后的美国全球战略》，陈遥遥、荣凌译，新华出版社 1999 年版。

［美］罗伯特·基欧汉：霸权之后：《世界政治经济中的合作与纷争》，苏长和、信强、何曜译，上海人民出版社 2001 年版。

［美］罗伯特·基欧汉、约瑟夫·奈：《权力与相互依赖》，门洪华译，北京大学出版社 2012 年版。

［美］罗伯特·卡根：《美国缔造的世界》，刘若楠译，社会科学文献出版社 2013 年版。

［美］玛格丽特·E. 凯克，凯瑟琳·辛金克：《超越国界的活动家：

国际政治中的倡议网络》，韩召颖译，北京大学出版社 2005 年版。

[美] 曼瑟尔·奥尔森：《集体行动的逻辑》，陈郁、郭宇峰、李崇新译，上海人民出版社 2011 年版。

[美] 蒙·赖克，理查德·内德·勒博：《告别霸权！全球体系中的权力与影响力》，陈锴译，上海人民出版社 2017 年版。

[美] 斯蒂芬·沃尔特：《联盟的起源》，周丕启译，北京大学出版社 2007 年版。

[美] 斯科特·巴雷特：《合作的动力——为何提供全球公共产品》，黄智虎译，上海人民出版社 2012 年版。

[美] 沃尔特·拉塞尔·米德：《美国外交政策及其如何影响了世界》，曹化银译，中信出版社 2003 年版。

[美] 约翰·米尔斯海默：《大国政治的悲剧》，王义桅、唐小松译，上海人民出版社 2003 年版。

[美] 约翰·伊肯伯里：《美国无敌：均势及其未来》，韩召颖译，北京大学出版社 2005 年版。

[美] 约翰·伊肯伯里：《自由主义利维坦：美利坚世界秩序的起源、危机和转型》，赵明昊译，上海人民出版社 2013 年版。

[美] 詹姆斯·W. 彼得森：《北约与恐怖主义——扩大与转型》，罗天虹、波尔特、晓云译，世界知识出版社 2015 年版。

英文文献

Alexander Luta, Anna Korppoo, Mari Luomi and Andrew Jones, "Towards a New Climate Regime? The Key Players Gearing up for Copenhagen", *Working Paper of The Finnish Institute of International Affair*, December 1, 2009.

Amitai Etzioni, "Tomorrow's Institution Today: The Promise of the Proliferation Security Initiative", *Foreign Affairs*, Vol. 88, No. 3, 2009.

Amold Wolfers ed. , *Alliance Policy in The Cold War*, Westport: Greenwood Press, 1976.

Amrita Narlikar, *International Trade and Developing Countries: Bargaining Coalitions in the GATT and WTO*, New York: Routledge, 2003.

Amrita Narlikar and Diana Tussie, "The G20 at the Cancun Ministerial: Developing Countries and Their Evolving Coalitions in the WTO", *The World Economy*, Vol. 27, No. 7, 2004.

Amy Belasco, "The Cost of Iraq, Afghanistan, and Other Global War on Terror Operations Since 9/11", *Congressional Research Service Report*, December 8, 2014.

Anders Fogh Rasmussen, "NATO After Libya: The Atlantic Alliance in Austere Times", *Foreign Affairs*, Vol. 90, No. 4, 2011.

Anders Wivel and KaJsa Ji Noe Oest Security, "Profit or Shadow of the Past? Explaining the Security Strategies of Microstates", *Cambridge Review of International Affairs*, Vol. 23, No. 3, 2010.

Andrew Bennett, Joseph Lepgold, and Danny Unger, "Burden-sharing in the Persian Gulf War", *International Organization*, Vol. 48, No. 1, 1994.

Andrew Byrne, "Conflicting Visions: Liberal and Realist Conceptualisations of Transatlantic Alignment Transworld", Working paper 12, 2013.

Andrew C. Winner, "The Proliferation Security Initiative: The New Face of Interdiction", *The Washington Quarterly*, Vol. 28, No. 2, 2005.

Andrew F. Cooper, *Niche Diplomacy: Middle Powers After the Cold War* New York: Macmillan Press, St Martin's Press, 1997.

Andrew F. Cooper, John English, and Ramesh Thakur eds. , *Enhancing Global Governance: Towards A New Diplomacy?* New York: United Nations University Press, 2002.

Andrew F. Cooper, Brian Hocking and William Maley eds. , *Global Gov-*

ernance and Diplomacy, Basingstoke: Palgrave Macmillan, 2008.

Andrew J. Pierre, *Coalitions: Building and Maintenance*, Washington: Institute for the Study of Diplomacy, Georgetown University, 2002.

Arsan Jani Mahnoush, "The Rome Statute of the International Criminal Court", *American Journal of International Law*, Vol. 93, No. 1, 1999.

A. S. M. Ali Ashraf, *The Politics of Coalition Burden-Sharing: The Case of the War in Afghanistan*, PhD Dissertation, University of Pittsburgh, 2011.

Bonnie Buchanan, "Money Laundering—a Global Obstacle", *Research in International Business and Finance*, Vol. 18, No. 1, 2004.

Brent J. Talbot, *Cooperative Security in the Era of US Primacy: Exploring the Leader-Follower Relationship during Coalition Operations*, PhD Dissertation, University of Denver, 2003.

Bruce Jones, Thomas Wright, Jeremy Shapiro and Robert Keane, "The State of the International Order", *Policy Paper at Brookings Institute*, No. 33, 2014.

Bruno Tertrais, "The Changing Nature of Military Alliances", *The Washington Quarterly*, Vol. 27, No. 2, 2004.

Calliess, C., Nolte, G., and Stoll, P. T. eds., *Coalitions of The Willing: Avantgarde of Threat?* Berlin: Carl Heymanns, 2007.

Carola Betzold, "Borrowing Power to Influence International Negotiations: AOSIS in the Climate Change Regime 1990 – 1997", *Politics*, Vol. 30, No. 3, 2010.

Celeste A. Wallander, "Institutional Assets and Adaptability: NATO after the Cold War", *International organization*, Vol. 54, No. 4, 2000.

Chaim Braun and Christopher F. Chyba, "Proliferation Rings: New Challenges to the Nuclear Nonproliferation Regime", *International Security*, Vol. 29, No. 2, 2004.

Christian Brütsch and M. Papa, "Deconstructing the BRICS: Bargaining Coalition, Imagined Community, or Geopolitical Fad?" *The Chinese Journal of International Politics*, Vol. 6, No. 3, 2013.

Christopher Layne, "This Time It's Real: The End of Unipolarity and the Pax Americana", *International Studies Quarterly*, Vol. 56, No. 1, 2012.

Colleen Chidley, "Towards a Framework of Alignment in International Relations", *Politikon*, Vol. 41, No. 1, 2014.

Dana H. Allin, "American Power and Allied Restraint: Lessons of Iraq", *Survival*, Vol. 49, No. 1, 2007.

Daniel F. Baltrusaitis, *Friends Indeed? Coalition Burden Sharing and the War in Iraq*, PhD Dissertation, Georgetown University, 2008.

Daniel S. Hamilton, "The American Way of Partnership", *European Strategic Partnerships Observatory Working paper*, No. 6, 2014.

Daniel Verdier, "Multilateralism, Bilateralism, and Exclusion in the Nuclear Proliferation Regime", *International Organization*, Vol. 62, No. 3, 2008.

Darren J. Lim and Zack Cooper, "Reassessing Hedging: The Logic of Alignment in East Asia", *Security Studies*, 2015, Vol. 24, No. 4, 2015.

Desmond Low, "Global Maritime Partnership and the Prospects for Malacca Straits Security", *Pointer: Journal of the Singapore Armed Forces*, Vol. 34, No. 2, 2008.

Dominic Tierney, "Multilateralism: America's Insurance Policy against Loss", *European Journal of International Relations*, Vol. 17, No. 4, 2010.

Fareed Zakaria, "The Future of American Power: How American Can Survive the Rise of the Rest", *Foreign Affairs*, Vol. 87, No. 3, 2008.

Fen Osler Hampson and Michael Hart, *Multilateral Negotiations*: *Lessons from Arms Control*, *Trade and The Environment*, Baltimore: JHU Press, 1995.

Fen Osler Hampson and Holly Reid, "Coalition Diversity and Normative Legitimacy in Human Security Negotiations", *International Negotiation*, Vol. 8, No. 1, 2003.

Frank Biermann, Phillip Pattberg, Harro Van Asselt and FariborzZelli, "The fragmentation of Global Governance Architectures: A Framework for Analysis", *Global Environmental Politics*, Vol. 9, No. 4, 2009.

Frank R. Pfetsch, *Negotiating Political Conflicts*Basingstoke: Palgrave Macmillan, 2007.

G. John Ikenberry and Michael Mastanduno eds. , *International Relations Theory and the Asia-Pacific* New York: Columbia University Press, 2003.

G. John Ikenberry, "The Illusion of Geopolitics: The Enduring Power of the Liberal Order", *Foreign Affairs*, Vol. 93, No. 3, 2014.

G. John Ikenberry, "The Future of Multilateralism: Governing the World in a Post-Hegemonic Era", *Japanese Journal of Political Science*, Vol. 16, No. 3, 2015.

Gareth Evans, "No Power? No Influence? Australia's Middle Power Diplomacy in the Asian Century", *Charteris Lecture to the Australian Institute of International Affairs*, New South Wales Branch, June 6, 2012.

Geoffrey Till, "Maritime Strategy in a Globalizing World", *Orbis*, Vol. 51, No. 4, 2007.

George Tsebelis and Eunyoung Ha, "Coalition Theory: A Veto Players' Approach", *European Political Science Review*, Vol. 6, No. 3, 2014.

Glenn H. Snyder, "The Security Dilemma in Alliance Politics", *World Politics*, 1984, Vol. 36, No. 4, 1984.

Halper Stern, "BeiJing's Coalition of the Willing", *Foreign Policy*,

No. 180, 2010.

Harald Winkler, "Measurable Reportable and Verifiable: The Keys to Mitigation in The Copenhagen Deal", *Climate Policy*, Vol. 8, No. 6, 2008.

Indridi H. Indridason, "A Theory of Coalitions and Clientelism: Coalition Politics in Iceland, 1945 – 2000", *European Journal of Political Research*, Vol. 44, No. 3, 2005.

Inésdé Agueda Corneloup and Arthur P. J. Mol, "Small Island Developing States and International Climate Change Negotiations: The Power of Moral 'Leadership'", *International Environmental Agreements: Politics, Law and Economics*, Vol. 14, No. 3, 2014.

Jacek Durkalec, "The Proliferation Security Initiative: Evolution and Future Prospects", *Non-Proliferation Papers*, EU Non-Proliferation Consortium, No. 16, 2012.

Jack Keane and Danielle Pletka, "An American-Led Coalition Can Defeat ISIS", *The Wall Street Journal*, Aug24, 2014.

James Cotton, "The Proliferation Security Initiative and North Korea: Legality and Limitations of a Coalition Strategy", *Security Dialogue*, Vol. 36, No. 2, 2005.

Jason S. Reller Think Globally, "Act Locally—Global Maritime Partnership Initiative and the Necessity for Cooperation and Coalition", *A Paper Submitted to the Faculty of the Naval War College*, April 23, 2008.

Jeffrey S. Lantis, "Agentic constructivism and the Proliferation Security Initiative: Modeling Norm Change", *Cooperation & Conflict*, Vol. 51, No. 3, 2016.

Jochen Prantl, "Informal Groups of States and the UN Security Council", *International Organization*, Vol. 59, No. 3, 2005.

Jochen Prantl, "Taming Hegemony: Informal Institutions and the Challenge to Western Liberal Order", *The Chinese Journal of International*

Politics, Vol. 7, No. 4, 2014.

John G. Morgan and Charles W Martoglio, "The 1000 Ship Navy: Global Maritime Network", *US Naval Institute Proceedings*, Vol. 131, No. 11, 2003.

John Peterson and Hugh Ward, "Coalitional Instability and the New Multidimensional Politics of Security: A Rational Choice Argument for US-EU Cooperation", *European Journal of International Relations*, Vol. 1, No. 2, 1995.

John S. Duffield, "Explaining the Long Peace in Europe: The Contributions of Regional Security Regimes", *Review of International Studies*, Vol. 20, No. 4, 1994.

John S. Odell ed. , *Negotiating Trade: Developing Countries in the WTO and NAFTA* Cambridge: Cambridge University Press, 2006.

Jon D. Peppetti, "Building the Global Maritime Security Network: A Multinational Legal Structure to Combat Transnational Threats", *Naval Law Review*, No. 55, 2008.

Joseph S. Nye, Jr, *The Paradox of American Power: Why the World's Only Superpower Can't Go It Alone* Oxford: Oxford University Press, 2002.

Joseph S. Nye Jr, "The Future of American Power: Dominance and Decline in Perspective", *Foreign Affairs*, Vol. 89, No. 6, 2010.

Julia C. Morse and Robert O. Keohane, "Contested Multilateralism", *The Review of international organizations*, Vol. 9, No. 4, 2014.

Kai He, "Institutional Balancing and International Relations Theory: Economic Interdependence and Balance of Power Strategies in Southeast Asia", *European Journal of International Relations*, Vol. 14, No. 3, 2008.

Kai He, *Institutional Balancing in the Asia Pacific: Economic interdependence and China's Rise*, London: Routledge, 2009.

Kai He, "Facing the Challenges: ASEAN Institutional Responses to China's Rise", *Issues & Studies*, Vol. 50, No. 3, 2014.

Kurt M. Campbell, "The End of Alliances? Not So Fast", *The Washington Quarterly*, Vol. 27, No. 2, 2004.

L. Rush Atkinson, "Knights of the Court: The State Coalition Behind the International Criminal Court", *Journal of International Law & International Relations*, No. 7, 2011.

Marius Vahl, "Just Good Friends? The EU-Russian 'Strategic Partnership' and the Northern Dimension", *CEPS Working Document*, No. 166, 2011.

Mark Phythian, "The Perfect Intelligence Failure? US Pre-War Intelligence on Iraqi Weapons of Mass Destruction", *Politics & Policy*, Vol. 34, No. 2, 2006.

Martin S. Indyk and Bruce Jones eds. , *Cooperating for Peace and Security: Evolving, Institutions and Arrangements in a Context of Changing US Security Policy* Cambridge: Cambridge University Press, 2010.

Matthew A. Baum, "The Iraq Coalition of the Willing and (Politically) Able: Party Systems, the Press, and Public Influence on Foreign Policy", *American Journal of Political Science*, Vol. 57, No. 2, 2013.

Mayur Patel, "New Faces in the Green Room: Developing Country Coalitions and Decision-Making in the WTO", *Global Economic Governance Programme Working Paper*, No. 33, 2007.

Michael Byers, "Policing the High Seas: The Proliferation Security Initiative", *American Journal of International Law*, Vol. 98, No. 3, 2004.

Michael D. Ward, *Research Gaps in Alliance Dynamics*, Denver: University of Denver, 1982.

Michal Onderco and Paul Van Hooft, "Why is the Proliferation Security Initiative a Problematic Solution?" *Chinese Journal of International Pol-*

itics，Vol. 9，No. 1，2016.

Nicole Deitelhoff and Linda Wallbott，"Beyond Soft Balancing：Small States and Coalition-Building in the ICC and Climate Negotiations"，*Cambridge Review of International Affairs*，Vol. 25，No. 3，2012.

Nigel R. Thalakada，*Unipolarity and the Evolution of America's Cold War Alliances* Basingstoke：Palgrave Macmillan，2012.

Oran R. Young，"Political Leadership and Regime Formation：On the Development of Institutions in International Society"，*International Organization*，Vol. 45，No. 3，1991.

Paul A. Sabatier，"An Advocacy Coalition Framework of Policy Change and the Role of Policy-Oriented Learning Therein"，*Policy Sciences*，Vol. 21，No. 2，1988.

Paul D. Miller，"Five Pillars of American Grand Strategy"，*Survival*，Vol. 54，No. 5，2012.

Paul Dibb，"The Future of International Coalitions：How Useful? How Manageable?" *The Washington Quarterly*，Vol. 25，No. 2，2002.

Peter Christoff，"Post-Kyoto? Post-Bush? Towards an Effective 'Climate Coalition of the Willing'" *International Affairs*，Vol. 82，No. 5，2006.

Poh Poh Wong，"Small Island Developing States"，*Wiley Interdisciplinary Reviews：Climate Change*，Vol. 2，No. 1，2011.

Prashanth Parameswaran，"Explaining US Strategic Partnerships in the Asia-Pacific Region：Origins，Developments and Prospects"，*Contemporary Southeast Asia*，Vol. 36，No. 2，2014.

Rajan Menon，The End of Alliances，*World Policy Journal*，Vol. 20，No. 2，2003.

Rajan Menon，*The End of Alliances*，New York：Oxford University Press，2007.

Randall Newnham，" 'Coalition of the Bribed and Bullied?' US Economic Linkage and the Iraq War Coalition", *International Studies Perspectives*, *Vol.* 9, No. 2, 2010.

Renée De Nevers, "NATO's International Security Role in the Terrorist Era", *International Security*, Vol. 31, No. 4, 2007.

Richard A. Higgott and Andrew Fenton Cooper, "Middle Power Leadership and Coalition Building: Australia, the Cairns Group, and the Uruguay Round of Trade Negotiations", *International Organization*, Vol. 44, No. 4, 1990.

Richard Haass N. , "Defining US foreign Policy in a Post-Post-Cold War World", Remarks to the Foreign Policy Association, New York, April 22, 2002.

Richard Haass N. , "The Age of Nonpolarity", *Foreign Affairs*, Vol. 87, No. 3, 2008.

Richard W. Mansbach and John A. Vasquez, *In Search of Theory: A New Paradigm for Global Politics*, New York: Columbia University Press, 1981.

Robert A. Pape, "Soft Balancing against the United States", *International Security*, Vol. 30, No. 1, 2005.

Robert E. Osgood and John H. Badgley, *Japan and the US in Asia* Baltimore: Johns Hopkins University Press, 1968.

Robert Falkner, "American Hegemony and the Global Environment", *International Studies Review*, Vol. 7, No. 4, 2005.

Robert Jervis, "The Remaking of a Unipolar World", *The Washington Quarterly*, Vol. 29, No. 3, 2006.

Robert O. Keohane and David G. Victor, "The Regime Complex for Climate Change", *Perspectives on politics*, Vol. 9, No. 1, 2011.

Robert Wolfe, "New Groups in the WTO Agricultural Trade Negotiations: Power, Learning and Institutional Design", *Canadian Agricultural Trade Policy Research Network*, 2006.

Ronald E. Ratcliff, "Building Partners' Capacity: The Thousand-Ship Navy", *Naval War College Review*, Vol. 60, No. 4, 2007.

Rosemary Foot and Andrew Walter, *China, The United States and Global Order* Cambridge: Cambridge University Press, 2011.

Sarah E. Kreps, *Coalitions of Convenience: United States Military Interventions after the Cold War*, New York: Oxford Press, 2011.

Shen Dingli, Can Alliances Combat Contemporary Threats? *The Washington Quarterly*, Vol. 27, No. 2, 2004.

Sten Rynning, "Coalitions, Institutions and Big Tents: The New Strategic Reality of Armed Intervention", *International Affairs*, Vol. 89, No. 1, 2013.

Stephen A. Carney, *Allied Participation in Operation Iraqi Freedom*, Washington, DC: United States Army Center of Military History, 2011.

Stephen M. Walt, "Alliances in a Unipolar World", *World Politics*, Vol. 61, No. 1, 2009.

Steven E. Meyer, "Carcass of Dead Policies: The Irrelevance of NATO", *Parameters*, Vol. 33, No. 4, 2003.

Steven G. Livingston, "The Politics of International Agenda-Setting: Reagan and North-South" *International Studies Quarterly*, Vol. 36, No. 3, 1992.

Steven Holloway, "US Unilateralism at the UN: Why Great Powers Do Not Make Great Multilateralists", *Global Governance*, Vol. 6, No. 3, 2000.

Stewart Patrick, "Multilateralism à la Carte: The New World of Global Governance", *Valdai Papers*, No. 22, 2015.

Stewart Patrick, "Prix Fixe à la Carte: Avoiding False Multilateral Choices", *The Washington Quarterly*, Vol. 32, No. 4, 2009.

Susan J. Koch, *Proliferation Security Initiative: Origins and Evolution*,

Center for The Study of Weapons of Mass Destruction Occasional Paper 9, Washington: NDU Press, 2012.

Thomas Hale, "A Climate Coalition of the Willing", *The Washington Quarterly*, Vol. 34, No. 1, 2011.

Thomas S. Wilkins, "The Russo-Chinese Strategic Partnership: A New Form of Security Cooperation?" *Contemporary Security Policy*, Vol. 29, No. 2, 2008.

Thomas S. Wilkins, "Alignment, not Alliance—the Shifting Paradigm of International Security Cooperation: Toward a Conceptual Taxonomy of Alignment", *Review of International Studies*, Vol. 38, No. 1, 2012.

Tobias Dan Nielsen, "Mapping the Narrative Positions of New Political Groups Under the UNFCCC", *Climate Policy*, Vol. 15, No. 6, 2015.

Traviss Cassidy, "How Foreign Aid Affects Terrorism: Studying the Channel of Social Spending", *Issues in Political Economy*, Vol. 19, No. 1, 2010.

Valeria Costantini et al., "Bargaining Coalitions in the WTO Agricultural Negotiations", *World Economy*, Vol. 30, No. 5, 2007.

Van Jackson Power, "Trust, and Network Complexity: Three Logics of Hedging in Asian Security", *International Relations of the Asia-Pacific*, Vol. 14, No. 3, 2014.

Victor Cha, *Alignment Despite Antagonism: The US-Korea-Japan Security Triangle*, Stanford, Calif: Stanford University Press, 1999.

W. D. Nordhaus, "Climate Clubs: Overcoming Free-Riding in International Climate Policy", *The American Economics Review*, Vol. 105, No. 4, 2015.

Wade Boese, "US Pushes Initiative to Block Shipments of Proliferation Security Initiative Missiles" *Arms Control Today*, Vol. 33, No. 6, 2003.

William B. Stevenson, Jone L. Pearce and Lyman W. Porter, "The Concept of 'Coalition' in Organization Theory and Research", *Academy of Management Review*, Vol. 10, No. 2, 1985.

William H. Riker, *The Theory of Political Coalitions*, New Haven: Yale University Press, 1962.

William Kristol and Robert Kagan, "Toward a Neo-Reaganite Foreign Policy", *Foreign Affairs*, Vol. 75, No. 4, 1996.

William T. Tow and Amitav Acharya, *Obstinate or Obsolete? The US Alliance Structure in the Asia-Pacific*, Department of International Relations, Research School of Pacific and Asian Studies, Australian National University, 2007.

William Thomas Allison, "The United States and Coalition Building in the New International Order", *Forum on Public Policy: A Journal of the Oxford Round Table Forum on Public Policy*, 2007.

Wilson Jeanne, *Strategic Partners: Russian-Chinese Relations in The Post-Soviet Era*, New York: Routledge, 2015.

Yong Deng, *China's Struggle for Status: The Realignment of International Relations* New York: Cambridge University Press, 2008.

Yuen Foong Khong, "The American Tributary System", *Chinese Journal of International Politics*, Vol. 6, No. 1, 2013.

Zachary Selden, "Balancing Against or Balancing With? The Spectrum of Alignment and the Endurance of American Hegemony", *Security Studies*, Vol. 22, No. 2, 2013.

Zelli Fariborz and Harro Van Asselt, "The Institutional Fragmentation of Global Environmental Governance: Causes, Consequences, and Responses", *Global Environmental Politics*, Vol. 13, No. 3, 2013.

后　　记

本书是在我的博士论文基础上修改而成的。在复旦求学期间，我围绕美国针对特定议题结盟的现象展开研究，其间几经周折与修改，遂成书于此。

在博士论文撰写期间，我得到了导师吴心伯先生的悉心指导。吴先生要求我选题和写作要注重方法的创新，观点的创新，材料的创新；研究过程既要考察全面，又要突出重点；谋篇布局要有一定的视野、立意；遣词、论断要严谨、细致，不能违背中文写作的常识，更不能脱离充分的史实考证、追求过分偏激的立场。吴先生最早要求我将参考文献罗列成表，并且每写一章都要先给他过目、讨论，通过之后再写下一章。在这个过程中，我因懈怠、散漫时常受到先生的批评；但是与先生的讨教、沟通使我受益良多，当我的论文在期刊发表之后，先生总是第一时间向我鼓励、道贺。在此特别感谢先生对本书的贡献。

此外，在我求学与论文写作过程中，有许多老师为我提供过帮助与建议，包括刘昌明教授、潘忠岐教授、韦宗友教授、夏立平教授、汪伟民教授、孙学峰教授、金永明研究员等诸位师长，感谢学界前辈对我的帮助提携。还有许多老师给予过我指导和帮助，恕我未能一一道出他们的名字，希望各位老师身体健康，工作顺利。感谢我的师弟李阳博士不辞辛劳，应邀做我的答辩秘书。也感谢我的一些多年的老友，他们也同样给予我很多欢乐。

博士毕业之后，我有幸来到上海政法学院国际政治教研室担任讲师。在学校和学院领导的关心下，我得以安心从事教学与科研工作，并继续博士论文的修改任务。包括汪伟民院长、王守芬书记、谈谭副院长、张弛副教授以及学校科研处、人事处等部门的老师为我成为一名合格的"青椒"提供了诸多帮助，在此一并向诸公表示感谢。

本书有幸获得 2019 年国家社科基金后期项目（19FGJY002）的资助，在此特别感谢国家社科规划办董俊华处长和中国社会科学出版社陈雅慧编辑的辛勤工作，如果没有他们的专业与高效，本书也难以顺利出版。

最后，感谢我的家人，感谢他们为我付出的一切。

史田一

2020 年 3 月于上海松江